Julian R. Backes /
Esther Brünenberg-Bußwolder /
Philippe Van den Heede (Hg.)

Orientierung an der Schrift

Kirche, Ethik und Bildung im Diskurs

Festgabe für Thomas Söding
zum 60. Geburtstag

2017

Vandenhoeck & Ruprecht

Biblisch-Theologische Studien 170

Herausgegeben von
Jörg Frey, Friedhelm Hartenstein, Bernd Janowski
und Matthias Konradt

Bibliografische Information der Deutschen Nationalbibliothek

Die Deutsche Nationalbibliothek verzeichnet diese Publikation in
der Deutschen Nationalbibliografie; detaillierte bibliografische
Daten sind im Internet über http://dnb.d-nb.de abrufbar.

ISBN 978-3-7887-3169-4

Weitere Angaben und Online-Angebote sind erhältlich unter
www.v-r.de

© 2017
Vandenhoeck & Ruprecht GmbH & Co. KG,
Theaterstraße 13, D – 37073 Göttingen /
Vandenhoeck & Ruprecht LLC, Bristol, CT, U.S.A.
www.v-r.de

Alle Rechte vorbehalten. Das Werk und seine Teile sind urheber-
rechtlich geschützt. Jede Verwertung in anderen als den gesetzlich zugelassenen Fällen bedarf der vorherigen schriftlichen Ein-
willigung des Verlages.

Printed in Germany

Umschlaggestaltung: Grafikbüro Sonnhüter
　　　　　　　　　　www.sonnhueter.com
Satz: Julian R. Backes / Esther Brünenberg-Bußwolder /
　　　Philippe Van den Heede
Druck und Bindung: Hubert & Co. KG, Robert-Bosch-Breite 6,
　　　　　　　　　　D – 37079 Göttingen

Gedruckt auf alterungsbeständigem Papier

Vorwort

Im Januar 2016 durfte Thomas Söding die Vollendung seines 60. Lebensjahres feiern. Dies haben seine Schülerinnen und Schüler zum Anlass genommen, ihm mit einem Symposion an der Ruhr-Universität Bochum und mit dieser Festgabe ihren Dank für eine vielfältige Wegbereitung und Wegbegleitung auszusprechen.
Eine gute Zahl von Autoren ist hier versammelt: Schüler, die längst selber Lehrer sind; Schüler, die ihre Arbeiten jüngst beendet haben und Schüler der „dritten Generation", die mit ihren Qualifikationsschriften noch auf dem Weg sind; und nicht zuletzt auch Kollegen, die in der Zeit seit dem Wechsel von Wuppertal nach Bochum zu engen Dialogpartnern geworden sind – weit über die Grenzen des eigenen Fachs hinaus.
Sie alle haben Beiträge zu drei ausgewählten Themenbereichen beigesteuert, die dem Jubilar insbesondere in den Bochumer Jahren auf die eine oder andere Weise zur Leidenschaft geworden sind: 1. Ekklesiologie, 2. theologische Ethik sowie 3. Religion und Bildung.
Kirche, Ethik und Bildung sind prominente Diskursfelder in Theologie und Gesellschaft. Thomas Södings Blick gilt dieser Trias aus exegetischem Engagement heraus, aus inniger Hinwendung zum Wort Gottes.
Titel und Aufbau der vorliegenden Festgabe spiegeln die zwei Teile des Symposions wider: In dessen Zentrum stand der akademische Festakt „Orientierung an Paulus. Ein internationales ökumenisches Symposion". Ihm ging ein „festliches" Oberseminar mit dem Titel „Aus Liebe zur Schrift. Kirche, Ethik und Bildung im Diskurs" voraus. Bildungsforschung ist ein relativ neues Arbeitsgebiet des Jubilars; Nächstenliebe als Kern echter Ethik ist von den Anfängen her eine Herzenssache seiner Theologie; die Kirche war, ist und bleibt bei alledem seine geistliche Heimat.
An dieser Stelle sei sehr freundlich Herrn Professor Reimund Bieringer (Löwen) und Herrn Professor Mark W. Elliott (St. Andrews) gedankt, die auf dem Symposion die Gastvorträge gehalten haben, sowie allen, die mit ihren Beiträgen dieses kleine Buch bereichert

haben. Als Herausgeber danken wir in besonderer Weise Herrn Dr. Volker Hampel, dem theologischen Lektor des Neukirchener Verlags, für die vertrauensvolle Zusammenarbeit.

Gemeinsam mit allen, die an der Entstehung der Festgabe beteiligt waren, wünschen wir Thomas Söding auch weiterhin Schule machende Begeisterung in Forschung, Lehre und Transfer aus Liebe zum Alten und Neuen Testament: *ad multos annos!*

Bochum,
am Fest des hl. Kirchenlehrers Thomas von Aquin,
den 7. März 2017

Julian R. Backes
Esther Brünenberg-Bußwolder
Philippe Van den Heede

Inhalt

Vorwort 5

Reimund Bieringer
„Der eine so, der andere so". Die Liebe zum Nächsten als dem
Anderen nach Röm 14,1–15,13 9

Mark W. Elliott
Die Agape(-feier) ist nicht genug! 1 Kor 11,17–34 geistlich
gelesen 25

Kirche

Filip De Rycke
Der ist, der war und der kommt. Christus, der Kanon und die
Gottesstadt in der Johannesoffenbarung 37

Robert Vorholt
Das Zeugnis der Zeugen nach Offb 11,3–13.
Beobachtungen zur historischen Referenz einer
neutestamentlichen Martyriumserzählung 55

Peter Wick
Das Geheimnis des Reiches Gottes und die Kirche 69

Alexander Weihs
Ekklesia – Gemeinschaft der Heiligen. Systematische, biblische
und praktisch-theologische Perspektiven 79

Ethik

Aleksandra Brand
Vom Wert der Verschwendung 95

Esther Brünenberg-Bußwolder
Erinnern bedingt Handeln – Handeln setzt Erinnern voraus.
Wozu erinnern sich Israel und die Kirche?
Ethische Implikationen der biblischen Erinnerungskultur 107

Ma. Marilou S. Ibita
Sibling Love and Ethics at the Supper of the Lord in Corinth ... 117

Christian Münch
„Heilt Kranke, weckt Tote auf, macht Aussätzige rein, treibt Dämonen aus!" Zur ethischen Deutung der Wunder Jesu 131

Carsten Mumbauer
„Macht euch Freunde mit dem ungerechten Mammon" (Lk 16,9). Gott und das Geld im Spiegel des klugen Verwalters .. 145

Joachim Wiemeyer
„Gebt dem Kaiser, was dem Kaiser gehört, und Gott, was Gott gehört" (Mt 22,21b). Sozialethische Überlegungen zur Besteuerung 157

BILDUNG

Julian R. Backes
Die Nazoräerschule. Bildung und Identität bei Lukas 173

Bernhard Grümme
Von Jesu Didaktik lernen? Überlegungen zum Stellenwert von Didaktik und religiöser Erfahrung im Religionsunterricht 189

Bernhard Linke
Religion ohne Verbindlichkeit? Zur Entwicklung religiöser Diskurse im antiken Griechenland 203

Marcus Sigismund
Apokalyptische Bildungsfunken. Form und Funktion der Klassikerbezüge im Offb-Kommentar des Arethas von Caesarea .. 215

Philippe Van den Heede
Das ὑπόδειγμα als Lehre in Joh 13,15 231

Autorinnen und Autoren 243

Reimund Bieringer

„Der eine so, der andere so"
Die Liebe zum Nächsten als dem Anderen nach Röm 14,1–15,13

> „Der größte und der Intuition gegenläufige Beitrag der hebräischen Bibel zur Ethik besteht im Folgenden: Gott ist der Schöpfer der Vielfalt, der Verschiedenheit; deshalb begegnen wir Gott gerade in Menschen, die anders sind als wir."[1] (Jonathan Sacks)

In diesem Beitrag soll es um die Nächstenliebe nach Paulus und insbesondere nach seinem Brief an die Römer gehen, und zwar um die Nächstenliebe nicht als Liebe zu uns ähnlichen oder gleichen Menschen, sondern als Liebe zu Menschen, die uns unähnlich, die ganz anders sind als wir. Mein Vortrag besteht aus zwei Teilen: Im ersten Teil gehe ich näher auf einen, wie mir scheint, wichtigen Gesprächsbeitrag des jüdischen Theologen Jonathan Sacks zur Diskussion um Gleichheit und Verschiedenheit ein. Im zweiten Teil konfrontiere ich die Behauptungen von Sacks mit zentralen Aussagen des Apostels Paulus, insbesondere in Röm 14,1–15,13 im Vergleich mit anderen signifikanten Aussagen des Apostels zum Thema, allen voran 1 Kor 12 und Gal 3,28.

1. Die Ideologie der Gleichheit und die Würde der Verschiedenheit nach Jonathan Sacks

Jonathan Sacks ist ein jüdischer Theologe und Rabbiner, der zurzeit an der New York University und an der Jeshiva University lehrt und der zwischen 1991 und 2013 Oberrabbiner der „United Hebrew Congregations of the Commonwealth" war. Er wurde v. a. durch ein kleines, aber sehr lesenswertes Buch aus dem Jahr 2002 bekannt. Das Buch trägt im Original den Titel „The Dignity of Difference. How to Avoid the Clash of Civilizations". Es erschien 2007 auf Deutsch unter dem Titel: „Wie wir den Krieg der Kulturen noch vermeiden

---

[1] Sacks, Dignity, 59: „That, I believe, is the Hebrew Bible's single greatest and most counterintuitive contribution to ethics. God creates difference; therefore it is in one-who-is-different that we meet God."

können"². Dieses Buch wurde unter dem Eindruck der Zerstörung des World Trade Centers am 11. September 2001 geschrieben. Im dritten Kapitel, das den Titel „The Dignity of Difference: Exorcizing Plato's Ghost" trägt, arbeitet Sacks heraus, dass das Denken der westlichen Welt unter dem Einfluss Platons universalistisch ist und Gleichheit als ein höheres Gut ansieht als Verschiedenheit. Sacks beschreibt dieses Denken weiter wie folgt: Es ist die Überzeugung, „dass es hinsichtlich der wesentlichen Menschheitsfragen nur eine Wahrheit gibt, [...] die für alle Menschen aller Zeiten wahr ist. [...] Wenn ich Recht habe, hast du Unrecht. Wenn das, woran ich glaube, die Wahrheit ist, dann muss dein Glaube, insofern er sich von meinem unterscheidet, ein Irrtum sein, von dem du bekehrt, geheilt oder gerettet werden musst." Es geht hier also um den Gedanken der absoluten Wahrheit. Sacks referiert eine Aussage von Isaiah Berlin, der diese Position so beschrieben hat: „[...] die Überzeugung, dass diejenigen, die nicht denselben Glauben haben wie ich – oder dieselbe Rasse oder dieselbe Ideologie – nicht voll und ganz Menschen sind wie ich."

Diesem universalistischen, absoluten Denken hält Sacks das partikularistische Denken der hebräischen Bibel entgegen. Es bringt es so auf den Punkt: „Der Gott der hebräischen Bibel ist kein Platoniker, der die abstrakte Form oder Gestalt der Menschheit liebt. Er ist vielmehr ein Partikularist, der jedes seiner Kinder so liebt, wie es ist." So geht es, wie Sacks klarstellt, z. B. bei Antisemitismus im Letzten nicht um die Juden, sondern vielmehr darum, dass Menschen nicht akzeptieren können oder wollen, dass wir verschieden sind und dass wir den Raum schaffen müssen für Verschiedenheit, wenn wir unser Menschsein bewahren wollen.³ Im Westen versucht man seit langem, Diskriminierung und Unrecht zu überwinden, indem man betont, dass wir im Letzten alle gleich sind. Sacks weist auf die Gefahren dieses Denkens hin, die darin bestehen, dass wir eben nicht nur gleich sind, sondern gleichzeitig auch sehr verschieden:

> „Unsere Würde als Personen ist in der Tatsache begründet, dass niemand von uns genau identisch ist mit einer anderen Person – selbst

---

² In diesem Beitrag sind die Zitate unsere eigenen Übersetzungen des englischen Originaltextes.
³ Vgl. die Erläuterungen von Sacks: „Antisemitism is never ultimately about Jews. It is about a profound human failure to accept the fact that we are diverse and must create space for diversity if we are to preserve our humanity" (zit. nach der Homepage von Jonathan Sacks: http://www.rabbisacks.org).

> genetisch identische Zwillinge nicht. […] Wenn im Letzten nur unsere Gemeinsamkeiten zählen, dann lenken uns die Unterschiede vom Eigentlichen ab und müssen daher überwunden werden."[4]

Sacks begründet seine Position philosophisch im Rückgriff auf Platon:

> „In [Platons] Welt der Ideen werden die Unterschiede in Gleichheit aufgelöst und verschwindet das Partikulare hinter den universalen Eigenschaften."[5]

Das Partikulare wird als Quelle der Konflikte, der Vorurteile, des Irrtums und des Krieges erfahren. Dies birgt nach Sacks die Gefahr, dass wir die von Menschen gemachte Einheitlichkeit der von Gott geschaffenen Verschiedenheit aufzwängen. Sacks beschreibt dahingegen das Judentum als „einen partikularistischen Monotheismus, denn es glaubt an einen Gott, aber nicht an eine Religion, eine Kultur, eine Wahrheit. Der Gott Abrahams ist der Gott der ganzen Menschheit, aber der Glaube Abrahams ist nicht der Glaube der ganzen Menschheit"[6]. Religion ist somit „die Übersetzung des universalen Gottes in eine partikulare Sprache und in das Leben einer bestimmten Gruppe".

In der Bibel, insbesondere im Buch Genesis, sieht Sacks eine Bewegung vom Universalen zum Partikularen:

> „Gott, der Schöpfer der Menschheit, schließt erst einen Bund mit der ganzen Menschheit und wendet sich dann einem Volk zu und befiehlt ihm, sich von den anderen zu unterscheiden, um die Menschheit die Würde der Verschiedenheit zu lehren."[7]

Nach Sacks reicht es deshalb nicht, die Ethik auf unser universales Menschsein zu begründen, auf die Heiligkeit des Lebens, auf die Würde der menschlichen Person, auf die Freiheit des Menschen. Die Ethik braucht als zweites Standbein das Spezifische, Geschichtliche,

---

[4] Sacks, Dignity, 47f.
[5] Ebd., 49.
[6] Ebd., 53. Vgl. auch ebd., 55: „Gott ist der Gott aller Menschen, aber kein einziger Glaube ist oder sollte der Glaube aller Menschen sein." Vgl. z. B. Mal 1,11f: [11]„Denn vom Aufgang der Sonne bis zu ihrem Untergang steht mein Name groß da bei den Völkern, und an jedem Ort wird meinem Namen ein Rauchopfer dargebracht und eine reine Opfergabe; ja, mein Name steht groß da bei den Völkern, spricht der Herr der Heere. [12] Ihr aber entweiht ihn, ihr sagt: Auf dem Tisch des Herrn darf man eklige Speisen darbringen, er ist nicht so wichtig." Die Bibelzitate in diesem Beitrag sind, soweit nicht anders angegeben, der Einheitsübersetzung von 1980 entnommen.
[7] Sacks, Dignity, 53.

Kontextgebundene. „Die Universalität der ethischen Sorge lernen wir nicht, indem wir universalistisch sind, sondern indem wir spezifisch, geschichtlich, konkret sind. [...] Wir lernen die Menschheit zu lieben, indem wir bestimmte konkrete Menschen lieben." Dies ist nach Sacks der wichtigste Beitrag der biblischen Ethik.

> „Bei keinem anderen Thema ist das Spezifikum der biblischen Ethik so evident wie in der Art und Weise, wie die Bibel mit dem Thema umgeht, das sich im zwischenmenschlichen Umgang als das schwierigste erwiesen hat, nämlich im Problem des Fremden, dessen, der anders ist als wir selbst."[8]

Sacks weist darauf hin, dass die hebräische Bibel nur einmal sagt „Liebe deinen Nächsten wie dich selbst", das Gebot der Liebe zum Fremden aber 36mal wiederholt. Sacks verweist auf die Aussage in Mischna, Traktat Sanhedrin (Kap. 4, § 5, Übers. August Wünsche):

> „[...] da ein Mensch, der mit einem Stempel viele Münzen prägt, alle nur gleich machen kann; aber der erhabene König aller Könige, der Allheilige (gelobt sei er!) hat jeden Menschen mit dem Stempel des ersten Menschen ausgeprägt, und doch ist nicht einer dem anderen gleich."

Sacks zieht daraus die Schlussfolgerung:

> „Der weiseste Mensch ist nicht der, der sich selbst als weiser einschätzt als alle anderen. Es ist vielmehr der, der weiß, dass alle Menschen ein bisschen Wahrheit haben, die sie mit anderen teilen können, und der, der bereit ist, von ihnen zu lernen; denn niemand unter uns kennt die ganze Wahrheit und alle kennen einen Teil der Wahrheit. [Gott] [...] steht an meiner Seite, aber auch an der Seite der Anderen [...] er ist ein Gott der Gerechtigkeit, der über beiden steht und uns lehrt, dass wir füreinander Raum schaffen müssen [...] Menschen, die in ihrem Glauben feststehen, sehen im anderen Glauben anderer keine Bedrohung, sondern eine Bereicherung."[9]

Nach Sacks ist es also gefährlich, wenn Religionen absolute Wahrheit beanspruchen, die nur Gott zukommt. „Im Himmel", so sagt er, „gibt es die Wahrheit, aber auf der Erde nur Wahrheiten". Es gibt also einen legitimen Raum für Vielfalt und Verschiedenheit, die ihren Ursprung in Gott haben. Die Wahrheiten der verschiedenen Religionen und Glaubensüberzeugungen schließen einander nicht notwendigerweise aus, sondern ergänzen einander und tragen so zum Reichtum menschlichen Lebens bei.

---

[8] Ebd., 58.
[9] Ebd., 65f.

In seinem Eifer, die Begrenzungen und Gefahren des universalistischen, egalisierenden Denkens aufzuzeigen, verliert Sack jedoch meiner Meinung nach die Grenzen und Gefahren seines eigenen Ansatzes aus den Augen. Denn auch und gerade im Licht der Menschheitsgeschichte wird deutlich, dass es zu einfach ist, nur das eine Ende des Spektrums zu betrachten, nämlich die Spannung zwischen der einen Wahrheit Gottes und den vielen Wahrheiten der Religionen und Kulturen. Viel schwieriger wird es am anderen Ende des Spektrums, wo es um die Frage der Grenzen der legitimen Vielfalt der Wahrheiten und Wahrheitsclaims geht. Sacks scheint von der Prämisse auszugehen, dass alle in seiner „Welt" grundsätzlich moralisch gut, anständig und guten Willens sind. Was aber, wenn dies nicht der Fall ist? Muss es in menschlichen Gemeinschaften nicht auch Kriterien geben, um moralisch verwerfliches, destruktives und menschenverachtendes Verhalten, das zumeist auch im Namen von Wahrheit und Religion auftritt, zu identifizieren, ihm Widerstand zu leisten und Menschen vor ihm zu schützen?

Sacks hat in seinem Buch das Spezifikum der hebräischen Bibel dem platonischen Denken weiter Teile der westlichen Welt entgegengesetzt. Dies erreicht er durch eine gewisse Selektivität. Bei aller möglichen Kritik hat er jedoch etwas Wichtiges gesehen. Setzen wir einmal voraus, dass er in dieser Hinsicht Recht hat, dann ergibt sich die Frage, wie sich in diesem Punkt die hebräische Bibel zum Neuen Testament verhält. Hat Sacks Recht, dass das Christentum dem Judentum in diesem Punkt nicht gefolgt ist? Mich interessiert im Folgenden, wie es sich um die von Sacks diskutierten Fragen im Neuen Testament verhält, insbesondere in den Briefen des Apostels Paulus, und dort v. a. im Römerbrief.

2. Der Apostel Paulus und die Würde der Verschiedenheit im Lichte von Röm 14,1–15,13

Paulus ist, um es vorsichtig auszudrücken, im Allgemeinen nicht bekannt für seine Toleranz gegenüber abweichenden Positionen. Andererseits hat Paulus im Wesentlichen dieselbe Bibel gelesen wie Jonathan Sacks, wenn auch zumeist, wenn nicht gar ausschließlich in griechischer Übersetzung, und Paulus hatte mit Sacks den jüdischen Glauben gemeinsam,[10] den er in seinem „christlichen" Glauben nicht als überwunden, sondern als weiterentwickelt bzw. als

---

[10] Über die Kontinuität des jüdischen Glaubens zwischen der Zeit des Paulus und unserer eigenen Zeit können sicher viele Fragen gestellt werden, insbesondere wenn wir in Betracht ziehen, dass sowohl zur Zeit des Paulus als auch heute

erfüllt ansah.[11] Wie verhält es sich also bei Paulus mit dem Verhältnis von Universalität und Partikularität, Gleichheit und Verschiedenheit, absoluter und konkreter Wahrheit? Wir beginnen hier mit einer Analyse von Röm 14,1–15,33.

2.1. Der literarische Kontext in Röm 12,1–15,33

Der Römerbrief ist der längste Paulusbrief, und er unterscheidet sich in vielem von seinen anderen Briefen. Er ist der einzige Brief, dem kein persönlicher Kontakt mit der Gemeinde vorausgeht. Er ist auch der einzige Brief, der an eine Gemeinde gerichtet ist, die Paulus selbst nicht gegründet hat. Und doch spricht Paulus am Ende dieses Briefes, in den Kapiteln 12–15 ausführlich und zuweilen ziemlich konkret spezifische Situationen der römischen Gemeinde an. In 12,1 leitet Paulus den ermahnenden Teil, die Paraklese des Briefes, ein (Παρακαλῶ οὖν ὑμᾶς, ἀδελφοί, […]), der sich bis 15,13 erstreckt.[12] In 15,14 beginnt dann ein metasprachlicher Rückblick über die Beweggründe des Paulus bei der Abfassung des gesamten Briefes.

Wir gliedern 12,1–15,13 in zwei große Unterabschnitte.[13] Der erste Teil der Paraklese (12,1–13,14) besteht aus ganz allgemein gehaltenen Ermahnungen für das dem Glauben an Jesus Christus gemäße Leben. In 13,1–7 ermahnt Paulus die Gemeindemitglieder zur Unterordnung unter die „staatlichen Gewalten".[14] Darauf folgen in 13,8–14 allgemein gehaltene Ermahnungen, die sich auf die Nächstenliebe als Erfüllung des Gesetzes (13,10) konzentrieren und in 13,11–14 in einen eschatologischen Rahmen gestellt werden.[15] Die Aussagen zum Gebot der Nächstenliebe in 13,8–10 knüpfen an die Aussagen zur Liebe bzw. Bruderliebe in 12,9f an (Ἡ ἀγάπη ἀνυπόκριτος. ἀποστυγοῦντες τὸ πονηρόν, κολλώμενοι τῷ

---

viele unterschiedliche Glaubensrichtungen innerhalb des jüdischen Glaubens unterschieden werden müssen.

[11] Vgl. Bieringer/Pollefeyt, Wrestling, 114.
[12] Viele Ausleger verstehen 12,1–15; 13 als letzten großen Gliederungsabschnitt vor dem Briefschluss 15,14–16,23 (27). Vgl. u. a. Fitzmyer, Romans, 96; Haacker, Römer, 14.17; Jewett, Romans, 724ff.
[13] So auch Fitzmyer, Romans, 100.
[14] Vgl. Haacker, Römer, 261–265.
[15] Vgl. ebd., 273: „Nachdem in 12,2 die christliche Ethik grundsätzlich als Ethik der Zukunft inmitten einer vergehenden Weltordnung (bzw. -unordnung) bestimmt worden war, präzisiert Paulus jetzt auf der Linie der Naherwartung."

ἀγαθῷ, τῇ φιλαδελφίᾳ εἰς ἀλλήλους φιλόστοργοι, τῇ τιμῇ ἀλλήλους προηγούμενοι).[16]
Im zweiten Unterabschnitt des ermahnenden Schlussteils (14,1–15,13) kommt Paulus auf ein spezifisches Problem in der römischen Gemeinde zu sprechen, das offenbar zur Spaltung der Gemeindemitglieder in Starke und Schwache geführt hat und das aus einer Diskussion um die Gültigkeit von Speisegeboten und Festtagsobservanz erwachsen zu sein scheint.

2.2. Die Würde der Verschiedenheit und Röm 14,1–15,13

Paulus beginnt 14,1–15,13 mit der Aufforderung „Nehmt den an, der im Glauben schwach ist, ohne mit ihm über verschiedene Auffassungen zu streiten" (14,1). Hiermit nennt Paulus das Thema des gesamten Unterabschnitts, den wir in vier Abschnitte untergliedern: 14,1–12; 14,13–23; 15,1–6 und 15,7–13.[17]
Im ersten Unterabschnitt 14,1–12 legt Paulus die Betonung darauf, dass die Starken die Schwachen im Glauben annehmen sollen, ohne über ihre unterschiedlichen Meinungen ein Urteil zu fällen (14,1). Bei diesen Meinungsverschiedenheiten geht es, wie in 14,3 deutlich wird, darum, dass die Starken überzeugt sind, alles, also auch Fleisch, essen zu dürfen, während die Schwachen nur Gemüse essen (14,2), weil sie überzeugt sind, dass das Fleisch, das die Starken essen, unrein ist. Während Paulus der Meinung ist, dass alles rein (14,20) und nichts an sich unrein ist (14,14), und deshalb aus der Perspektive der Starken spricht, tritt er dennoch sehr engagiert dafür ein, beide Meinungen zu respektieren. Er spricht sich dagegen aus, dass einer den anderen verurteilt (14,3). Der tiefste Beweggrund, den Paulus hierfür nennt, ist seine Überzeugung, dass Gott keinen der Kontrahenten verachtet oder verurteilt, sondern vielmehr alle annimmt (vgl. προσελάβετο in 14,3 mit προσλαμβάνεσθε in 14,1; vgl. auch 14,4: σταθήσεται δέ, δυνατεῖ γὰρ ὁ κύριος στῆσαι αὐτόν).
Zweitens waren Mitglieder der Gemeinde in Rom unterschiedlicher Meinung hinsichtlich der Frage, ob die Tage alle gleich sind oder ob bestimmte Tage zu bevorzugen sind (vgl. 14,5f: Ὃς μὲν [γὰρ] κρίνει ἡμέραν παρ᾽ ἡμέραν, ὃς δὲ κρίνει πᾶσαν ἡμέραν· […] [6] ὁ φρονῶν τὴν ἡμέραν). Hier wie hinsichtlich des Essens betont Paulus, dass nur wichtig ist, dass alles zur Ehre des Herrn geschieht

---

[16] Vgl. ebd., 270: „In der Fortsetzung (8–10) nimmt Paulus mit dem Thema ‚Liebe' den Faden von Kap. 12 wieder auf."
[17] Vgl. Moo, Romans, 832f und Theobald, Erkenntnis und Liebe, 481.

(14,6); denn, und das ist die theologische Begründung, in allem gehören wir (alle) dem Herrn (14,7f). Zum Schluss betont Paulus noch einmal, dass keiner den Bruder bzw. die Schwester (ὁ ἀδελφός σου) verurteilen soll, da alle vor Gottes Richterstuhl stehen werden und von ihm gerichtet werden (14,10).[18]
In 14,13–23 entwickelt Paulus seinen Aufruf, einander nicht mehr zu verurteilen, weiter,[19] während er in 15,7–13 dafür wirbt, dass die römischen Adressaten einander annehmen, wie auch Christus sie angenommen hat. In 14,13–23 will Paulus v. a. aufzeigen, welche Folgen und Implikationen es hat, wenn die Starken die Schwachen verurteilen. Auch hier, wie im vorangegangenen Abschnitt (14,10), erinnert Paulus die Starken daran, dass die Schwachen ihre Brüder bzw. Schwestern sind (14,13.15.21). Hier geht er noch einen Schritt weiter und erinnert die Starken daran, dass Christus für ihren Bruder, ihre Schwester gestorben ist (14,15).[20] In diesem Abschnitt wird Paulus nicht müde, in immer neuen Variationen auf das Zerstörerische der Verurteilung hinzuweisen. Dreimal warnt er davor, den anderen keinen Anstoß zu geben bzw. sie nicht zu Fall zu bringen (πρόσκομμα in 14,13 und 20, vgl. das verwandte Verb προσκόπτω in 14,21).[21] Er will verhindern, dass der Bruder bzw. die Schwester betrübt (14,15a), zerstört (14,15c) oder niedergerissen werden (14,20). Statt zu betrüben, sollen sie nach dem streben, was zum Frieden führt; statt zu zerstören, sollen sie nach dem streben, was dem gegenseitigen Aufbau dient (14,19). Erst dann handeln sie κατὰ ἀγάπην (Röm 14,15). Paulus versucht die Starken unter seinen Adressaten in Rom dadurch zu überzeugen, dass er den Wert des Essens bzw. Trinkens relativiert im Vergleich zu dem, worauf es wirklich ankommt: τὸ ἀγαθόν (Röm 14,16), ἡ βασιλεία τοῦ θεοῦ (14,17), τὸ ἔργον τοῦ θεοῦ (14,20). Das zentrale theologische Argument kommt dabei in 14,17 zum Ausdruck: „denn das Reich Gottes ist nicht Essen und Trinken, es ist Gerechtigkeit, Friede und Freude im Heiligen Geist".[22]
In 15,1–6 lenkt Paulus die Aufmerksamkeit weg von den Folgen für die Schwachen auf die erforderliche Haltung der Starken.[23] Diese sollen die Schwäche der Schwachen tragen, statt sich nur auf sich selbst zu konzentrieren (μὴ ἑαυτοῖς ἀρέσκειν in 15,1). In V. 2

---

[18] Vgl. Moo, Romans, 846f.
[19] Vgl. v. a. Theobald, Erkenntnis und Liebe, 481–510.
[20] Vgl. ebd., 498f.
[21] Vgl. Haacker, Römer, 285.
[22] Vgl. dazu Ibita, In Search, 197–237.
[23] Vgl. Moo, Romans, 864f.

kehrt Paulus die Aussage ins Positive unter Benutzung desselben Verbs (τῷ πλησίον ἀρεσκέτω). Mit der überraschenden Benutzung von ὁ πλησίον knüpft Paulus hier unmissverständlich an das Gebot der Nächstenliebe an (13,9f).[24] Darauf folgt in V. 3, wiederum mit Hilfe desselben Verbs (ἤρεσεν), eine christologische Begründung: „Denn auch Christus hat nicht für sich selbst gelebt."[25] Paulus drückt das Ziel, das er vor Augen hat, in einem Wunsch aus: ὁ δὲ θεὸς τῆς ὑπομονῆς καὶ τῆς παρακλήσεως δῴη ὑμῖν τὸ αὐτὸ φρονεῖν ἐν ἀλλήλοις κατὰ Χριστὸν Ἰησοῦν (Röm 15,5). Auf den ersten Blick scheint Paulus sein bisheriges Plädoyer (seit 14,1) für die Anerkennung von Diversität wieder rückgängig zu machen, wenn er den Wunsch ausdrückt, dass die Starken und Schwachen untereinander dasselbe denken. Doch meint er damit wirklich Uniformität? In einer parallelen Aussage in Phil 2,2 wird deutlich, was Paulus sagen will: πληρώσατέ μου τὴν χαρὰν ἵνα τὸ αὐτὸ φρονῆτε, τὴν αὐτὴν ἀγάπην ἔχοντες, σύμψυχοι, τὸ ἓν φρονοῦντες. Hier wird τὸ αὐτὸ φρονῆτε erläutert als τὸ ἓν φρονοῦντες. τὸ ἕν verweist hier wohl auf eine Einheit, die Verschiedenheit zulässt oder sogar voraussetzt. Durch τὴν αὐτὴν ἀγάπην ἔχοντες in Phil 2,2 macht Paulus auch deutlich, dass es eine Einheit in der Liebe ist; und in Röm 15,5 wird τὸ αὐτὸ φρονεῖν charakterisiert als κατὰ Χριστὸν Ἰησοῦν. Somit geht es nicht um Uniformität, sondern um Einheit in Verschiedenheit.[26]

In 15,7–13, der letzten Texteinheit unseres Abschnitts 14,1–15,13, weitet Paulus die Perspektive und ruft die Adressaten zur gegenseitigen Annahme auf (15,7). Im Kontext wird deutlich, dass es hier nicht mehr spezifisch um den Konflikt zwischen Starken und Schwachen geht, sondern um die Beziehung zwischen den Gemeindemitgliedern aus dem Judentum und denen aus dem Heidentum.[27] Dies leiten wir aus den Aussagen in 15,8–12 ab, wo die Bedeutung

---

[24] Vgl. ebd., 867.
[25] Vgl. die etwas wörtlichere Lutherübersetzung: „Denn auch Christus hatte nicht an sich selber Gefallen".
[26] Ähnlich Moo, Romans, 871: „[…] we must not think that Paul prays that the two groups may come to the same opinion on these issues. He is, rather, asking God to give them, despite their differences of opinion, a common perspective and purpose" und Jewett, Romans, 884: „This produces a distinctive form of same-mindedness because the focus is no longer on achieving unanimity in doctrine or practice but rather on bearing abuse for each other and pleasing each other as Christ did. This allows the theological, liturgical, cultural, and ethical differences between the ‚weak' and the ‚strong' to remain in force within a broader community of mutual respect and love."
[27] Ähnlich Fitzmyer, Romans, 705. Anders dahingegen Moo, Romans, 874f.

Christi für die Menschen aus der Beschneidung (vgl. περιτομή in V. 8) sowie für τὰ ἔθνη (6x in 15,9–12) betont wird. Auch hier gibt Paulus den Adressaten das Vorbild Christi zur Nachahmung: καθὼς καὶ ὁ Χριστὸς προσελάβετο ὑμᾶς εἰς δόξαν τοῦ θεοῦ (15,7).

Im Rückblick auf 14,1–15,13 halten wir fest, dass Paulus die Gemeinde im vorausgehenden, allgemeinen Teil (12,1–13,14) zweimal zu gegenseitiger Liebe und Achtung aufruft. In 12,10 betont er die gegenseitige Geschwisterliebe, wenn er sagt: τῇ φιλαδελφίᾳ εἰς ἀλλήλους φιλόστοργοι, τῇ τιμῇ ἀλλήλους προηγούμενοι. In 13,8 ermuntert Paulus die Adressaten, einander zu lieben (τὸ ἀλλήλους ἀγαπᾶν), und im nächsten Satz wiederholt er denselben Gedanken mit der Variation, dass er von der Liebe zum Anderen spricht (ὁ γὰρ ἀγαπῶν τὸν ἕτερον). Danach präsentiert er die Liebe zum Nächsten (ἀγαπήσεις τὸν πλησίον σου ὡς σεαυτόν) mit einem Bibelzitat aus Lev 19,18 als Summe der Gebote (Röm 13,9) und wiederholt noch einmal: ἡ ἀγάπη τῷ πλησίον κακὸν οὐκ ἐργάζεται· πλήρωμα οὖν νόμου ἡ ἀγάπη (Röm 13,10). In 14,1–15,13 kommt ἀγάπη/ἀγαπάω direkt nur einmal als κατὰ ἀγάπην in 14,15 vor. Indirekt erscheint ein Aspekt der Bedeutung von ἀγάπη/ἀγαπάω in προσλαμβάνω (je zweimal in 14,1.3 und 14,7) und ἀρέσκω (dreimal in 15,1–3). Paulus betont in diesem Kontext die Gegenseitigkeit der Liebe, Achtung, Annahme und der Rücksichtnahme trotz oder gerade wegen der gegensätzlichen Meinungen. Dazu verweist er auf das Vorbild Gottes und Christi sowie auf die Würde der Andersdenkenden, die darin zum Ausdruck kommt, dass Christus für sie gestorben ist. Obwohl Paulus also im römischen Konflikt eindeutig auf der Seite der sogenannten Starken steht, setzt er sich für die sogenannten Schwachen ein. Paulus stellt sich schützend vor die Schwachen, die von den Starken verurteilt werden, um Schlimmeres, etwa dass sie zu Fall gebracht oder zerstört werden, zu verhindern. Paulus übersetzt das biblische Gebot der Liebe zum Nächsten in die konkrete Situation der römischen Gemeinde als Liebe für einander und Liebe zum Anderen, als Annahme von Andersdenkenden und Rücksichtnahme auf sie. Ist diese positive Haltung des Paulus zur Verschiedenheit in Röm 14,1–15,13 eine Ausnahme in den Briefen des Apostels?

2.3. 1 Kor 8; 12,12–14 und Gal 3,28 und die Würde der Verschiedenheit

Zunächst möchten wir darauf hinweisen, dass Paulus sich bereits ein und ein halbes Jahr zuvor mit einer ähnlichen Situation konfrontiert sah. In Korinth wurden gegensätzliche Meinungen zu der Frage diskutiert, ob man als jemand, der an Christus glaubt, Götzenopferfleisch essen darf. Die Antwort des Paulus ist im Wesentlichen die Gleiche wie die im Römerbrief. In 1 Kor 8 legt Paulus dar, dass er kein theologisches Problem darin sieht, Fleisch, das Götzen geopfert wurde, zu essen (8,4–6.8). Er ist aber dennoch überzeugt, dass man es zu unterlassen hat, falls es und insofern es Gläubige verletzt (8,9–12)[28]. Auch hier betont Paulus, dass das Wichtigste nicht das Wissen ist, sondern die Liebe und dass die Liebe die Aufgabe hat aufzubauen (1 Kor 8,1). Auch hier geht es Paulus darum, die Schwachen (vgl. τοῖς ἀσθενέσιν in 1 Kor 8,9) davor zu bewahren, dass sie zu Fall gebracht (8,9) oder gar zerstört werden (8,11). Wie im Römerbrief sieht Paulus die Würde der Schwachen darin begründet, dass Christus (auch) für sie starb (8,11).[29]

Es stellt sich allerdings die Frage, wie sich der Einsatz des Paulus für Verschiedenheit in Röm 14 und 1 Kor 8 mit seinem berühmten Manifest für die Gleichheit der Menschen in Christus in Gal 3,28 versöhnen lässt: „Es gibt nicht mehr Juden und Griechen, nicht Sklaven und Freie, nicht Mann und Frau; denn ihr alle seid ‚einer' in Christus Jesus" (Gal 3,28). In der modernen Gleichheits- und Emanzipationsdebatte spielte dieser Satz eine entscheidende Rolle.[30] Wir können allerdings nicht umhin zu fragen, ob Gal 3,28 nicht vielfach missverstanden wurde. Gegenüber der Einheitsübersetzung ist festzuhalten, dass es im griechischen Text nicht heißt „nicht mehr", sondern „nicht". Noch wichtiger ist, dass im griechischen Text nicht wie in der EÜ „Juden und Griechen […] Sklaven und Freie" im Plural steht, sondern der Singular benutzt wird. Diese Übersetzungsfehler tragen dazu bei, dass man den Eindruck gewinnt, dass Paulus hier sagen will, dass in der Taufe, dass im neuen Sein in Christus die Verschiedenheit von Juden und Griechen, Sklaven und Freien, Mann und Frau aufgehoben ist. Wir sind vielmehr der Überzeugung, dass Paulus weiß, dass diese Unterschiede in der Taufe nicht weggewischt werden.[31] Paulus weiß, wie aus anderen

---

[28] Vgl. Zeller, Korinther, 284f: „sie [die Liebe] konkretisiert sich im zweiten Teil als Rücksicht auf das schwache Gewissen des Bruders."
[29] Vgl. ebd., 296.
[30] Vgl. Schüssler Fiorenza, In Memory of Her, 205–241.
[31] Vgl. Zeller, Korinther, 398: „Die mit der Geburt und Herkunft gegebenen, die Menschen damals in Gruppen trennenden Unterschiede haben jedenfalls für die nue Gemeinschaft des Leibes Christi keine Bedeutung mehr, sie charakterisieren nur die Glieder in ihrer Verschiedenheit. Dass sie deswegen nicht rückgängig gemacht werden, sahen wir bei [1 Kor] 7,17–24 und, was die Identität der Geschlechter angeht, bei 11,2–16."

Stellen hervorgeht, dass auch nach der Taufe in der christlichen Gemeinde, Juden Juden bleiben und Griechen Griechen, dass Männer bleiben Männer und Frauen Frauen.[32] Auch der Unterschied zwischen Sklaven und Freien wird nicht einfach aufgehoben, auch wenn, wie aus dem Philemonbrief hervorgeht, Paulus sich das offensichtlich gewünscht hätte. Vielmehr setzt Paulus sich dafür ein, dass Sklaven jetzt als Brüder angenommen werden.[33]
Auch die Auffassung, dass die Aufhebung der Unterschiede in dem Satz „denn ihr alle seid ‚einer' in Christus Jesus" ausgedrückt wird, erscheint uns fragwürdig. Das Adjektiv εἷς verweist nicht auf Gleichheit, sondern auf Einheit, und zwar Einheit in Verschiedenheit. In Gal 3,28 sagt Paulus dann nicht, dass die Verschiedenheit unter den Menschen aufgehoben ist, sondern vielmehr, dass sie in Christus in ihrer bleibenden Verschiedenheit eine Einheit bilden, weil die sich auf die Unterschiede stützenden Privilegien überwunden sind.[34] Eine solche Einheit in Verschiedenheit hat Paulus in 1 Kor 12,12–14 beschrieben, wo „Juden und Griechen, Sklaven und Freie" (12,13) erwähnt werden. Der Vergleich mit der Einheit des menschlichen Leibes trotz der unaufhebbaren Vielheit seiner Glieder stützt die Auffassung, dass es auch in Gal 3,28 um eine Einheit in Verschiedenheit geht:

> [12]„Denn wie der Leib eine Einheit ist, doch viele Glieder hat, alle Glieder des Leibes aber, obgleich es viele sind, einen einzigen Leib bilden: So ist es auch mit Christus. [13] Durch den einen Geist wurden wir in der Taufe alle in einen einzigen Leib aufgenommen, Juden und Griechen, Sklaven und Freie; und alle wurden wir mit dem einen Geist getränkt. [14] Auch der Leib besteht nicht nur aus einem Glied, sondern aus vielen Gliedern." (1 Kor 12,12–14)

---

[32] Die Interpretation, dass es hier um die Entstehung eines androgynen Wesens gehe, scheint uns nicht überzeugend. Vgl. dazu Meeks, Androgyne, 165–208; Fatum, Image of God, 63f; Martin, Sex and the Single Savior (Kap. „The Queer History of Galatians 3:28: No Male and Female", 77–90), 83f. Zur kritischen Diskussion vgl. Uzukwu, The Unity of Male and Female.

[33] Vgl. die nuancierte Position von Tsalampouni, 1 Cor 7,17–24 and Philemon, 123: „Despite his apparent indecision, Paul's language and theology bear the potential of social change and could ultimately lead to the deconstruction of a system based on inequality and competitive relations."

[34] Vgl. Schüssler Fiorenza, In Memory of Her, 217f: „While the baptismal declaration in Gal 3:28 offered a new religious vision to women and slaves, it denied all male religious prerogatives in the Christian community based on gender roles." Vgl. dazu auch Uzukwu, Unity.

2.4. Die Grenze der Vielfalt bei Paulus am Beispiel des Galaterbriefes

Bislang haben wir in den Paulusbriefen Beispiele dafür gefunden, dass der Apostel bei ethnischen, sozialen und geschlechtsspezifischen Unterschieden sowie bei zwei theologischen Meinungsverschiedenheiten (Speisegebote und Kalenderobservanz) Achtung und Respekt für die, wie er denkt, legitime Diversität einfordert. Es gibt allerdings auch andere Punkte (übrigens auch in der hebräischen Bibel, wenngleich Sacks, wie wir oben gesehen haben, diese geflissentlich übergeht), wo Paulus nicht so „tolerant" ist. Ohne Anspruch auf Vollständigkeit erwähnen wir hier einige Beispiele: wo es um Götzenverehrung geht (1 Kor 8), wenn das Verhalten von Menschen andere im Tiefsten verletzt wie z. B. die Aufkündigung der Tischgemeinschaft durch Petrus in Antiochien (Gal 2)[35], wo Missionare „einen anderen Jesus […] einen anderen Geist […] oder ein anderes Evangelium" verkünden (2 Kor 11,4), wo ganz konkret andere Missionare den Heidenchristen die Beschneidung auferlegen wollen (Galater), kurzum wo immer die Wahrheit des Evangeliums, wie Paulus sie versteht, in Bedrängnis gerät.

Sowohl die hebräische Bibel als auch die Briefe des Paulus zeigen, dass die Verschiedenheit unvermeidlich ihre Grenzen hat und zwar immer dort, wo Werte und damit Menschen verletzt werden. Dies ist im Übrigen sogar bereits in Röm 14,1–15,13 deutlich, weil Paulus sich dort zwar einerseits dafür einsetzt, die Andersheit der Schwachen zu achten, andererseits aber nicht bereit ist, die „Andersheit" derjenigen zu akzeptieren, die die Andersheit der Schwachen nicht respektieren wollen.

3. Schlussbemerkungen

Thomas Söding hat sich in seinem Oeuvre des Öfteren mit dem Thema der Liebe beschäftigt. In seiner Studie „Der Geist der Liebe. Zur Theologie der Agape bei Paulus und Johannes" aus dem Jahr 2009 lesen wir:

---

[35] „Als ich aber sah, daß sie von der Wahrheit des Evangeliums abwichen, sagte ich zu Kephas in Gegenwart aller: Wenn du als Jude nach Art der Heiden und nicht nach Art der Juden lebst, wie kannst du dann die Heiden zwingen, wie Juden zu leben?" (Gal 2,14).

„Das Geheimnis Gottes ist die Liebe: Deshalb scheint, wo immer Menschen lieben, das Geheimnis Gottes auf, zuhöchst in der Einheit von Gottes- und Nächstenliebe."[36]

In dieser Untersuchung haben wir einen signifikanten Aspekt des Geheimnisses der Liebe besprochen, nämlich, dass Liebe entscheidend dadurch geprägt ist, dass sie die Annahme des Anderen als Anderen beinhaltet. Liebe muss immer wieder der Versuchung widerstehen, die zu Liebenden erst sich selbst gleich machen zu wollen, bevor sie meint, sie lieben zu können; denn dies käme über die Selbstliebe, d. h. sich selbst im Anderen zu lieben, nicht hinaus. Die Liebe als Annahme des Anderen als Anderen ist im Übrigen nicht allein ein Charakteristikum der Nächstenliebe, sondern auch der Gottesliebe. Hierauf näher einzugehen, übersteigt allerdings den Rahmen dieser Untersuchung.

In unserem ersten Teil haben wir uns kritisch mit den Thesen von Jonathan Sacks zur Würde der Verschiedenheit auseinandergesetzt. Im zweiten Teil haben wir uns der Frage zugewandt, ob sich in den Briefen des Apostels Paulus Spuren der Würde der Verschiedenheit finden. Was Röm 14,1–15,13 betrifft, können wir diese Frage eindeutig bejahen. Auch mit seiner Leibmetapher (1 Kor 12) für das Leben der christlichen Gemeinde argumentiert Paulus in ganz ähnlicher Weise. Es ist jedoch nicht zu übersehen, dass für Paulus wie für die hebräische Bibel die legitime Vielfalt immer dort ihre Grenze hat, wo die Würde von Menschen verletzt wird und die Wahrheit des Wortes Gottes auf dem Spiel steht. Der Einsatz für Würde und Wahrheit ist nicht zuletzt auch das Herzensanliegen in Leben und Werk unseres Jubilars, und dafür sagen wir von Herzen Dank.

4. Literatur

Bieringer, R./Pollefeyt, D., Wrestling with the Jewish Paul, in: dies. (Hg.), Paul and Judaism: Crosscurrents in Pauline Exegesis and the Study of Jewish-Christian Relations (LNTS 463/ESCO), London/New York 2012, 1–14

Fatum, L., Image of God and Glory of Man: Women in the Pauline Congregations, in: K. E. Borresen (Hg.), The Image of God: Gender Models in Judaeo-Christian Tradition, Minneapolis 1995, 50–133

Fitzmyer, J. A., Romans: A New Translation with Introduction and Commentary (AncB 33), Garden City/New York 1993

Haacker, K., Der Brief des Paulus an die Römer (ThHK 6), Leipzig 1999

Ibita, M. M. S., In Search of a Vision of an Inclusive Future for a Hungry World: Rom 14:17 in a Normativity of the Future Perspective, in: R.

---

[36] Söding, Der Geist der Liebe, 167f.

Bieringer/M. Elsbernd (Hg.), Normativity of the Future: Reading Biblical and Other Authoritative Texts in an Eschatological Perspective (ANL 61), Löwen [u. a.] 2010, 197–237
Jewett, R., Romans: A Commentary (Hermeneia), Minneapolis 2007
Martin, D. B., Sex and the Single Savior: Gender and Sexuality in Biblical Interpretation, Louisville [u. a.] 2006
Meeks, W. A., The Image of the Androgyne: Some Uses of a Symbol in Earliest Christianity, in: HTR 13 (1974), 165–208
Moo, D. J., The Epistle to the Romans (NICNT), Grand Rapids/Cambridge 1996
Sacks, J., The Dignity of Difference: How to Avoid the Clash of Civilizations, London/New York 2002
—, Wie wir den Krieg der Kulturen noch vermeiden können, übers. v. Bernadin Schellenberger, Gütersloh 2007
Schüssler Fiorenza, E., In Memory of Her: A Feminist Theological Reconstruction of Christian Origins, New York 1983
Söding, Th., Der Geist der Liebe. Zur Theologie der Agape bei Paulus und Johannes, in: E. Düsing/H. D. Klein (Hg.), Geist, Eros und Agape. Untersuchungen zu Liebesdarstellungen in Philosophie, Religion und Kunst, Würzburg 2009, 147–168
Theobald, M., Erkenntnis und Liebe. Kriterien glaubenskonformen Handelns nach Röm 14,13–23, in: ders., Studien zum Römerbrief (WUNT I/136), Tübingen 2001
Tsalampouni, E., 1 Cor 7,17–24 and Philemon: Paul and Slavery, in: D. Marguerat (Hg.), La lettre à Philémon et l'ecclésiologie paulinienne. Philemon and Pauline Ecclesiology (ACEP 22), Löwen [u. a.] 2016, 107–125
Uzukwu, G. N., The Unity of Male and Female in Jesus Christ: An Exegetical Study of Galatians 3.28c in Light of Paul's Theology of Promise (LNTS 531), London 2015
Zeller, D., Der erste Brief an die Korinther (KEK V/1), Göttingen 2010

http://www.rabbisacks.org

Mark W. Elliott

Die Agape(-feier) ist nicht genug!
1 Kor 11,17–34 geistlich gelesen[1]

Am Anfang soll die neutestamentliche Perikope selbst stehen:

[17]„Wenn ich schon Anweisungen gebe: Das kann ich nicht loben, dass ihr nicht mehr zu eurem Nutzen, sondern zu eurem Schaden zusammenkommt. [18] Zunächst höre ich, dass es Spaltungen unter euch gibt, wenn ihr als Gemeinde zusammenkommt; zum Teil glaube ich das auch. [19] Denn es muss Parteiungen geben unter euch; nur so wird sichtbar, wer unter euch treu und zuverlässig ist. [20] Was ihr bei euren Zusammenkünften tut, ist keine Feier des Herrnmahls mehr; [21] denn jeder verzehrt sogleich seine eigenen Speisen, und dann hungert der eine, während der andere schon betrunken ist. [22] Könnt ihr denn nicht zu Hause essen und trinken? Oder verachtet ihr die Kirche Gottes? Wollt ihr jene demütigen, die nichts haben? Was soll ich dazu sagen? Soll ich euch etwa loben? In diesem Fall kann ich euch nicht loben. [23] Denn ich habe vom Herrn empfangen, was ich euch dann überliefert habe: Jesus, der Herr, nahm in der Nacht, in der er ausgeliefert wurde, Brot, [24] sprach das Dankgebet, brach das Brot und sagte: Das ist mein Leib für euch. Tut dies zu meinem Gedächtnis! [25] Ebenso nahm er nach dem Mahl den Kelch und sprach: Dieser Kelch ist der Neue Bund in meinem Blut. Tut dies, sooft ihr daraus trinkt, zu meinem Gedächtnis! [26] Denn sooft ihr von diesem Brot esst und aus dem Kelch trinkt, verkündet ihr den Tod des Herrn, bis er kommt. [27] Wer also unwürdig von dem Brot isst und aus dem Kelch des Herrn trinkt, macht sich schuldig am Leib und am Blut des Herrn. [28] Jeder soll sich selbst prüfen; erst dann soll er von dem Brot essen und aus dem Kelch trinken. [29] Denn wer davon isst und trinkt, ohne zu bedenken, dass es der Leib des Herrn ist, der zieht sich das Gericht zu, indem er isst und trinkt. [30] Deswegen sind unter euch

---

[1] Es ist mir eine Ehre und v. a. eine Freude, diesen Beitrag schreiben zu dürfen. Mein Respekt Thomas Söding gegenüber begann, als ich ein paar seiner Bücher las, bes. „Einheit der Heiligen Schrift?", dessen letztes zusammenfassendes Kapitel ich um der Ausbildung unserer amerikanischen Doktoranden willen persönlich übersetzt habe. Thomas Söding hat mich begeistert und ermutigt, die Kernfragen der christlichen Theologie im Licht des biblischen Zeugnisses zu erforschen. Dafür bin ich herzlich dankbar.

viele schwach und krank und nicht wenige sind schon entschlafen. ³¹ Gingen wir mit uns selbst ins Gericht, dann würden wir nicht gerichtet. ³² Doch wenn wir jetzt vom Herrn gerichtet werden, dann ist es eine Zurechtweisung, damit wir nicht zusammen mit der Welt verdammt werden. ³³ Wenn ihr also zum Mahl zusammenkommt, meine Brüder, wartet aufeinander! ³⁴ Wer Hunger hat, soll zu Hause essen; sonst wird euch die Zusammenkunft zum Gericht. Weitere Anordnungen werde ich treffen, wenn ich komme." (1 Kor 11,17–34)

In diesen Pauluswortenüber das Abendmahl werden, mit Tony Thiselton gesprochen, drei Wege sichtbar, das Problem der Schuld der Korinther in V. 29 zu verstehen: 1. eine Verwechslung von Abendmahl und profaner Speise. Einige Korinther sahen keinen Unterschied zwischen physischem Verzehr und der Eucharistie, oder passender: dem Abendmahl. Nach Calvin und übereinstimmend mit der Mehrheit der mittelalterlichen Ausleger tadelt Paulus die Korinther darin, dass „die Hauptsache dabei außer acht gelassen ist, daß nämlich das Abendmahl unseres Herrn Jesus Christ geistliche Speise sein und man des Leibes Erhaltung nicht mit diesem Sakrament vermengen soll."[2] 2. Die Phrase „den Leib des Herrn anerkennen" bedeutet, die Schwestern und Brüder richtig zu bewerten, v. a. wenn sie arm sind – eine ekklesiologische bzw. sogar soziologische Auslegung. Diese These ist unter den Neutestamentlern des 20. Jh. besonders beliebt. Natürlich hat diese Art der Auslegung nicht erst im 20. Jh. begonnen. Johannes Chrysostomus erwähnt längst, die Korinther hätten den Geist der Großzügigkeit des Herrn Jesus Christus vergessen, als er wunderbar die Speise unter fünftausend armen Leuten verteilte (vgl. Homilie 27; PG 61:223,226). Man soll den Herrn in der irdischen Gestalt der Armen anrufen und ihn zu seinem und ihrem Mahl einladen (vgl. Homilie 27; PG 61:230–3.2). 3. Mit Luther (vgl. WA 26,479): „die wortt durre und klar [...] das nicht der geystliche leyb Christi da sey, sondern seyn natürlichen leyb."[3] Thiselton versucht, diese hochinteressante Meinung zu erklären: den Leib anzuerkennen heißt, „das Kreuz anschauen". Er betont diesbezüglich: „The social is founded on the salvific."[4] Mit anderen Worten: Gemeinsames Leben hängt von der Erlösung durch das Kreuz ab. Das Wichtigste ist es, der Einzigartigkeit Christi als des gekreuzigten Erhöhten zu gedenken, der sich aus reiner Gnade freiwillig für uns hingab. Das Herrenmahl wird durch Beteiligung und

---

[2] Schrage, Korinther, 63.
[3] Wolff, Korinther, 279.
[4] Thiselton, Corinthians, 893.

Identifikation zur Quelle und zum Grund einer demütigen Einstellung und eines sozialen Ereignisses.

> [18] „Denn das Wort vom Kreuz ist denen, die verloren gehen, Torheit; uns aber, die gerettet werden, ist es Gottes Kraft [...] [29] damit kein Mensch sich rühmen kann vor Gott." (1 Kor 1,18.29)

Alle drei Aspekte der Auslegung teilen die folgende Wahrheit: Das Abendmahl ist kein gewöhnliches Mahl; alle Mitglieder sind in Gottes Augen gleich und gehören gleichermaßen zur Kirche; und Leib und Blut sprechen die Botschaft und Wirkung des Kreuzes aus (1 Kor 1,18.29–31).

In 1 Kor 13 wird Liebe als Gegenmittel zu Uneinigkeit, ähnlich wie bei Platon (vgl. *leg.* 3.678e), dargestellt und ἀγαπᾶν wird als Gegenteil von στάσις bewertet.[5] Es ist nicht der Fall, dass ohne Christus keine Liebe möglich wäre. Weil es aber in vielen Bereichen unseres Lebens Störzonen gibt, bedarf es der lebendigen Liebe, die in Jesus Christus verkörpert ist. Gregor von Nyssa schrieb in seiner „Großen Katechese": „Das Sakrament, der Leib Christi, ist stärker als der Tod."[5] Wir sind physische Geschöpfe, dementsprechend ist ein physisches Mittel zum Empfang göttlicher Kraft adäquat. Das Brot wird durch das Wort Gottes und das Gebet geheiligt und gewandelt. Obwohl bei Johannes Chrysostomus zwischen sakramentaler und profaner Speise unterschieden wird, folgt Luther dem Beispiel der späteren mittelalterlichen Exegesetradition, wenn er zu V. 25 bemerkt: „dass man nicht eher zum Sakrament gehen kann, bis man sich selbst dignus et purus ab omni peccato [würdig und frei von jeder Sünde] findet [...]; diese Selbstprüfung ist darum nicht auf Gewissenserforschung, sondern auf Glaube und Vertrauen zu beziehen, zumal nach 1 Kor 4 und Ps 18 keiner seine Sünde erforschen kann und sich selbst kennt."[6]

Die Reformatoren haben der Verantwortung jedes einzelnen Gewicht beigemessen: Können Gemeinde und Pfarrer zwar Begleiter sein, ist es doch die Pflicht des Einzelnen, seine Schuld zu bekennen und um Verzeihung zu bitten. Dieser Vorgang ist keine Verzweiflungstat, kein Schwermutserlebnis, sondern ist mit Freude verbunden und bietet die Chance auf neues Leben. Das ist kein erfolgreiches Ergebnis „meiner" eigenen Frömmigkeit, sondern empfangene Gnade und ist nicht zuletzt im Gottesdienst mit allen Brüdern und Schwestern für jeden verfügbar.

Deshalb bin ich nicht ganz einverstanden mit Andreas Lindemann, wenn er schreibt: „Thema des Abschnitts 11,17–34 ist nicht eigentlich

---

[5] Vgl. Gregor von Nyssa, Opera III/4, 93–98.
[6] Schrage, Korinther, 101 (nach Luther, WA 7, 388).

das Herrenmahl, sondern das συνέρχεσθαι der Korinther in der ἐκκλησία."[7] Vielmehr geht es um ein Realsymbol, das nicht lediglich auf ein Bezeichnetes verweist, sondern „das die Wirklichkeit des Symbolisierten selbst enthält", wie Michael Wolter erklärt hat:[8]

> „Es ist überhaupt erst diese Handlung, welche die Gemeinschaft der Christen zu einer christlichen Gemeinschaft macht, insofern nämlich die Gemeinschaft aller Mahlteilnehmer jenen besonderen Charakter einzig und allein dadurch gewinnt, dass dieses Mahl in Gemeinschaft mit Jesus Christus als dem erhöhten Herrn gefeiert wird. Insofern kann das gemeinsame Mahl zum ‚Realsymbol' einer solchen Gemeinschaft werden, deren Identität durch die Zugehörigkeit zu Jesus Christus bestimmt ist."[9]

Wolter zieht hier folgenden Schluss: Die Teilhabe an dem einen Brot stellt die Einheit der christlichen Gemeinde nicht nur dar, sondern sie stellt sie auch her. Ich stimme der Betonung auf der Gemeinschaft mit Christus allein zu, aber nicht weniger als der johanneische Jesus sprach Paulus vom unerlässlichen Wirken der göttlichen Kraft. Man kann vom Leib Christi sagen: „Er verwendet ihn vielmehr als metonymische Bezeichnung für den Tod Jesu und die von ihm ausgehende Heilswirkung."[10]

Unwürdig empfangen, bringt diese Speise das Gericht, würdig empfangen sie Heil. Gemeint ist kein physisches Gift oder eine physische Arznei, sondern etwas geistliches: wirklich („real"), mit göttlicher Wirkung. Der Segen kommt vom auferstandenen Christus; ohne dass der Heilige Geist in diesem Abschnitt erwähnt wird, ist der Sinn dennoch klar. Die geistliche Dimension ist das, was die katholische mit der reformierten Tradition verbindet. Im Kontrast gegenüber der Meinung Luthers (wie oben): „die wortt durre und klar [...] das nicht der geystliche leyb Christi da sey, sondern seyn natürlichen leyb" (Luther, WA 26,479). Man bedarf des Wortes seitens des auferstandenen Messias und Herrn, was in der Darstellung Luthers fehlt, doch in der Theologie der Eucharistie bei Thomas von Aquin und Calvins existent ist.

Wie schon gesagt, die heutigen Ausleger betonen den praktischen und situationsabhängigen Zweck des Apostelwortes. Es geht in diesem Text um sittliche Ethik. Das bedeutet die Unverbundenheit von Kult-

---

[7] Lindemann, Korintherbrief, 248.
[8] Vgl. Wolter, Paulus, 272.
[9] Ebd., 273.
[10] Ebd., 283.

mahl und Sättigungsmahl. Aufgrund dieser Entwicklung sieht Wolfgang Schrage eine zunehmende Spiritualisierung und Sakramentalisierung durch die jahrhundertelange Auslegungsgeschichte im Westen. Gemeinschaftsgefühl braucht man v. a. in der Zeit, zu der das Christentum eine Minderheitsreligion ist, und „soziale Isolation" eine häufige Erfahrung der Gemeinde. Beziehungen, Geborgenheit, Treue und Agape in der Gemeinde bedarf es stärker als Brot. Auf dem Tisch des Herrn Jesus Christus gibt es keinen Paten, keinen Schutzpatron, keinen Diener: Alles ist beidseitig. Erst in ihrer späteren Bedeutung kann *agape* einseitig und kühl klingen: „Cold as charity" kam zuerst im viktorianischen England vor, wie bei Theodore Hook in seinem Buch „Jack Brag". Aber, wenn ihre gegenseitige Liebe warm wurde, hat das mit der heißen Quelle ihres Glaubens, nämlich Jesus und seiner Anbetung viel zu tun. Zuviel Aufmerksamkeit auf Nachahmung, auf Reproduktion von Erlebnissen der frühesten christlichen Gemeinden scheint problematisch zu sein und konzentriert sich zu stark auf das Ensemble zu Lasten einer Begegnung mit dem Herrn. Deshalb hat „[a]uch die Reformation keinen Versuch unternommen, die Institution der Agape in irgendeiner Form wiederzubeleben."[11] Auf jeden Fall hat der Herr gesagt: „In Erinnerung an mich", nicht „an mein letztes Mahl". Es geht nicht um die Wiederholung des Paschafestes Jesu vor fast 2000 Jahren. Nein, die Erinnerung gilt ihm, Jesus, in seiner irdischen Gestalt. Das Wort „Tut dies" hat mit physischer Nahrung gar nichts zu tun. Jesus könnte es auch mit anderen Worten gesagt haben, etwa „Vergiss mich nicht". Sicherlich ist das Nichtvergessen nicht ganz einfach, wenn man ihn nie „dem Fleisch nach" gekannt hat. Dennoch unterstütze ich Christian Wolff in seinem Kommentar: „In dem Brotwort weist Jesus zu Beginn der Mahlzeit mit dem gebrochenen und an die Jünger ausgeteilten Brotfladen auf seine ($\sigma\tilde{\omega}\mu\alpha$ = *gupha* [aram.] = „Person") Hingabe in den Tod, die allen zugute kommen soll."[12] Dazu: „Der Becher – genauer: sein Inhalt (vgl. Mk 10,38f) – wird zum „neuen Bund" in Beziehung gesetzt, der durch (kausales ἐν) das Blut Christi, d. h. seinen gewaltsamen Tod, geschlossen wird."[13] Und Erasmus schreibt im 16. Jh.: „Der Herrgott weiß, wie es passiert, mir ist genug, dass ich glaube."[14] Was am wichtigsten ist: Das Blut erinnert uns an den Zuspruch, dass der neue Bund durch das Blut Christi versiegelt worden ist, ähnlich dem alttestamentlichen Pascha. Noch einmal Christian Wolff:

---

[11] Schrage, Korinther, 66.
[12] Wolff, Korinther, 88f.
[13] Ebd., 87.
[14] Feld, Verständnis, 107.

„Die Zweckgabe im Wiederholungsbefehl unterstreicht, daß bei jeder Herrenmahlsfeier gerade diese Selbsthingabe Jesu präsent werden soll. Dabei ist nicht nur an eine Rückerinnerung zu denken, sondern an die Vergegenwärtigung der Bedeutung jenes Geschehens für das Heute. Nach alttestamentlichem Sprachgebrauch bedeutet „gedenken" die Bezugnahme auf ein gültiges und verpflichtendes Ereignis (Ex 13,3–10) [...] Die persönliche Selbsthingabe vom inkarnierten Sohn ist mit der Kraft zur Vergebung von Sünden zusammengefasst. Bei der Herrenmahlsfeier ist der Kreuzestod Jesu als ‚Gottes Kraft' (I, 18) wirksam."[15]

Beide Wirkungen und die personale Anwesenheit sind gleich wichtig. Im Opfer ist der Herr gegenwärtig. Die Idee der *anamnesis* hat geholfen, die kontroverse Frage zu lösen, wie man das ein für alle Mal hinreichende Opfer Jesu Christi ins rechte Verhältnis zum Herrenmahl setzt: „Im gottesdienstlichen Gedächtnis der Heilstaten Gottes werden diese selbst in der Kraft des Geistes gegenwärtig."[16] Diese Verbindung von Person und Wirkung kann auch bei Thomas von Aquin beobachtet werden: Der Zweck ist dann eine Teilhabe an der Eucharistie – nicht nur rein sakramental, sondern gleichzeitig sakramental und geistlich *(spiritualiter)*, wodurch wir die Sache *(res)* des Sakraments erhalten, welche Liebe *(caritas)* ist.[17] „Auch Thomas von Aquin unterstreicht, der Herr sei nicht räumlich *(localiter)*, sondern personal *(personaliter)* gegenwärtig, also gegenwärtig wie Personen einander nah sind."[18]

Bemerkenswert ist, wie eng Schrift, Tradition und Ethik miteinander verbunden sind. Thomas Söding hat zu diesem Thema gerade mit seinem Buch „Nächstenliebe" beigetragen[19], das sich aus seinem Buch „Das Liebesgebot bei Paulus"[20] entwickelt hat. „Die Feindesliebe Jesu ist von Lukas wie von Matthäus stark betont worden."[21] Manchmal ist die Liebe zum Nächsten eine größere Herausforderung. Auch Feindesliebe ist konsequente Nächstenliebe; eine Prüfung unserer Liebe, in der wir zu oft versagen und den Test nicht bestehen. Wenn wir unsere Liebe hinsichtlich unserer Feinde prüfen, dann ist die Liebe zum Nachbarn leichter. Die Fähigkeit in jemandem „einen von uns" zu sehen, ist das Herz christlicher Ethik. Natürlich gibt es be-

---

[15] Wolff, Korinther, 90–92.
[16] Lehmann/Pannenberg (Hg.), Lehrverurteilungen, 91.
[17] Vgl. seine super I ep. B. Pauli ad Cor. lectura, ad loc.
[18] Schneider, Zeichen der Nähe Gottes, 152.
[19] Söding, Nächstenliebe.
[20] Vgl. ders., Liebesgebot.
[21] Ders., Nächstenliebe, 170.

Die Agape(-feier) ist nicht genug!

trächtliche Überschneidungen zwischen verschiedenen Bezeichnungen für Liebe, die Hauptsache aber ist: Liebe macht einen Fremden zu einem Nachbarn, ja sogar zu einem Freund – wie Thomas Söding angesichts von Levitikus geschrieben hat:

> „Daraus aber folgt, dass die Nächstenliebe nach Levitikus 19,18 der Sache nach Feindesliebe ist. Gerade im Zeichen der Heiligkeit Gottes könnte man auf die Idee kommen, dass die Vernichtung des Sünders Gottes Wille sei. Aber das Gegenteil ist der Fall. Die Heiligkeit strahlt aus, um das Dunkle zu erhellen, nicht zu zerstören."[22]

Man könnte es anders sagen: Die Heiligkeit strahlt von der Eucharistie in Gestalt von Liebe aus. Die Monstranz bringt diesen Begriff wohl zum Ausdruck: Die Eucharistie ist keine private Angelegenheit, sondern ist ein zentrales Geheimnis der göttlichen Offenbarung.
Die Liebe ist dementsprechend der Ausdruck von Glaube und Hoffnung. Christus hat der Liebe Gestalt verliehen. Deshalb geht es in der christlichen Nachfolge um die Nachahmung Christi und den praktischen Vollzug der Liebe für die Gemeinde. Aber, obwohl Liebe dauernd und ausgerechnet unendlich ist – wir wissen das! –, noch ist keine dauernde Liebe ohne den unerschöpflichen Christus möglich. Auch wenn Liebe am Ende das letzte Wort ist: Am Anfang war das Wort, nicht die Tat (Goethes Faust zum Trotz). Und das zweite Wort ist der Glaube, der vom Wort Gottes abhängt und dem entspricht und der gehorcht und dieses Wort empfängt. Das bedeutet weniger *fides caritate formata* (Glaube durch Liebe gestaltet) wie bei Thomas von Aquin als vielmehr *caritas fide formata* (Liebe durch Glauben gestaltet).[23] In diesem Sinn dürfen *agape* (Liebe) und *pistis* (Glaube) zusammenwirken und dazu beitragen, dass unser eigenes Leben und die Gemeinde von Freude, Zuverlässigkeit und Sanftmut geprägt werden.
Gleichfalls im Rahmen der Eucharistie: Wir folgen Jesus nach wie ein Läufer, der im Windschatten desjenigen rennt, der das Rennen führt, so bekommt der Gläubige Ziel und Hilfe vom Herrn. „Vor allem fehlt im alttestamentlichen Gedächtnisgottesdienst ein personales Objekt; Gegenstand der Erinnerung sind überwiegend Ereignisse."[24] Vielleicht ist es die Wahrheit, wenn man von der Anwesenheit Jesu in der scheinbaren Abwesenheit Jesu in der Eucharistie spricht. Der Unterschied zwischen der Erfahrung Israels und der Kirche ist nicht groß. Für die nachösterliche Gemeinde dagegen

---

[22] Ebd., 67.
[23] Vgl. Rose, Fides caritate formata.
[24] Zeller, Korinther, 374.

steht im Vordergrund, was bzw. wen sie empfängt, nicht wie sie Brot und Wein empfängt. Es geht um ein neues Gottesverhältnis durch den Tod und den Sieg Christi über den Tod. Die Selbstentäußerung Jesu ist in den eucharistischen Gaben gleichsam verobjektiviert. Bernd Jochen Hilberath spricht von „eucharistischer Umstiftung *(transinstitutio)*", was „göttliche Handlung" zum Ausdruck bringt, während „*transignificatio* nur den Effekt"[25] meint. Der lebendige Gott, der der Gott des Lebens ist, und eines jeden, der lebt (Mensch und Tier), will das Heil und die Heiligung der Gemeinde, auch wenn unsere Abendmahlerfahrung ist, dass die göttliche Wirkung offensichtlich Unheil und Krankheit bis zum Tod sowie Heil und Segen verursachen kann, abhängig von der Art und Weise des Empfangs. Aber wie Schrage zu V. 32 bemerkt:

> „Die zeitlichen Strafen, denen übrigens kein Sühnecharakter zugeschrieben wird, dienen der göttlichen παιδεία. Selbst das Gericht des Herrn steht noch im Dienst seiner Barmherzigkeit (mit Grotius und gegen Käsemann)."[26]

Durch den Glauben kommt jedenfalls Trost und Ermutigung, sogar Kraft zum Widerstand und zur Liebe, die das Beste für den Nächsten will. Erst wenn Furcht und Angst beruhigt sind, kann die Liebe tätig werden, mehr als ein befristetes und inkonsequentes Gefühl sein. Weil biblische Theologie darauf verweist, dass die verschiedenen biblischen Bücher und ihre Autoren alle Zeugen einer gemeinsamen göttlich-schöpferischen Wirklichkeit sind, ist es an uns, die Worte aus dem Ersten Johannesbrief anzuhören:

> [10]„Nicht darin besteht die Liebe, dass wir Gott geliebt haben, sondern dass er uns geliebt und seinen Sohn als Sühne für unsere Sünden gesandt hat. [11] Liebe Brüder, wenn Gott uns so geliebt hat, müssen auch wir einander lieben. [12] Niemand hat Gott je geschaut; wenn wir einander lieben, bleibt Gott in uns und seine Liebe ist in uns vollendet. [13] Daran erkennen wir, dass wir in ihm bleiben und er in uns bleibt: Er hat uns von seinem Geist gegeben." (1 Joh 4,10–13)

Man ist beruhigt, wenn es so klar erscheint, dass Schrift, Tradition und Ethik zusammengehören. In dieser Hinsicht hat Thomas Söding uns den Weg geebnet, lebendige Schrift für ein lebendiges Volk dank des ewig lebendigen Herrn zu schätzen und von ihrer Weisheit viel zu lernen.

---

[25] Hilberath, Eucharistie, 949.
[26] Schrage, Korinther, 54.

Literatur

Feld, H., Das Verständnis des Abendmahls (EdF 50), Darmstadt 1976
Gregor von Nyssa, Oratio catechetica, Opera dogmatica minora, III/4, hg. v. E. Mühlenburg, Leiden 1996
Hilberath, B. J., Art. Eucharistie, in: LThK³ 3 (1995), 949–951
Hook, E., Jack Brag, Paris 1837
Lehmann K./Pannenberg W. (Hg.), Lehrverurteilungen – kirchentrennend? Rechtfertigung, Sakramente und Amt im Zeitalter der Reformation und heute, Freiburg i. Br. [u. a.] 1986
Lindemann, A., Der erste Korintherbrief, Tübingen 2000
Luther, M., Werke (WA 7 und 26), hg. v. U. Köpf [u. a.], Heidelberg 2003/2004
Mitchell, M. M., Paul and the Rhetoric of Reconciliation. An Exegetical Investigation of the Language and Composition of 1 Corinthians, Louisville 1991
Rose, M., Fides caritate formata. Das Verhältnis von Glaube und Liebe in der Summa Theologiae des Thomas von Aquin, Göttingen 2007
Schneider, Th., Zeichen der Nähe Gottes. Grundriss der Sakramentologie, Mainz ⁸2005
Schrage, W., Der erste Brief an die Korinther (EKK VII/3), Neukirchen-Vluyn 2015
Söding, Th., Nächstenliebe. Gottes Gebot als Verheißung und Anspruch, Freiburg i. Br. [u. a.] 2015
Thiselton, A. Ch., The First Epistle to the Corinthians (NIGTC), Grand Rapids 2000
Wolff, Ch., Der Erste Brief des Paulus an die Korinther (ThHK 7), Leipzig 1982
Wolter, M., Paulus. Ein Grundriss seiner Theologie, Neukirchen-Vluyn 2011
Zeller, D., Der erste Brief an die Korinther, Göttingen 2010

KIRCHE

Filip De Rycke

Der ist, der war und der kommt
Christus, der Kanon und die Gottesstadt in der Johannesoffenbarung

1. Die Gottesprädikate in der Johannesoffenbarung

Trotz des Vorkommens gattungsgleicher Texte in anderen neutestamentlichen Schriften gibt die Selbstbestimmung als einer ἀποκάλυψις dem letzten Buch der Heiligen Schrift einen *status aparte*. Das Buch enthält die Offenbarung von dem, „was [Johannes] gesehen hat: was ist und was danach geschehen wird" (Offb 1,19; vgl. 1,1). Hinsichtlich der Betonung des Zeitfaktors korrespondiert diese programmatische Bestimmung des Inhalts mit den verschiedenen Prädikaten, in denen die Allherrschaft Gottes bzw. Jesu ebenfalls aus einer chronologischen Perspektive beschrieben wird: „der ist und der war (und der kommt)"; „das Alpha und das Omega"; „der Anfang und das Ende"; „der Erste und der Letzte (und der Lebendige)".[1] Johannes hat diese antonomastischen Bezeichnungen Gottes bzw. Christi, die ein Merkmal seiner Offenbarung bilden, an verschiedenen Stellen innerhalb des Buches miteinander kombiniert. Oft variieren sowohl die Reihenfolge der Satzglieder als das Subjekt der Aussage.[2]

- „Friede von Ihm [Gott], der ist und der war und der kommt." (Offb 1,4)
- „Ich bin das Alpha und das Omega, spricht Gott, der Herr, der ist und der war und der kommt, der Herrscher über die ganze Schöpfung." (Offb 1,8)

---

[1] Zum inhaltlichen Zusammenhang der Beschreibung der Offenbarung (vgl. Offb 1,19 [1,1]) mit der Gottesbezeichnung in 1,4.8 vgl. Koester, Revelation, 248.
[2] Der Übersichtlichkeit willen werden hier die verschiedenen Kombinationen der verwandten Aussagen aufgelistet. Die textkritischen Varianten sind für unsere Darstellung nicht relevant. Im Rahmen dieses Beitrages können wir weder auf all diese Belegstellen, noch auf alle Aspekte des Motivs des Kommens in Offb eingehen. Auch die – bisweilen fragwürdigen – grammatikalischen Konstruktionen der Antonomasien brauchen uns nicht zu beschäftigen. Alfred Loisy hat dazu bemerkt: „Grammaticalement la formule est aussi incorrecte qu'il est possible de l'imaginer" (Loisy, L'apocalypse de Jean, 66).

- „Ich [einem Menschensohn gleich] bin der Erste und der Letzte und der Lebendige. Ich war tot, doch nun lebe ich in alle Ewigkeit." (Offb 1,17f)
- „So spricht Er, der Erste und der Letzte, der tot war und wieder lebendig wurde." (Offb 2,8)
- „So spricht Er, der Amen heißt, der treue und zuverlässige Zeuge, der Anfang der Schöpfung Gottes."3 (Offb 3,14)
- „Gott, der Herrscher über die ganze Schöpfung, er war und er ist und er kommt." (Offb 4,8)
- „Gott und Herrscher über die ganze Schöpfung, der du bist und der du warst." (Offb 11,17)
- „Gerecht bist du [Gott], der du bist und der du warst, du Heiliger." (Offb 16,5)
- „Ich [eine Stimme vom Thron her] [bin] das Alpha und das Omega, der Anfang und das Ende." (Offb 21,6)
- „Ich [Jesus] bin das Alpha und das Omega, der Erste und der Letzte, der Anfang und das Ende." (Offb 22,13)

Innerhalb dieser Kombinationen der Dreizeitenformel nimmt der Verweis auf das „Kommen" Gottes eine Sonderstellung ein („Gott, der ist und der war und der kommt", Offb 1,4.8; 4,8), weil es anstatt des *futurus* einer gängigen chronologischen Perspektive die neue Dimension des *adventus* einführt.[4] Damit wird ein zentrales Thema der

---

[3] Mit Koester, Revelation, 336 nehmen wir Offb 3,14 in dieser Auflistung als eine defektive Dreizeitenformel auf, obwohl Koester eine Übersetzung von ἀρχή als „the Ruler of God's creation" bevorzugt; vgl. zu den verschiedenen Deutungsmöglichkeiten Svigel, Christ, 215–231. Eine „zeitliche Vorrangstellung" bei der Deutung von ἀρχή in Offb 3,14 scheint angemessen, vgl. Holtz, Christologie, 143–147. Ebenfalls darf für die drei Begriffspaare in Offb 22,13 „ein starker Zeitsinn angenommen werden, der aber jeweils durch die betonte Gegenüberstellung der beiden Zeitextreme nach rückwärts und vorwärts qualitativen Sinn erhält" (Holtz, Christologie, 144).

[4] In diesem Zusammenhang kommt qua Wortlaut eine Aussage in der syrischen Baruchapokalypse dem Text von Offb 1,4 ziemlich nahe: „Toi seul, tu peux soutenir (dans l'être) ceux qui sont, ceux qui sont passés et ceux qui viendront" (2 Bar 21,9; Übers. v. Bogaert, L'Apocalypse, 478). Die französische Übersetzung suggeriert eine rein zeitliche Bedeutung von „ceux qui viendront" (mit „venir" als futurus anstatt vom adventus), die auch für ἔρχεσθαι in Offb 1,4 gelten könnte; vgl. 2 Chr 21,19; Koh 1,4; Ps 21,31. Das Verb, das in 2 Bar vorliegt, deutet tatsächlich auf einen zeitlichen Vorgang: ܥܬܝܕ [hebr. עתד paratus fuit, μέλλει. Ähnlich verweist 4 Esdras 7,136 (66) auf das kommende Geschlecht mit ܥܬܝܕ in: „multæ misericordiæ [Altissimus], quoniam multiplicat magis misericordias his qui præsentes sunt, et qui præterierunt, et qui futuri sunt" (vgl. Bidawid, 4 Esdras, 24 [kursiv FDR]). Die Peshitta benutzt in Offb 1,4 freilich ein anderes Verb, mit einer lokalen Bedeutung: ܐܬܐ [Hebr. אָתָה], venit (vgl. Dedering, Apocalypse, 11), das eine lokale Lesart von ὁ ἐρχόμενος in Offb 1,4 etc. unterstützt, und damit die Dimension vom adventus anstatt eines reinen futurus.

Der ist, der war und der kommt

Johannesoffenbarung aufgegriffen, von dem wir einige Facetten skizzieren wollen.

2. Traditionen des Kommens Gottes in der Johannesoffenbarung

Die erwähnten Antonomasien basieren auf traditionellem Befund. Darstellungen Gottes als „Beginn und Ende aller Dinge" kursierten in der hellenistischen Popularphilosophie.[5] In der apokalyptischen Literatur war zugleich das ursprünglich alttestamentliche Motiv des „Kommens (Gottes)" sehr beliebt.[6] Gerade die Kombination dieser Elemente bildet ein Charakteristikum der Johannesoffenbarung.[7] Bedeutsam dabei ist, dass das Motiv des Kommen Gottes, das in der Formel „der ist und der war und der kommt" ausgedruckt wird, durchaus eine zentrale Rolle im Buch der Offenbarung spielt.

Diese Gegebenheit lässt sich an der relativen Häufigkeit aufzeigen, in der das Verb ἔρχεσθαι in der Johannesapokalypse vorliegt. Wortverbindungen dieses Zeitwortes mit Präpositionen (z. B. εἰσέρχεσθαι, συνέρχεσθαι) kommen, im Gegensatz zu anderen neutestamentlichen Schriften, in der Apokalypse von Johannes eher selten vor. Diese Tatsache zeigt, dass dem Autor das Motiv des Kommens an sich wichtig ist. Dabei können verschiedene Personen und Gegenstände Subjekt dieses Kommens sein: Gott; derjenige, „der wie ein Mensch aussah"; die himmlischen Reiter; ein Engel; die Schar in weißen Gewändern; der Tag des Zornes; die Stunde des

---

[5] Vgl. z. B. Ps.-Aristoteles, De Mundo VII, 401a28f: „Zeus ward zuerst und Zeus ist zuletzt, der Herrscher der Blitze. Zeus das Haupt und die Mitte; von Zeus ist alles geschaffen" (Übers. bei Capelle, Schrift, 95). Die Vorstellung geht zurück auf Platon, leg. 4,715e. Auch in der jüdischen intertestamentarischen Literatur liegen derartige Motive vor, z. B. מאל הדעות כול הויה ונהייה, „(Vom Gott der Erkenntnis [kommt]) all was ist und all was sein wird": 1QS 3,15, vgl. 11,11, vgl. dazu Hengel, Qumran and Hellenism, 51f. McDonough (YHWH, 201f) hat die Dreizeitenformel in Verbindung gebracht mit Tg. Ps.-Jon. Dtn 32,39 in Zusammenhang mit der antiken Exegese von Ex 3,14. Zweifelhaft ist, ob dennoch eine Verbindung der Selbstbezeichnung Jesu als und Ω (vgl. Offb 1,8; 21,6; 22,13) mit dem Gottesnamen ἰαώ postuliert werden muss (vgl. Lincicum, Origin, 128–133; McDonough, YHWH, 200).
[6] Vgl. z. B. Or. Sibyl. 3,16.
[7] Verschiedene religionsgeschichtliche Parallelen zu den hoheitlichen Formeln in der Johannesoffenbarung werden von Marc Philonenko erwähnt. „La formule tripartite de l'Apocalypse de Jean est à replacer dans les méandres de ce large et puissant courant. Cependant l'auteur lui donne une forme singulière qui n'appartient qu'à lui" (Philonenko, Celui qui est, qui était et qui vient, 206). Das Verhältnis der Offb zu den weiteren Schriften der Bibel wird infra gedeutet.

Gerichtes Gottes; die „Wehen"; der siebte König; die Hochzeit des Lammes.

Aus einer narrativen Perspektive ist es bedeutsam, dass das Thema des Kommens gerade im abschließenden Kap. des Buches breit belegt ist. Die Johannesoffenbarung schließt mit einem poetisch und theologisch hochwertigen Dialog zwischen Jesus und „der Geist und die Braut", der sonst im Buch seinesgleichen nicht kennt, und der offensichtlich auf die gleiche Kultsprache der frühchristlichen Gemeinde anspielt, die auch Paulus mit MAPANAΘA in 1 Kor 16,22 aufgenommen hat.

Die Prominenz einer christologischen Deutung des Motivs des Kommens wird von einer weiteren Gegebenheit bestätigt. Zu den literarischen Charakteristika der Johannesoffenbarung gehört das paarweise Vorkommen von kontrastierenden Bildern, die den Streit des Teufels mit seinem Gefolge gegen die Allherrschaft Gottes symbolisieren. So haben auch die erwähnten Gottesprädikate ihr Pendant in der Apokalypse von Johannes.

- „An den Engel der Gemeinde in Sardes schreibe: [...] Dem Namen nach lebst du, aber du bist tot." (Offb 3,1)
- „[... das Tier], das mit dem Schwert erschlagen worden war und doch wieder zum Leben kam." (Offb 13,14)
- „Das Tier, das du gesehen hast, war einmal und ist jetzt nicht; es wird aber aus dem Abgrund heraufsteigen und dann ins Verderben gehen. [...] [Die Bewohner der Erde] werden bei dem Anblick des Tieres staunen; denn es war einmal und ist jetzt nicht, wird aber wieder da sein." (Offb 17,8)
- „Das Tier aber, das war und jetzt nicht ist, bedeutet einen achten König und ist doch einer von den sieben und wird ins Verderben gehen." (Offb 17,11)

Die Beschreibungen in Offb 13,14 und Offb 17,8.11[8] bilden eine Parodie auf die Antonomasien des Pantokrators („der Erste und der Letzte, der tot war und wieder lebendig wurde": Offb 2,8). Der Symbolik der Johannesoffenbarung nach, bestimmen diese Prädikate des Tieres („das einmal war und jetzt nicht ist; das aus dem Abgrund

---

[8] Die Aussage in Offb 3,1 („Dem Namen nach lebst du, aber du bist tot") nimmt in der Auflistung eine Sonderstellung ein. Vorerst weicht das Objekt des Vorwurfes in Offb 3,1 (der Engel der Gemeinde in Sardes) von den Aussagen in Offb 13,14 und Offb 17,8.11 ab (das Tier). Außerdem reflektiert der Sprachgebrauch in Offb 3,1 nicht primär die Prädikate des Pantokrators. Ebenso wie die sonstigen sechs Sendschreiben, die konsequent Elemente aus dem Prolog enthalten, ist auch die Vorstellung in Offb 3,1 der Einleitung entnommen (in casu den Versen Offb 1,17f, die ebenfalls eine Antonomasie enthalten).

Der ist, der war und der kommt

heraufsteigen und ins Verderben gehen wird": Offb 17,8) dies als eine teuflische Kontrastgestalt zum Lamm. Damit ist den ἔρχομαι-Aussagen in der Johannesoffenbarung eine grundsätzlich christologische Dimension beizumessen. Bestätigt wird diese Deutung von der Gegebenheit, dass ein ähnlicher Sprachgebrauch für Gott und für Jesus gebraucht wird: Dies zeigt, dass der Autor des Buches die beiden zusammen gedacht haben will.[9]

Mit dieser Deutung der genuinen Gottesprädikate der Johannesoffenbarung können weitere Motive innerhalb des Buches miteinander in Verbindung gebracht werden. Bemerkenswert ist die komplexe motivische Assoziation des geschlachteten Lammes in Offb 5,5 (vgl. Offb 6,1) mit „dem siegenden Löwen aus dem Stamm Juda, der Spross aus der Wurzel Davids". Am Ende des Buches kehrt dieses Motiv zurück und wird dort ausdrücklich christologisch gedeutet: „Ich, Jesus […] bin die Wurzel und der Stamm Davids, der strahlende Morgenstern" (Offb 22,16). Diese Vorstellungen, die auf ursprünglich alttestamentliche Themen zurückgehen (vgl. z. B. Jes 11,1), spielen, gerade in Verbindung mit dem nachfolgenden Dialog über das Kommen des Herrn (vgl. Offb 22,17ff), auf die traditionelle Bildersprache des davidischen Messias an.[10]

Diese messianischen Züge der Johannesoffenbarung[11] werden von den Anspielungen auf Ps 89 (88) bestätigt, die an verschiedenen Stellen in der Offenbarung des Johannes vorliegen, auch im Zusammenhang mit den Gottesprädikaten, die wir hier besprechen (bes. in Offb 1,5 und 1,17f).[12] Verse aus Ps 89 (88) und Anspielungen auf denselben

---

[9] Vgl. Koester, Revelation, 841; Hieke/Nicklas, Worte, 48f: „Für die frühe Christologie ist festzuhalten, dass die Prädikate, die bei Deuterojesaja auf Gott referieren, in Offb 22,13 auf Christus übertragen werden, ohne dass dies eigens thematisiert oder reflektiert wird"; McDonough, YHWH, 216f: „We may also say that for John, the definition of who God is cannot be separated from Jesus Christ".
[10] Vorbehalte zu den klassischen Vorstellungen der „messianischen Erwartungen" (bes. im Bezug auf die Gemeinschaft von Qumran) äußert Xeravits, Frage, 28f.
[11] Auf den sog. Gemeinde-Messianismus in Offb können wir nicht näher eingehen, vgl. dazu Karrer, Messias/Messianismus, 1152.
[12] Vgl. Offb 1,5 („Jesus Christus, der treue Zeuge, der Erstgeborene der Toten, der Herrscher über die Könige der Erde") verweist auf Ps 89 (88),38 („er soll ewig bestehen wie der Mond, der verlässliche Zeuge über den Wolken"); auf Ps 89 (88),21 („ich habe David, meinen Knecht, gefunden und ihn mit meinem heiligen Öl gesalbt") und auf Ps 89 (88),28 („Ich mache ihn zum erstgeborenen Sohn, zum Höchsten unter den Herrschern der Erde"); vgl. auch Offb 1,17f mit Ps 89 (88),49; Offb 3,14 mit Ps 89 (88),38; Offb 21,7 mit Ps 89 (88),26f und Offb 21,7 mit Ps 89 (88),27f. Gemeinsame Stichwörter zwischen Ps 89 (88) und der Offenbarung des Johannes sind u. a. θρόνος, ἥλιος, σελήνη, χείρ, μάρτυς, πιστός, χριστός,

Psalm liegen auch in den Texten von Qumran vor.[13] Der literarische Stil dieser Dokumente hat zu der Behauptung Anlass gegeben, dass der Psalm auswendig zitiert wurde.[14] In diesem Kontext wurde auch die These geäußert, dass die einschlägigen Verse aus Ps 89 (88), der explizit das Motiv des משיח bzw. χριστός enthält, zu einem „Libretto von messianischen Testimonia" gehörten.[15] Obwohl diese Vermutung nicht allgemein geteilt wird, steht außer Frage, dass das Florilegium als eine „Verheißung an Auserwählte(-n)" gelesen wurde.[16] Eine ähnliche Funktion haben auch die Anspielungen auf das Königsorakel Ps 89 (88) in der Johannesoffenbarung. In Verbindung mit den erwähnten Motiven verstärken sie den messianischen Grundtenor des Buches.

Vor diesem Hintergrund erscheinen weitere Motive in der Johannesoffenbarung in einem anderen Licht. Auf die suggestive Weise, die das Buch der Offenbarung kennzeichnet, mit einer semantischen Varietät und mit einer symbolischen Mehrschichtigkeit, enthält diese Schrift eine Vielheit an impliziten Referenzen an die Person und Botschaft von Johannes dem Täufer, dem Vorläufer, der den Messias angedeutet hat; z. B. in den Motiven des Lammes (vgl. Offb 5; 14 mit Joh 1,29.36) und des Bräutigams (vgl. Offb 19,9; 21,9–14 mit Mt 9,15; Mk 2,19f; Lk 5,34f; Joh 3,29). Hinsichtlich unserer Thematik ist v. a. die Bezeichnung Jesu als ὁ ἐρχόμενος wichtig.[17] Diese antonomastische Andeutung von Gott bzw. von Jesus in der Offenbarung

---

δεξιός, ὤμοσα und ῥομφαία. Verschiedene Deutungsmodelle des Verhältnisses zwischen Ps 89 (88) und Offb werden besprochen von Moyise, Old Testament, 115–119; vgl. ders., The Psalms in the Book of Revelation, 236f.

[13] 4QPs^c (4Q87) stimmt mit MT-Ps 89,44–48; 50–53 überein; 4QPs^x (4QPs89; 4Q236) hat die Verse von MT-Ps 89,20–31, aber in einer anderen Textgestalt und -ordnung (V. 20–23; 26–28; 31); vgl. auch Flusser/Safrai, Psalms, 265 Anm. 2 (zu Ps 89 [88],47). Zum Verhältnis zwischen 4QPs^x und dem biblischen Psalm, vgl. die infra erwähnten Arbeiten von Pajunen; vgl. ebenfalls die Hypothese von Carr, Formation, 391–393.

[14] Flint, Form, 41, verweisend auf Skehan, Gleanings from Psalm Texts from Qumrân, 439–414; vgl. Charlesworth, Psalter, 136.

[15] „Je me demande s'il n'a pas appartenu à un *libretto* (sous forme de rouleau, évidemment) de *testimonia* messianiques" (van der Ploeg, Sens, 481 [Hervorhebung durch den Autor]).

[16] Vgl. die Deutung des Florilegiums als einer „kollektiven Verheißung an eine neue Gruppe von Auserwählten" in Pajunen, Land, 313–318; vgl. ders., 4QPs^x, 479–495. Die kollektive Deutung von 4QPs^x stimmt mit dem Gemeindemessianismus der Offb überein.

[17] Offb 1,4 spricht von ὁ ὢν καὶ ὁ ἦν καὶ ὁ ἐρχόμενος. Zu Jesus als ὁ ἄνωθεν ἐρχόμενος und der Täufer als ὁ ὢν ἐκ τῆς γῆς (Joh 3,31) vgl. Lichtenberger, Täufergemeinden, 52. Zu diesen und zu weiteren Anspielungen auf Johannes den Täufer in Offb vgl. Massyngberde Ford, Revelation, 30–37. Die Autorin vertritt

Der ist, der war und der kommt

des Johannes wird in den Evangelien besonders mit Johannes dem Täufer in Verbindung gebracht (vgl. Mt 3,11; Mk 1,7; Lk 3,16; 7,19f; Joh 6,14; 11,27; Apg 19,4).
Diese verschiedenen Elemente – die prominente Andeutung Gottes bzw. Jesu als ὁ ἐρχόμενος, die messianischen Grundzüge des Buches und die Anspielungen auf die Person Johannes des Täufers – hängen mit dem historischen und religiösen Kontext der Offenbarung des Johannes zusammen. Schüler des Täufers haben sich in der zweiten Hälfte des 1. Jh., neben anderen Städten, auch in Rom angesiedelt.[18] Die Johannesoffenbarung enthält verschiedene, symbolische Anspielungen auf die Hauptstadt des Imperiums, z. B. in den Vorstellungen „des Tieres aus dem Meer, mit zehn Hörnern und sieben Köpfen" (Offb 13,1ff)[19] und der „Stadt der sieben Berge" (Offb 17,9), die mit dem „geheimnisvollen Namen: Babylon, die Große" (Offb 17,5) angedeutet wird.[20] Insbesondere scheint das Buch in verschleierten

---

die gewagte These, dass der Kern von Offb aus den Kreisen um Johannes den Täufer stammt: Offb 4–11 aus der Zeit, bevor und währenddessen Johannes Jesus als „denjenigen, der da kommt" erkannt hat; Offb 12–22 wurde von einem Schüler des Johannes geschrieben. Diese Teile des Buches seien älter als die Evangelien und die Mehrheit des Neuen Testaments. Ein christlicher Autor habe nachher die Kap. Offb 1–3 und die Verse Offb 22,16a; 22,20b und 22,21 hinzugefügt. Diese Hypothese hat jedoch relativ wenig Nachhall gefunden. Verschiedene literarische Merkmale weisen darauf hin, dass die Offb als eine Einheit gedacht ist, so z. B. die schon erwähnten Verbindungen zwischen der Einleitung des Buches und den sieben Sendschreiben (Kap. 2f), die Analogien zwischen dem Prolog und dem Epilog und schließlich auch die dramatische Entfaltung des in Offb 1,1–3 beschriebenen Offenbarungsvorganges in den nachfolgenden Kap.

[18] Vgl. Ernst, Johannes der Täufer, 252.358.528 (ferner 349–384 zur „Nachgeschichte des Täufers"). Auch die „Taufperikope" 4. Sib 158–169 hat eine Verbindung mit Rom, vgl. (auch zum kontextuellen Zusammenhang mit Josephus, ant. 18, 116–119): Hengel/Schwemer, Jesus, 297–299. Zum Nachleben der Täuferjünger im (außerbiblischen) frühen Christentum, vgl. ebenfalls die Diskussion bei Rothschild, Echo, 272f (Anm. 67); vgl. auch Lichtenberger, Synkretistische Züge, 85–97.

[19] „The beast has traits of Rome and its emperors" (Koester, Revelation, 569).

[20] Aus dieser Perspektive könnte mit den „zwei Zeugen", die in „der großen Stadt" gestorben sind (Offb 11,3–13) ebenfalls an zwei prominente Glaubensbote gedacht sein, die in Rom als Märtyrer starben, wie Petrus und Paulus; vgl. dazu die namhaften Thesen von Boismard, L'Apocalypse, 507–541; Munck, Petrus und Paulus, 15–19; zu den verschiedenen Deutungsmöglichkeiten vgl. auch Tavo, Woman, 197–199. Allerdings erlaubt die Mehrschichtigkeit von Offb keine exklusive Rückführung der Symbolsprache auf historischen Personen, sie fordert eine Interpretationsoffenheit; vgl. Trummer, Frau, 363–384 zu diesen Bildern als „Chiffre ‚korporativer Persönlichkeiten'" oder als „Archetyp"; ders., Bildersprache, 278–290.

Bildern auf die Person des emblematisch frevlerischen Kaisers Nero anzuspielen, u. a. mit der „Zahl des Tieres" in Offb 13,18. Besonders interessant ist die Bemerkung des Johannes über die symbolische Vorstellung „des Tieres aus dem Meer, mit zehn Hörnern und sieben Köpfen. [...] Einer seiner Köpfe sah aus wie tödlich verwundet; aber die tödliche Wunde wurde geheilt" (Offb 13,3). Kritischen Stimmen zum Trotz, die mit Recht auf die Komplexität und Mehrdeutigkeit der apokalyptischen Symbolsprache hinweisen[21], passt diese Vorstellung gut zum angeblichen Schicksal von Nero, von dem behauptet wurde, dass er nach seinem (Schein-?)Tod nach Rom wiederkehren und die Macht wieder ergreifen würde.[22]

Dem Kaiser Nero, symbolisch dargestellt im Tier „der einmal war und jetzt nicht ist, aber wieder da sein wird" (Offb 17,8) stellt der Johannesoffenbarung den Pantokrator gegenüber, „der ist und der war und der kommt" (Offb 1,4). Die messianischen Grundzüge der Johannesapokalypse, die wir skizziert haben, reagieren damit auf zwei Gestalten der Heilserwartung zugleich, die nach der Auffassung des Autors korrektionsbedürftig sind.

Zum einen antwortet die Johannesoffenbarung auf eine Art des politischen Messianismus, der durch den Mythos des *Nero redivivus* symbolisiert wird, und der behauptet, der Retter werde kommen wie Kaiser Nero, der ausgehend von den Parthen eine Armee anführen würde. Es ist eine innerweltliche Heilserwartung, deren religiöse Dimension v. a. auf das kultische beschränkt bleibt[23]: „[Das Tier aus der Erde] befahl den Bewohnern der Erde, ein Standbild zu errichten zu Ehren des Tieres, das mit dem Schwert erschlagen worden war und doch wieder zum Leben kam" (Offb 13,14). Der Sieg kommt

---

[21] Vgl. neuerdings Tonstad, Myth, 175–199.

[22] „Nach herrschender Auffassung sind nur vor dem Hintergrund einer entstehenden N[ero]-redivivus-Sage Apc. 13 u. 17 verständlich" (Frenschkowski, Nero, 858; vgl. auch 858–861); vgl. Friesen, Cults, 136f (ferner 138–141); Jenks, Origins, 242f; ferner Thomas, Revelation 19, (zum Zusammenhang von Offb 19,11–21 mit den Vorstellungen von Nero redivivus). Zum Werdegang der Vorstellung des Nero redivivus und zu deren Zusammenhang mit Offb vgl. Klauck, Come Back?, 268–289; Eder, Nero, 854; Koester, Revelation, 570f (der Autor spricht den Nero redivivus-Vorstellungen als „a major subtext" zu Offb 13 und 17 [ebd., 126]).

[23] Vgl. Pfeiffer, Herrscher- und Dynastiekulte im Ptolemäerreich, 36–38 zu der langjährigen Diskussion, ob die Griechen und Römer ihre kultisch verehrten Herrscher als Gottheiten betrachteten. Zur Siegesstrategie der Sendschreiben im Zusammenhang mit dem Kaiserkult als Herausforderung für die Christen vgl. Söding, Siegertypen, 343–346.

freilich nicht diesem Tier zu, sondern „dem Löwen aus dem Stamm Juda, dem Spross aus der Wurzel Davids" (vgl. Offb 5,5; 6,1).[24]
Zum anderen thematisiert die Apokalypse von Johannes auch einen jüdischen Messianismus, der innerhalb von Täuferkreisen kursierte und der offensichtlich zu Konflikten mit den Jesusjüngern geführt hat.[25] Hier ist die Frage nach der Identifikation von Jesus als dem Gesalbten Gottes im Spiel. Anhand von Motiven aus der Verkündigung des Täufers schildert die Johannesoffenbarung Jesus als ὁ ἐρχόμενος, „der Erste und der Letzte und der Lebendige, der tot war, doch nun lebt in alle Ewigkeit, und der die Schlüssel zum Tod und zur Unterwelt hat" (vgl. Offb 1,17f).
Der neue Himmel und die neue Erde, die Johannes schaut, sind kein Produkt menschlichen Handelns oder politischen Treibens: Sie kommen aus dem Himmel herab (vgl. Offb 21,2). Ebensowenig sind sie aber eine reine Prolongation jüdischer Heilsvorstellungen: Einen Tempel wird es in der heiligen Stadt nicht mehr geben (vgl. Offb 21,22).[26] Gerade dieser Dialog der Apokalypse von Johannes mit der jüdischen Messiaserwartung, die in den Täufermotiven dieser Schrift angesprochen wird, gibt einen Zugang zu der johanneischen Deutung der (Heils-)Geschichte und zum kanonischen Selbstverständnis der Johannesoffenbarung.

3. Johannes, das Lamm und die Schlüssel des Buches

Die Begriffspaare *leben/sterben* und *schließen/eröffnen* verbinden die Antonomasie in Offb 1,17f („Ich bin der Erste und der Letzte und der Lebendige. Ich war tot, doch nun lebe ich in alle Ewigkeit, und ich habe die Schlüssel zum Tod und zur Unterwelt") über Offb 3,7 („So spricht der Heilige, der Wahrhaftige, der den Schlüssel Davids hat, der öffnet, sodass niemand mehr schließen kann, der schließt, sodass niemand mehr öffnen kann") mit der Metaphorik des geschlachteten Lammes („dem Löwe aus dem Stamm Juda, dem Spross

---

[24] Vgl. die ähnliche Symbolik in der fünften, sog. Adler-Vision in 4 Esdras 11,1–12,50, was anhand von Bildern aus Daniel der Johannesoffenbarung sowohl qua Symbolik (das Tier aus dem Meer, der Löwe, das Buch) als qua Entstehungszeit nahesteht. In 4 Esdras sind die Vorstellungen des Löwen-Messias freilich nicht sosehr von militärischen, sondern eher von forensischen Metaphern geprägt (vgl. Longenecker, 2 Esdras, 77).
[25] Vgl. Ernst, Täufer, 360ff.
[26] Zum Ort des Tempels in der qumranischen Beschreibung des neuen Jerusalem (vgl. 1Q32; 2Q24; 4QNJ; 5Q15; 11QNJ) und in 2 Bar vgl. García Martínez, Qumran, 202f.

aus der Wurzel Davids": Offb 5,5), das das Buch mit den sieben Siegeln eröffnen kann (vgl. Offb 5,1–14).[27] Derjenige, der der Anfang und das Ende ist, steht auch im Mittelpunkt der Geschichte, zu deren Deutung als Heilsgeschichte er die Schlüssel hält.[28] Es wurde schon erwähnt, dass die Bezeichnung von Gott bzw. Christus als „Beginn und Ende" auf hellenistische Muster zurückgeht. Durch die Assoziation mit dem Lamm ist in der Offenbarung des Johannes zugleich aber auch ein motivischer Bereich angesprochen, der mit Johannes dem Täufer in Verbindung gebracht werden kann. Durch diese semantische und motivische Verwandtschaft mit täuferischen Themen bekommt die Vorstellung von „dem Ersten und dem Letzten" eine neue Dimension und entsteht eine Mehrschichtigkeit, die gerade für die Johannesoffenbarung charakteristisch ist. Mit der Bestimmung von Jesus als „dem Ersten und dem Letzten" nimmt die Apokalypse von Johannes aus einer christlichen Perspektive Stellung zu der konkurrierenden Messiaserwartung der Täuferschüler, die in den Evangelien anklingt und auch zu der Entstehungszeit der Johannesoffenbarung offensichtlich noch kursierte[29]. In den Evangelien sagt Jesus über die einzigartige Bedeutung des Täufers: „Unter allen Menschen hat es keinen größeren gegeben als Johannes den Täufer; doch der Kleinste im Himmelreich ist größer als er" (Mt 11,11). Ähnlichere Komparative liegen bei der (Selbst-)Bestimmung des Täufers im Gegenüber zu Jesus vor. Johannes behauptet von Jesus, ὁ ἐρχόμενος: „Der nach mir kommt (ὁ δὲ ὀπίσω μου ἐρχόμενος), ist stärker als ich" (Mt 3,11; Lk 3,16), und ebenfalls: „Seht, das Lamm Gottes, das die Sünde der Welt hinwegnimmt. Er ist es, von dem ich gesagt habe: Nach mir kommt ein Mann (ὀπίσω μου ἔρχεται ἀνήρ), der mir voraus ist, weil er vor mir war (πρῶτός μου ἦν)" (Joh 1,29f; vgl. Joh 1,15.27). Die Johannesoffenbarung nimmt dieses Motiv des Lammes auf und verabsolutiert die chronologischen Vorstellungen: Jesus ist „der Erste (ὁ πρῶτος) und der Letzte, der Anfang (ἡ ἀρχή) und das Ende" (Offb 22,13).

---

[27] Zu den messianischen Bedeutungen des Motivs des Schlüssels in Offb 3,7, zurückgreifend auf Jes 22,22, vgl. Jeremias, κλείς, 747f.
[28] „Einen zeitlosen Gott kennt das Urchristentum nicht. Der ‚ewige' Gott ist derjenige, der im Anfang war, jetzt ist und in aller Zukunft sein wird" (Cullmann, Christus, 55; verweisend auf Offb 1,4).
[29] Lichtenberger, Täufergemeinden, 55 (verweisend auf Vielhauer, Täufer, 807) hat beobachtet: „Wir müssen darauf schließen, daß theologisches Gewicht und Ausbreitung der Täufergemeinden im Laufe der Jahrzehnte nicht ab-, sondern zunahmen. Vielhauers Urteil wird damit bestätigt: ‚Die Sekte scheint am Ende des 1. Jh. ihren Höhepunkt gehabt zu haben'."

Mit den Anspielungen auf den Täufer nimmt die Johannesoffenbarung das Volk des ersten Bundes mit in Betracht. Mit der Identifikation von Jesus als dem absoluten Anfang (ἡ ἀρχή) verweist sie freilich über den Täufer hinaus auf den Anfang der Schöpfungsgeschichte (ἐν ἀρχῇ – בְּרֵאשִׁית: Gen 1,1). Auf diese Verse aus Genesis spielt auch der Prolog des Johannesevangeliums an, wenn Jesus als das Wort vom Anfang gedeutet wird (ἐν ἀρχῇ ἦν ὁ λόγος). Implizit verweisend auf den Anfang der Schöpfungsgeschichte, nimmt die Johannesoffenbarung diese Schriftmetaphorik des Johannesprologs auf und spricht von Jesus, nicht als Wort, sondern als Buchstabe: τὸ ἄλφα καὶ τὸ ὦ, ὁ πρῶτος καὶ ὁ ἔσχατος, ἡ ἀρχὴ καὶ τὸ τέλος (Offb 22,13; vgl. Offb 1,8). So schlägt die christologische Bestimmung von Christus als dem Ersten und dem Letzten, der die Schlüssel der Geschichte hält, auf einer anderen theologischen Ebene zugleich einen Bogen vom ersten bis zum letzten Buch der christlichen Heiligen Schrift.

Mit der symbolischen Vielschichtigkeit, die der Johannesoffenbarung eigen ist, kann die erwähnte Schriftsymbolik (Wort, Buchstabe) mit dem Motiv des Buches in Verbindung gebracht werden. Die Apokalypse von Johannes ist ein Buch über ein Buch, wie im Prolog angekündigt wird (vgl. Offb 1,1–3) und sich nachher visionär entfaltet. Das Lamm öffnet die Siegel des himmlischen Buches und macht so den Weg frei für das Königtum des Pantokrators in dieser Welt (vgl. Offb 5,10). In einer weiteren Entfaltung dieser Vorstellung[30] beschreibt die Apokalypse von Johannes, wie der Prophet das Buch aus der Hand des Engels empfängt, mit dem Auftrag, es zu nehmen und essen, als ein Bild seiner Sendung zur Weissagung „über viele Völker und Nationen mit ihren Sprachen und Königen" (Offb 10,1–11). Diese Beauftragung, versinnbildlicht in den sieben Sendschreiben in Offb 1f, realisiert sich in der Johannesoffenbarung als solche. Damit entsteht ein intrinsisches Band zwischen dem Buch der Apokalypse als Medium des Textes und der Buchsymbolik, die einen wichtigen Teil des Inhalts der Offenbarung darstellt.[31]

---

[30] Koester, Revelation, 372f gibt verschiedene Interpretationsmodelle des βιβλίον in Offb 5,1. Mit ihm bevorzugen wir eine Deutung, die der literarischen Dynamik der Apokalypse (schon angekündigt in 1,1–3) folgt: In Offb 5,1–14 hält Gott das Buch, dessen sieben Siegel das Lamm in 6,1–8,1 aufschließt; Johannes empfängt das Buch von einem Engel in 10,1–11 und verkündigt dessen Inhalt; eine Zusammenfassung wird in 11,1–15 und eine umfassende Offenbarung in 12,1–22,5 gegeben.
[31] Vgl. dazu auch Royalty, Don't Touch!, 282–300.

Hinzu kommt, dass die Johannesoffenbarung in einem komplexen intertextuellen Verhältnis zu den weiteren biblischen Schriften steht, aus denen mit einer einzigartigen Fülle geschöpft wird.[32] Die Offenbarung, die durch das Öffnen des Buches durch das Lamm symbolisiert wird, verkörpert auf neue Weise die alten Messiaserwartungen des jüdischen Volkes und die heidnischen Hoffnungen auf Heil und gibt so den alten Propheten eine neue Stimme (vgl. Offb 15,3), vom Anbeginn der Welt bis zu deren Vollendung.

Durch diese Vielzahl an literarischen und theologischen Verbindungen, die die Johannesoffenbarung herstellt, sind auch diese geweihten Schriften, von ἄλφα bis zum ὦ, vom πρῶτος bis zum ἔσχατος, von der ἀρχή bis zum τέλος (vgl. Offb 22,13; vgl. 1,8) im hohen kanonischen Status inbegriffen, den die Apokalypse von Johannes beansprucht[33] – implizit durch die Buchsymbolik und explizit durch die Kanonisierungsformel in Offb 22,6ff (vgl. Offb 1,3; 22,18ff).[34] Aus diesem Grund kann behauptet werden, dass Johannes seine Offenbarung als das letzte Buch der Bibel betrachtet hat,[35] die von der ἀρχή

---

[32] Zum Verhältnis zwischen der Johannesoffenbarung und dem Alten Testament vgl. u. a. Kowalski, Ezechiel, 28–52 und passim; Fekkes, Traditions (u. a. zu Jes 41,4; 44,6; 48,12); Huber, Menschensohn, 178f; Oesch, Untersuchungen, 41–74 (zu Jes 65,17–19 und Ez 40–48). Albert Vanhoye hat beobachtet: „De tous les livres du N.T., l'Apocalypse est celui qui utilise le plus le texte de l'A.T., mais aussi celui qui le cite moins" (Vanhoye, L'utilisation, 436); vgl. Massyngberde Ford, Revelation, 37: „Indeed, it has been computed [...] that in the 404 verses of Revelation, 518 OT citations and allusions are found [...]. Revelation is, accordingly, a rereading of the OT [...]". Das Verhältnis der Johannesoffenbarung zu neutestamentlichen Traditionen wird durch die Rezeption der Täufermotive in Offb illustriert.

[33] Das Buch der Johannesoffenbarung spielt auch auf die heidnische Heilserwartung an, die in der Gestalt des Nero redivivus-Mythos u. a. in den sibyllinischen Orakeln belegt ist (vgl. die Belegstellen bei Tonstad, Nero Redivivus, 179, Anm. 27). Anspruch auf einen kanonischen Status für die Sibyllen wird damit nicht erhoben, weil die sibyllinischen Orakel für den Autor der Offenbarung nicht das gleiche theologische Gehalt wie die Bücher des Alten Testaments haben, aus denen auch viel mehr geschöpft wird. Trotzdem haben die Sibyllen eine gewisse Autorität innerhalb der christlichen Liturgie („Dies irae, dies illa, solvet saeclum in favilla, teste David cum Sibylla") und in der Kunst (z. B. die Fresken von Raffael und von Michelangelo).

[34] Die Kanonisierungsformel in Offb 22,6ff kann als Epilog der ganzen Heiligen Schrift gelesen werden, zwar nicht rein an sich, aber zumindest als Teil des theologischen Netzwerkes von der ἀρχή der Bibel bis zum τέλος, das die Johannesoffenbarung darstellt; vgl. dazu auch Thomas Hieke und Tobias Nicklas, die die Dreizeitenformel in Offb 22,13 gleichermaßen auf die Heilige Schrift, die Menschen und die Schöpfung beziehen (Hieke/Nicklas, Worte, 49–51).

[35] Gemeint sind die intentio auctoris und den sensus operis, vgl. Huber/Hasitschka, Kanon, 618. Auf die komplexe Frage nach der Aufnahme der

bis zum τέλος durch Christus und auf ihn hin entsiegelt und als Kanon der Heiligen Schriften der Kirche überreicht wurde.[36]

4. Das Fundament der Stadt des kommenden Gottes

Vor dem Hintergrund der Bestimmung der Johannesoffenbarung als das τέλος der Bibel ist die Varietät an literarischen Gattungen bemerkenswert, die das Buch enthält. Neben Offenbarungen, Prophezeiungen, Visionen, Zeugnissen, Seligsprechungen und Briefen liegen ebenfalls Hymnen und Lieder von Lobpreis und Dank vor, in denen die Kirche sich als ein priesterliches Volk realisiert (vgl. Offb 5,10).[37] Aus diesem Grund kann die Bestimmung des Psalters als „Tempel aus Worten"[38], konform zu den Beschreibungen in Offb 21, im übertragenen Sinn auch auf die Johannesoffenbarung angewendet werden. Als das τέλος des Kanons konstituiert die Offb das „Fundament der Stadt, die keinen Tempel hat", weil sie das Wort Gottes selber enthält, das wie ein „Strom des Wassers des Lebens vom Thron Gottes und des Lammes ausgeht" (Offb 22,1).[39]
Dabei soll nochmals die zentrale Bedeutung des Motives des Kommen Gottes in der Offb beachtet werden. Die Vorstellung der hoffnungsvollen Erwartung eines Heils, das noch aussteht und das vom kommenden Gott erwartet wird, prägt die Johannesoffenbarung auf die verschiedenen Ebenen ihrer komplexen Symbolik. Dasjenige, was in der hymnischen Gebetssprache des Buches ausgesagt wird, kennzeichnet auch die Struktur der Gottesstadt bzw. der Kirche: in

---

Johannesoffenbarung in den christlichen Kanon können wir im Rahmen dieses Beitrages nicht näher eingehen; vgl. dazu u. a. de Groote, Kanonbildung im Westen, 323–332; ders., Kanonbildung im Osten, 147–160. Die Johannesoffenbarung beschließt die christliche Bibel in einer großen Mehrheit der Handschriften und Kanonlisten.

[36] „Le livre [Offb] me semble entièrement occupé à l'accomplissement des écritures […]": Calloud, Je suis, 24. Ähnliche kanonische Perspektiven werden eröffnet von Böhler, Buch der Tora, 102–111 im Bezug auf den Zusammenhang von Joh 21,24f; Mt 1,1; Dtn 31,24–26 und die dort vorliegende Buchmetaphorik.

[37] Vgl. zu diesem Thema Schüssler Fiorenza, Priester; Hasitschka, Priestermetaphorik, 179–192.

[38] Janowski, Tempel, 279–306, verweisend auf u. a. Hieronymus, der in der Einleitung zu seinem Tractatus in librum Psalmorum der Psalter als eine magna domus bezeichnet und dabei auch das Bild des Schlüssels (clauis) verwendet (CCL 78,3).

[39] Vgl. ἐκπορεύεσθαι in 19,15 in Bezug auf den Reiter des Wortes Gottes (vgl. 1,16).

der Zeitstrecke zwischen Anfang und Vollendung der Welt vollbringt sie ihre Mission, wobei sie Leben und Kraft schöpft aus der Erwartung des versprochenen Heiles Gottes.[40] Durch die Jahrhunderte hindurch lässt die Kirche, jederzeit neu, die Stimmen der „Freunde des Bräutigams" (Joh 3,29ff) und „des Geistes und der Braut" (Offb 22,17ff) erklingen, die gemeinsam dem „Ersten und dem Letzte und dem Lebendigen" (Offb 1,17f) zurufen: „ἔρχου κύριε Ἰησοῦ: Komm, Herr Jesus" (Offb 22,20).[41]

In diesem Geiste möchten wir den vorliegenden Beitrag dem verehrten Lehrer Professor Dr. Thomas Söding als ein Zeichen von Hochachtung und Dankbarkeit widmen. „Nel mezzo del cammin di nostra vita"[42] seien Leben und Forschung hoffnungsvoll demjenigen anvertraut, der „das Alpha und das Omega ist; der ist und der war und der kommt, der Herrscher über die ganze Schöpfung" (Offb 1,8).

5. Literatur

Bidawid, R. J. (Hg.), 4 Esdras (OTSy IV/3), Leiden 1973

Bogaert, P.-M., L'Apocalypse syriaque de Baruch: Introduction, traduction du syriaque et commentaire I (SC 144), Paris 1969

Böhler, D., Das Buch der Tora und das Buch des Evangeliums. Der Johanneskolophon und sein alttestamentlicher Hintergrund, in: BZ 60 (2016), 102–111

Boismard, M.-É., „L'Apocalypse", ou „Les Apokalypses" de S. Jean, in: RB 56 (1949), 507–541

Boulgakov, S., L'apocalypse de Jean, Paris 2014

Calloud, J., „Je suis l'alpha et l'omega". L'Apocalypse à la lettre, in: SémBib 128 (2007), 23–38

---

[40] „Für das Gesamtverständnis des Neuen Testaments als Kanon ist dies von großer Bedeutung: Wie das Alte Testament in den christlichen Ausgaben mit den Propheten endet, die den Blick über den Horizont für das Kommen des Messias weiten, so endet das Neue nicht mit einem triumphalistischen Preis des Erreichten oder einer Selbstbespiegelung der Kirche, die nun ihrer glorreichen Vollendung gewiss ist, sondern mit einem prophetischen Ausblick auf das, was sich noch nicht ereignet hat, sondern noch aussteht: das vollendete Reich Gottes" (Söding, Einheit, 284).

[41] Weitere Perspektiven, auf die wir hier nicht weiter eingehen können, werden eröffnet von Boulgakov, L'apocalypse, 291f: „Il faut enfin ajouter qu'à cette pensée générale, ecclésiologique, sur l'Église appelant l'Agneau, l'on peut donner un accent eucharistique" (verweisend auf ΜΑΡΑΝΑΘΑ in did. 10,6).

[42] Dante, Commedia, Inferno 1,1.

Capelle, W., Die Schrift von der Welt. Ein Weltbild im Umriss aus dem 1. Jahrhundert nach Chr. eingeleitet und verdeutscht, Jena 1907

Carr, D. M., The Formation of the Hebrew Bible. A New Reconstruction, New York 2011

Charlesworth, J. H., The Qumran Psalter. The Thanksgiving Hymns among the Dead Sea Scrolls, Eugene 2014

Collins, J. J./Kugler R. A. (Hg.), Religion in the Dead Sea Scrolls (Studies in the Dead Sea Scrolls and Related Literature), Grand Rapids/Cambridge 2000

Cullmann, O., Christus und die Zeit. Die urchristliche Zeit- und Geschichtsauffassung, Zollikon/Zürich 1946

Dedering, S. (Hg.), Apocalypse of Baruch (OTSy IV/3), Leiden 1973

de Groote, M., Kanonbildung im Westen. Das Schicksal der Johannesapokalypse, in: ZKG 114 (2003), 323–332

—, Die Johannesapokalypse und die Kanonbildung im Osten, in: ZKG 116 (2005), 147–160

Eder, W., Art. Nero. Nachleben, in: DNP 8 (2012), 854

Ernst, J., Johannes der Täufer. Interpretation – Geschichte – Wirkungsgeschichte, Berlin/New York 1989

Fekkes, J., Isaiah and Prophetic Traditions in the Book of Revelation. Antecedents and their Development (JSNT.S 93), Sheffield 1994

Flint, P. W., A Form of Psalm 89 (4Q236 = 4QPs89), in: J. H. Charlesworth/H. W. L. Rietz (Hg.), The Dead Sea Scrolls. Hebrew, Aramaic, and Greek Texts with English Translation 4A: Pseudepigraphic and Non-Masoretic Psalms and Prayers, Tübingen/Louisville 1997, 40–45

Flusser, D./Shmuel S., The Apocryphal Psalms of David, in: D. Flusser, Judaism of the Second Temple Period 1: Qumran and Apocalypticism, Grand Rapids [u. a.] 2007, 258–282

Frenschkowski, M., Nero, in: RAC 25 (2013), 839–878

Friesen, S. J., Imperial Cults and the Apocalypse of John. Reading Revelation in the Ruins, Oxford 2001

García Martínez, F., Qumran and Apocalyptic. Studies on the Aramaic Texts from Qumran (StTDJ 9), Leiden [u. a.] 1992

Hasitschka, M., Die Priestermetaphorik der Apokalypse als Ausdruck der Verbundenheit der auf Erden lebenden mit den zur Auferstehung gelangten Christen. Bibeltheologische Skizze, in: SNTU.A 29 (2004), 179–192

Hengel, M./Schwemer A. M., Jesus und das Judentum 1 (Geschichte des frühen Christentums 1), Tübingen 2007

Hieke, T./Nicklas, T., „Die Worte der Prophetie dieses Buches". Offenbarung 22,6–21 als Schlussteil der christlichen Bibel Alten und Neuen Testaments gelesen (BThSt 62), Neukirchen-Vluyn 2003

Holtz, T., Die Christologie der Apokalypse von Johannes (TU 85), Berlin 1962

Huber, K./Hasitschka, M., Die Offenbarung des Johannes im Kanon der Bibel. Textinterner Geltungsanspruch und Probleme der kanonischen

Rezeption, in: J.-M. Auwers/H. J. de Jonge (Hg.), The Biblical Canons. Fiftieth Colloquium Biblicum Lovaniense, July 25 to 27 2001 (BETL 163), Löwen 2003, 607–618

Huber, K., Einer gleich einem Menschensohn: Die Christusvisionen in Offb 1,9 und Offb 14,14–20 und die Christologie der Johannesoffenbarung (NTA.NF 51), Münster 2007

Janowski, B., Ein Tempel aus Worten. Zur theologischen Architektur des Psalters, in: E. Zenger (Hg.), The Composition of the Book of Psalms (BETL 238), Löwen [u. a.] 2010, 279–306

Jenks, G. C., The Origins and Early Development of the Antichrist Myth (BZNW 59), Berlin/New York 1991

Jeremias, J., Art. Κλείς, in: ThWNT 3 (1957), 743–753

Karrer, M., Art. Messias/Messianismus IV. Christentum 1. Neues Testament, in: RGG[4] 5 (2002), 1150–1153

Klauck, H.-J., Do They Never Come Back? Nero Redivivus and the Apocalypse of John, in: ders., Religion und Gesellschaft im frühen Christentum. Neutestamentliche Studien (WUNT I/152), Tübingen 2003, 268–289

Koester, C. R., Revelation (AncB 38A), New Haven/London 2014

Kowalski, B., Die Rezeption des Propheten Ezechiel in der Offenbarung des Johannes (SBB 52), Stuttgart 2004

Lichtenberger, H., Täufergemeinden und frühchristliche Täuferpolemik im letzten Drittel des l. Jahrhunderts, in: ZThK 84 (1987), 36–57

—, Synkretistische Züge in jüdischen und judenchristlichen Taufbewegungen, in: J. D. G. Dunn (Hg.), Jews and Christians. The Parting of the Ways A.D. 70 to 135. The Second Durham-Tübingen Research Symposium on Earliest Christianity and Judaism (Durham, September, 1989) (WUNT I/66), Tübingen 1992, 85–97

Lincicum, D., The Origin of „Alpha and Omega" (Revelation 1.8; 21.6; 22.13). A Suggestion, in: JGRChJ 6 (2009), 128–133

Loisy, A., L'apocalypse de Jean, Paris 1923 (= Frankfurt a. M. 1972)

Longenecker, B. W., 2 Esdras, Sheffield 1995

Massyngberde Ford, J., Revelation (AncB 38), Garden City/New York 1975

McDonough, S. M., YHWH at Patmos. Rev. 1:4 in Its Hellenistic and Early Jewish Setting (WUNT II/107), Tübingen 1999

Moyise, S., The Old Testament and the Book of Revelation (JSNT.S 115), Sheffield 1995

—, The Psalms in the Book of Revelation, in: ders./M. J. J. Menken (Hg.), The Psalms in the New Testament, London/New York 2004, 231–246

Munck, J., Petrus und Paulus in der Offenbarung Johannis. Ein Beitrag zur Auslegung der Apokalypse, Kopenhagen 1950, 15–19

Oesch, J., Intertextuelle Untersuchungen zum Bezug von Offb 21,1–22,5 auf alttestamentliche Prätexte, in: PzB 8 (1999), 41–74

Pajunen, M. S., The Land to the Elect and Justice for All. Reading Psalms in the Dead Sea Scrolls in Light of 4Q381 (JAJ.S 14), Göttingen 2013

—, 4QPs^x. A Collective Interpretation of Psalm 89:20–38, in: JBL 133 (2014), 479–495
Pfeiffer, S., Herrscher- und Dynastiekulte im Ptolemäerreich. Systematik und Einordnung der Kulturformen (MBPF 98), München 2008
Philonenko, M., Celui qui est, qui était et qui vient (Apocalypse de Jean 1, 4), in: C. Grappe/J.-C. Ingelaere (Hg.), Le Temps et les Temps dans les littératures juives et chrétiennes au tournant de notre ère (JSJ.S 112), Leiden/Boston 2006, 199–207
Rothschild, C. K., „Echo of a Whisper". The Uncertain Authenticity of Josephus' Witness to John the Baptist, in D. Hellholm u. a. (Hg.), Ablution, Initiation, and Baptism. Late Antiquity, Early Judaism, and Early Christianity/Waschungen, Initiation und Taufe: Spätantike, Frühes Judentum und Frühes Christentum I (BZNW 176), Berlin/Boston 2011, 255–290
Royalty, Jr., R. M., Don't Touch This Book!: Rev 22:18–19 and the Rhetoric of Reading (in) the Apocalypse of John, in: BibInt 12 (2004), 282–300
Schüssler Fiorenza, E., Priester für Gott. Studien zum Herrschafts- und Priestermotiv in der Apokalypse (NTA.NF 7), Münster 1972
Skehan, P. W., Gleanings from Psalm Texts from Qumrân, in A. Caquot/M. Delcor (Hg.), Mélanges bibliques et orientaux (AOAT 212, zugl. FS H. Cazelles), Kevelaer/Neukirchen-Vluyn 1981, 439–452
Söding, Th., Einheit der Heiligen Schrift? Zur Theologie des biblischen Kanons (QD 211), Freiburg i. Br. [u. a.] 2005
—, Siegertypen. Der Triumph des Glaubens nach den Sendschreiben der Johannesapokalypse, in K. Huber/B. Repschinski, Im Geist und in der Wahrheit. Studien zum Johannesevangelium und zur Offenbarung des Johannes sowie andere Beiträge (NTA 52, zugl. FS M. Hasitschka), Münster 2008, 331–362
Svigel, M. J., Christ as Ἀρχή in Revelation 3:14, in: BS 161 (2004), 215–231
Tavo, F., Woman, Mother and Bride. An Exegetical Investigation into the „Ecclesial" Notions of the Apocalypse (BToSt 3), Löwen [u. a.] 2007
Thomas, D. A., Revelation 19 in Historical and Mythological Context (StBL 118), New York 2008
Tonstad, S., Appraising the Myth of Nero Redivivus in the Interpretation of Revelation, in: AUSS 46 (2008), 175–199
Trummer, P., Die Frau und der Drache. Skizzen zu Offenbarung 12, in: K. Huber/B. Repschinski (Hg.), Im Geist und in der Wahrheit. Studien zum Johannesevangelium und zur Offenbarung des Johannes sowie andere Beiträge (NTA.NF 52, zugl. FS M. Hasitschka), Münster 2008, 363–384
—, Einige Aspekte zur Bildersprache der Johannesapokalypse, in: K. Kertelge (Hg.), Metaphorik und Mythos im Neuen Testament (QD 126), Freiburg i. Br. [u. a.] 1990, 278–290

van der Ploeg, J. P. M., Le sens et un problème textuel du Ps LXXXIX, in: A. Caquot/M. Delcor (Hg.), Mélanges bibliques et orientaux (AOAT 212, zugl. FS H. Cazelles), Kevelaer/Neukirchen-Vluyn 1981, 471–481

Vanhoye, A., L'utilisation du livre d'Ézéchiel dans l'Apocalypse, in: Bib 43 (1962), 436–476

Xeravits, G. G., Die Frage der positiven eschatologischen Hauptgestalten in Qumran, in: BZ 60 (2016), 28–51

Robert Vorholt

Das Zeugnis der Zeugen nach Offb 11,3–13
Beobachtungen zur historischen Referenz einer neutestamentlichen Martyriumserzählung

Die Offenbarung des Johannes ist ein rätselhaftes Buch. Gerade die Bildwelt, die es entfaltet, erscheint nicht selten ambivalent. Handelt es sich um Gemälde der Angst oder um Visionen des Glaubens? Ist es ein Katalog düsterer Schreckensszenarien oder ein Kaleidoskop der Hoffnung?[1] Das elfte Kap. der sog. Apokalypse entwickelt das – jedenfalls auf den ersten Blick – recht unscharfe Bild zweier prophetischer Zeugen, deren irdisches Leben ein grausames Ende bereitet wird. Auch hier stellen sich Fragen: Lassen sich die beiden skizzierten Zeugen identifizieren? Kann man ihnen Namen zuordnen? Gehören sie auf die Seite Gottes? Oder sind sie gar, weil von ihnen Gewalt auszugehen scheint (vgl. Offb 11,5f), Repräsentanten des Bösen?

Der Text: Offb 11,3–13

> 3„Und ich werde meinen zwei Zeugen geben, dass sie weissagen: 1260 Tage lang, umworfen mit Säcken. 4 Diese sind die zwei Ölbäume und die zwei Leuchter, die vor dem Herrn der Erde stehen. 5 Und wenn einer ihnen schaden will, kommt Feuer aus ihrem Mund und verzehrt ihre Feinde; und wenn einer ihnen schaden wollte, so muss er getötet werden. 6 Diese haben die Vollmacht, den Himmel zu verschließen, damit kein Regen falle an den Tagen ihrer Prophezeiung, und Vollmacht haben sie über die Wasser, sie in Blut zu wandeln und die Erde zu treffen Schlag auf Schlag, wann immer sie wollen. 7 Und wenn sie ihr Zeugnis beendet haben, wird das Tier, das aus dem Abgrund aufsteigt, Krieg gegen sie führen und sie besiegen und töten. 8 Und ihr Leichnam liegt auf der Straße der großen Stadt, die geistlich Sodom und Ägypten genannt wird, wo auch ihr Herr gekreuzigt wurde. 9 Und unter Völkern und Stämmen und Sprachen und Nationen sieht man ihren Leichnam drei Tage und einen halben und lässt nicht zu, dass ihre Leichname in ein Grab gelegt werden. 10 Und die auf

---

[1] Vgl. Miranda, Drohbotschaft oder Frohbotschaft?, 52f; Peter, Apokalyptische Schrifttexte.

Erden Wohnenden freuen sich und sind fröhlich und schicken einander Geschenke, weil diese zwei Propheten die auf der Erde Wohnenden quälten. ¹¹ Und nach drei Tagen und einem halben fuhr der Geist des Lebens von Gott her in sie ein, und sie richteten sich auf, und große Furcht überkam, die sie sahen. ¹² Und sie hörten eine laute Stimme aus dem Himmel zu ihnen sagen: Steigt hierher hinauf! Und sie stiegen in einer Wolke in den Himmel hinauf – und ihre Feinde sahen sie. ¹³ Und in jener Stunde gab es ein großes Erdbeben, und ein Zehntel der Stadt stürzte ein, und durch das Erdbeben wurden 7000 Menschen getötet, und die übrigen gerieten in Furcht und gaben dem Gott des Himmels die Ehre."

1. Die Komposition der Offenbarung des Johannes

Die Johannesoffenbarung zählt zu den Spätschriften des Neuen Testaments. Sie steht in einem reichen Beziehungsnetz zu einer Reihe älterer Texte und Traditionen des Frühchristentums.[2] Ihre Sprache ist einfach und klar. Eine Reihe von Semitismen verleiht dem Oeuvre den Eindruck gesamtbiblischer Verwurzelung. Gerichtet ist diese Schrift ersichtlicherweise an christliche Gemeinden, mit denen der Verfasser nicht nur den Glauben, sondern auch das Verständnis der Bildersprache und des alttestamentlichen Deutungshorizontes teilt.[3] Formal betrachtet handelt es sich um einen in Briefform gefassten Erzählbericht über eine Reihe von Visionserfahrungen für sieben kleinasiatische Gemeinden (vgl. Offb 1,4). Der Autor nennt sich „Johannes" (Offb 1,1.4.9), er ist ein frühchristlicher Prophet aus Kleinasien (vgl. Offb 1,3.9), war vermutlich kein Apostel (vgl. Offb 18,20; 21,14), wohl aber eine angesehene Autorität innerhalb der kirchlichen Landschaft seiner Zeit. Von den Gemeinden, an die er sich wendet, hat er ein differenziertes Bild. Dazu gehört auch die Kenntnis der sozialen und politischen Situation, in der sich ihr Christsein zu bewähren hat. „Johannes" sieht die Glaubenden mit zwei ebenso großen wie schweren Herausforderungen konfrontiert: Zum einen müssen sie ihre christliche Identität nach innen hin festigen, indem sie sich unter dem einen monotheistischen Bekenntnis versammeln; zum anderen werden sie von außen angefeindet und müssen sich im Bedingungsgefüge des Römischen Reich mit dem Anspruch einer quasi religiösen Institution[4] zurechtfinden ohne Selbstaufgabe. Irenäus von Lyon datiert die Johannesoffenbarung auf das Ende der Regierungszeit des

---

[2] Vgl. Timpe, Römische Geschichte, 29; Karrer, Die Johannesoffenbarung als Brief.
[3] Vgl. ebd., 30.
[4] Vgl. Pfeifer, Das Opfer für das Heil des Kaisers, 25–31.

römischen Kaisers Domitian (96 n. Chr.) (vgl. *adv. haer.* V 30,3).
Dem entspricht bis heute die Mehrheitsmeinung der Exegetinnen und Exegeten.
Der Aufbau der Johannesoffenbarung ist komplex. Sie erhält ihre Statik aus der Parallelität zweier Kompositionsprinzipien. Zum einen zeichnet sich eine Verbindungslinie zwischen Himmel und Erde ab: Der Himmel ist nach der Vorstellung der Johannesoffenbarung als Ort der Transzendenz Gottes die Leitzentrale allen Geschehens. Als solche nimmt der Himmel die Erde in den Blick – und stellt sich, die Geschichte und die Geschicke der Menschen lenkend,[5] allem Widergöttlichen in den Weg. Zum anderen gibt es eine räumliche Dynamisierung: Die Sphäre des Himmels weitet sich, der Spielraum des Widergöttlichen auf Erden hingegen wird immer enger. Beide Kompositionsprinzipien werden wie Folien übereinander gelegt mit dem gewollten Effekt einer stetigen Intensivierung der Geschehnisse zwischen Himmel und Erde.

2. Der Kontext der Szenerie

Bevor die Offenbarung des Johannes die Geschichte zweier prophetischer Märtyrer erzählt, um anhand ihres Beispiels die Sendung der gesamten Ekklesia besprechen zu können, wendet sie sich der prophetischen Berufung des Sehers durch den Engel Gottes zu (vgl. Offb 10,1–11). Beide Erzählungen gehören zusammen. Offb 10,1, wo der Himmelsbote – mit einer Wolke umkleidet – auf die Erde herabsteigt, und Offb 11,12, wo die beiden prophetischen Zeugen – in einer Wolke – zum Himmel emporsteigen, bilden den Rahmen.[6] Zwischen diesen beiden kosmischen Bewegungen spielt sich alles Geschehen auf der Erde ab – unter dem Vorzeichen baldiger eschatologischer Vollendung. Der feierliche Schwur des Engels (vgl. Offb 10,5–7) taucht die gesamte Szenerie in ein endzeitliches Licht: „Es wird keine Zeit mehr bleiben" (Offb 10,6), will sagen, dass das *finale grosso* der Weltgeschichte bereits im Hier und Jetzt der Glaubenden anhebt. Vor diesem Hintergrund empfängt der Seher Johannes drei Aufträge: Er soll das Buch der Geschichte verschlingen (vgl. Offb 10,9); er soll noch einmal prophezeien (vgl. Offb 10,11) und schließlich den Tempel Gottes vermessen (vgl. Offb 11,1).
Der erste Befehl spricht von einem Buch, das der Seher verschlingen soll. Die Johannesapokalypse präsentiert es zweimal im Deminutiv

---

[5] Zum Geschichtsbild der Apokalyptik vgl. Tilly, Apokalyptik, 16–19.
[6] Vgl. Richard, Apokalypse, 133.

(vgl. Offb 10,2.10) und einmal in der Normalform (vgl. Offb 10,8). Es ist also im Vergleich zum Buch mit den sieben Siegeln (vgl. Offb 5), das das Buch des Lebens ist, das kleinere, mithin weniger bedeutsame Buch. Entscheidend ist, dass es aufgeschlagen übergeben wird (vgl. Offb 10,2.8). So hebt es sich gleichwohl von jenem anderen Buch ab: Ist jenes siebenfach versiegelt und allein dem auferweckten Kyrios Jesus Christus zugänglich, wird dieses dem Seher geöffnet ausgehändigt und liegt zur Deutung bereit. Das Bild vom Verschlingen des Buches deutet das an: Im Licht von Ez 2,8–3,3 soll Johannes das Buch der Offenbarung Gottes nicht nur lesen und verstehen, sondern auch verinnerlichen. Das Offenbarungswort Gottes ist süß im Mund, aber bitter im Magen (vgl. Offb 10,9f). So kommt zum Ausdruck, dass dieses Buch als Urkunde der Geschichtsmächtigkeit Gottes einerseits Freude unter den Glaubenden auszulösen vermag, dass es aber andererseits die Widerstände nachzeichnet, die sich in Raum und Zeit Gott gegenüber formieren.

Der zweite Befehl zur Prophetie erklärt sich von Jer 1,9f her, wo Gott dem Propheten Jeremia sein heiliges Wort in den Mund legt und ihm so geistliche Macht über Völker und Reiche verleiht.

Der dritte Befehl verlangt von Johannes, den Jerusalemer Tempel zu vermessen. Der Akt des Ausmessens umschreibt das Ansinnen, den Tempel Gottes zu schützen und zu bewahren. Zur Entstehungszeit der Apokalypse war das historische Jerusalem längst von den Römern vernichtet.[7] Die Zerstörung des Tempels wird zum Signum unheilvoller Macht des Römischen Reiches über das Volk Gottes.[8] Daneben skizziert die Johannesoffenbarung Jerusalem als eschatologisches Ursymbol für die radikal zukünftige Wirklichkeit der Herrschaft Gottes unter den Menschen. Die Offenbarung bekommt also einen Ort zugewiesen zwischen den Polen des historischen, von den Schergen des Römischen Imperiums zerstörten, Jerusalems auf der einen und dem himmlischen Jerusalem, das noch zu erwarten und zu erhoffen steht, auf der anderen Seite. Roms Krieg gegen Israel ist Ausdruck eines kosmischen Kampfes der Mächte der Finsternis gegen den Heilswillen Gottes. Doch *hic et nunc* liegt es an Johannes, zu retten, was bei der Zerstörung des historischen Jerusalem nicht gerettet werden konnte: Das Heiligtum Gottes. Der Rest der Stadt geht zugrunde. Auf diese Weise wird die Prophetie des Sehers transformiert: Nachdem er das Buch der Geschichte quasi aufgesogen und den Befehl zu bevollmächtigter Verkündigung erhalten hat, realisiert sich das Wesen seiner Sendung zum Schutz der Ekklesia.

---

[7] Vgl. Josephus Flavius, De bello Judaico V–VI.
[8] Vgl. H.-M. Döpp, Die Deutung der Zerstörung Jerusalems.

Aber gerade so bewegt sich sein Handeln in den Bahnen des Handelns Gottes selbst, der die Erwählten schützend besiegelt (Offb 7,1–8). Gleichsam das Spiegelbild dieses Auftrags stellen die prophetischen Zeugen Offb 11,3–13 dar.

Die Drangsal, aus der die Glaubenden durch das prophetische Handeln des Sehers gerettet werden, wird nach Offb 11,2 42 Monate währen. Diese Zahl fällt auch in Offb 11,3 und Offb 12,6, dort allerdings berechnet in 1260 (42x30) Tagen. 42 Monate bzw. 1260 Tage sind die Hälfte von sieben Jahren, der Symbolzahl der gegenwärtigen Zeit. Sie also, die gegenwärtige Zeit, ist jeweils zur Hälfte und somit durchwachsene Zeit der prophetischen Ekklesia und der verfolgten Ekklesia. Beide Seiten gehören zusammen.

Offb 11,3–13 proklamiert vor diesem Hintergrund das prophetische Zeugnis der Ekklesia in der Gegenwartszeit, die sich chronologisch erstreckt zwischen der Auferweckung des gekreuzigten Kyrios Jesus und dem Ende der Zeiten, wenn nach der Erzähllogik der Apokalypse die siebte Posaune erschallt und die siebte Schale des Zornes Gottes ausgegossen wird. Entfaltet wird hier also keine Allegorie, sondern ein Theo-Drama. Entscheidend ist die Rolle, die dem prophetischen Zeugnis in dieser gedrängten Zeit zugesprochen wird. Es kommt alles darauf an, dass Gottes Licht in einer feindseligen Umgebung nicht zum Erlischen kommt, sondern vielmehr zum Strahlen gebracht wird durch die Lebens- und Glaubenstypologie seiner Repräsentanten.

3. Zum Inhalt der Perikope

Die beiden Gestalten, die mit Offb 11,3 die Bühne des Geschehens betreten, werden zunächst inhaltlich qualifiziert: Nach Ausweis der Verse 3 und 7 legen sie Zeugnis ab, Offb 11,3 und Offb 10,10 kennzeichnen diese Zeugen als Propheten. Die Propheten sind also Märtyrer, und die Märtyrer sind Propheten.[9] Dass es im Ganzen zwei sind, ist möglicherweise eine historische Referenz, die der Verfasser der Johannesoffenbarung in den biblischen Text eingetragen hat. Vielleicht spielt auch das Zeugenrecht Dtn 19,15 eine Rolle.

Offb 11,4 ruft ein alttestamentliches Bild auf, um die prophetischen Märtyrer weiterhin zu beschreiben. Im Hintergrund steht Sach 4. Nach Sach 4,2f.11.14 versinnbildlichen zwei Ölbäume Josua, den politischen Führer Israels (vgl. Sach 3,1), und Serubbabel, den davidischen Spross und religiösen Führer Israels (vgl. Sach 4,6). Sie sind die

---

[9] Vgl. Richard, Apokalypse, 137.

Gestalten, „die vor dem Herrn der ganzen Erde stehen" (Sach 4,14). Die grundlegende Vision Sacharjas sieht aus den zwei Bäumen Öl fließen, das durch goldene Rohre in den siebenarmigen Leuchter des Jerusalemer Heiligtums gelangt. Der Leuchter ist Ursymbol der Gegenwart und Nähe Adonais in der Mitte seines Volkes Israel. Das goldene Rohrsystem schafft somit nicht nur auf der Bildebene, sondern auch auf der Ebene theologischer Deutung eine Verbindung zu den beiden Repräsentanten: Auch sie sind nach der Vorstellung Sacharjas Ursymbole der Präsenz Gottes in der Welt. Der Textgestalt und dem Inhalt nach handelt es sich um Personen, die in sich Segenskraft besitzen und diese folglich auch spenden können.[10] Gerade so wird das Bild vor dem Horizont der Johannesoffenbarung sprechend. Bemerkenswerterweise weicht Offb 11,4 leicht von der alttestamentlichen Vorlage ab: Jetzt ist es nicht nur ein repräsentativer Leuchter, in den das Öl der Bäume fließt, sondern es sind wiederum zwei. Den beiden Ölbäumen entsprechen nach Offb 11,4 zwei Leuchter. Möglicherweise begründet auch hier das Zeugenrecht die kleine Korrektur. In jedem Fall wird aber deutlich, dass der Offenbarung des Johannes hier sehr an der Hervorhebung der Zweizahl gelegen ist. Sie erklärt sich m. E. – gerade angesichts der auffälligen Abweichung vom biblischen Original – am ehesten mit einer historischen Referenz.

Offb 11,3–6 liefert noch andere Kennzeichnungen der Zeugen. Dass die beiden Märtyrer „umworfen sind mit Säcken" (Offb 11,3), weist sie erneut als Propheten Gottes aus (vgl. 1 Kön 19,13.19; 2 Kön 1,8; 2,8.13f; Jes 20,2; Sach 13,4). Jemand beauftragt sie, 1260 Tage lang zu prophezeien. Weil nach Offb 5,7f der Kyrios die alleinige Verfügungsgewalt über die eschatologische Endzeit innehat, ist dieser Jemand leicht zu identifizieren: Es ist Christus, der die beiden Märtyrer in der verbleibenden Endzeit zu prophetischen Zeugen erhebt. Dass – falls ihnen Schaden zugefügt werden sollte – „Feuer aus ihrem Mund schlägt" (Offb 11,5), bedeutet nicht, dass sie auf erlittene Gewalt mit umso größerer Gewalt reagieren würden. Vielmehr will die Notiz die beiden Märtyrer nach dem Bild von Jer 5,14 und 2 Kön 1,10ff hineinstellen in die Reihe der Propheten Israels, zu deren Geschick es gehört, dass sie leiden müssen.[11] Dazu passt Offb 11,6: Es wird festgehalten, dass die beiden Zeugen über die Macht verfügen, den Himmel zu verschließen, das Wasser in Blut zu verwandeln und

---

[10] Vgl. van der Woude, Serubbabel, 154. S. van der Woude sieht in den beiden Gestalten gerade deshalb aber nicht Serubbabel und Josua repräsentiert, sondern den künftigen messianischen Fürsten (155), was m. E. im Blick auf die offenkundige Zweizahl wiederum problematisch, mithin unwahrscheinlich erscheint.

[11] Vgl. Steck, Israel und das gewaltsame Geschick der Propheten, 265.

die Erde mit Plagen zu schlagen. Vor dem Hintergrund von Ex 7,17 und 1 Kön 17,1 ist ihre Vollmacht somit als eine prophetische ausgewiesen. Modell stehen niemand Geringeres als Elija, dem Repräsentanten der eschatologischen Endzeit, und Mose, dem Repräsentanten des Exodus Israels aus der Knechtschaft Ägyptens und mehr noch des Willens und Gesetzes Gottes.

Offb 11,7–13 rückt das Schicksal der prophetischen Zeugen deutlich in den Horizont des Mysterium paschale. V. 7 zeigt die beiden tödlicher Anfeindung ausgesetzt. Ihr Martyrium setzt ein, wenn sie die prophetische Sendung erfüllt haben, ihr also bis zum Ende standhaft und tapfer nachgegangen sind. Dann steigt das Tier aus dem Abgrund empor, um sie zu vernichten. Das Bild,[12] das Offb 13 und Offb 17 breiter entfalten werden, weist schon hier in eine bestimmte Richtung: Angesprochen ist eine Kultur des Todes, die der Verfasser der Johannesoffenbarung mit dem Römischen Imperium, seinem Kaiser und dem Phänomen des Kaiserkultes in Verbindung bringt.[13] Die Leichen der getöteten Zeugen bleiben auf den Straßen der großen Stadt liegen. Sie sind nicht nur ihres Lebens, sondern auch ihrer Würde beraubt worden. Die „große Stadt" steht in der Johannesoffenbarung durchgängig für die Weltmetropole Rom, die auch „Babylon" genannt werden kann.[14] Rom wird hier zudem auf spiritueller Ebene verglichen mit Sodom, dem Inbegriff einer Stadt des Götzendienstes (vgl. Gen 13,13), Ägypten, dem Urbild der Unterdrückung Israels (vgl. Ex 1,9ff), und – allerdings nur indirekt – Jerusalem als Ort des Mordes an den Propheten Gottes (vgl. Neh 9,26). Der Passus bietet eine Konzentration der Symbole des Bösen.[15]

Das Martyrium der prophetischen Zeugen entfacht ein Freudenfest unter den „Bewohnern der Erde" (Offb 11,10: κατοικοῦντες ἐπὶ τῆς γῆς). Über die gesamte Johannesoffenbarung hinweg handelt es sich hierbei um einen terminus technicus zur Bezeichnung derer, die sich mit ihrem Leben in den Dienst der Mächte der Finsternis stellen (vgl. Offb 3,10; 6,10; 8,13; 11,10; 13,8.12.14; 17,2.8). Wo hingegen von den Menschen der Erde allgemein die Rede ist, fallen andere Begriffe (vgl. Offb 12,12: σκηνοῦντες; Offb 14,6: καθημένους ἐπὶ τῆς γῆς). Freude empfinden die so gearteten Bewohner der Erde, weil sie von den prophetischen Zeugen mit der Wucht der Wahrheit und Wirklichkeit Gottes konfrontiert – aus ihrer Sicht: gepeinigt – wurden. Angesprochen ist der biblische Topos, nach dem die Begegnung

---

[12] Vgl. dazu S. Pellegrini, Babylon, 194.
[13] Vgl. dazu Karrer, Hellenistische und frühkaiserzeitliche Motive, 32–73, bes. 48f.
[14] Anders Beagley, The „Sitz im Leben", 179f, der an Jerusalem denkt.
[15] Vgl. Richard, Apokalypse, 139.

von Menschen mit der Heiligkeit Gottes und seines Willens sie in die Krisis führt, die zur Entscheidung für oder wider den Glauben drängt. Angesprochen ist aber auch das Leidensgeschick der Propheten Israels, dessen theologische Pointe in dem Erfahrungswissen Israels liegt, dass es „immer schon" und „durchweg" die von Gott gesandten Propheten nicht gehört, sondern verfolgt und getötet hat. Das gewaltsame Prophetenschicksal zeigt das Drama der Beziehung Gottes zu seinem auserwählten Volk. Tief- und zugleich Höhepunkt dieser leidvollen Prophetengeschichte ist in der Perspektive des Neuen Testaments der Kreuzestod Jesu.[16] Das Unheil, das die prophetischen Märtyrer trifft, macht sie zu Zeugen des Gekreuzigten.

Offb 11,11 trägt eine österliche Hoffnungsperspektive in die Schilderung der Ereignisse ein: Weil und insofern sie sich in den Bahnen der Nachfolge des leidenden und sterbenden Kyrios Jesus bewegen, der auferweckt wurde am dritten Tag (vgl. Hos 6,2),[17] partizipieren die Märtyrer an der Gnade der Auferstehung – freilich im durch einen weiteren halben österlichen Tag angezeigten Würdeabstand von dreieinhalb Tagen. Wie Christus werden auch sie durch den lebenspendenden Geist Gottes zu neuem Leben erweckt. Wie das geschächtete Lamm (vgl. Offb 5,6), das in der Johannesoffenbarung bildhaft den gekreuzigten und auferweckten Herrn bezeichnet, „stehen" auch die prophetischen Zeugen wieder auf den Beinen, weil sie teilhaben dürfen an der Macht der Auferstehung. In Anlehnung an die neutestamentlichen Osterberichte und vor diesem Hintergrund geradezu gattungstypisch bebt am Ende die Erde (vgl. Offb 11,13; Mt 27,51; 28,2). Wie der auferstandene Jesus steigen schließlich auch die prophetischen Märtyrer als Zeugen der Auferstehung zum Himmel empor. Markant ist der Anklang an Apg 1,9, wo auch das Wolkenmotiv Aufnahme findet. Die Bewohner der Erde haben als Feinde der prophetischen Zeugen sprichwörtlich und buchstäblich das Nach-Sehen (vgl. Offb 11,12).

4. Historische Referenz?

Die neuere exegetisch-narratologische Forschung sucht, ausgehend vom „linguistic turn" in der Historiographie,[18] nach der prinzipiellen Möglichkeit biblischer Narrationen, historische Referenz zu

---

[16] Vgl. Weihs, Jesus und das Schicksal der Propheten.
[17] Vgl. dazu das Standardwerk von Lehmann, Auferweckt am dritten Tag.
[18] Vgl. Backhaus/Häfner (Hg.), Historiographie und fiktionales Erzählen.

transportieren.¹⁹ Das geschichtstheoretische Grundaxiom, nach dem alle Formen der historiographischen Darstellung vergangener Ereignisse immer schon das Moment der Deutung implizieren,²⁰ begründete in der Exegese die Etablierung der Kategorie historischer Erinnerung.²¹ Ausgangspunkt dieser Überlegungen ist die Frage nach der „Welt hinter dem Text". Weil die neutestamentliche Erzählperspektive ihre intendierten Leserinnen und Leser gerade nicht in einen ontisch leeren Raum führt, stellt sich die Frage nach dem spezifischen Modus von historischer Referenz, der biblische Narrationen zugrunde liegt.

In Anwendung auf die hier behandelte Perikope Offb 11,3–13 lautet die Frage daher, welche historische Referenz ihr zugrunde liegen könnte und ob bzw. inwiefern auch diese Geschichte um Geschichte kreist.

Ort des in der biblischen Narration beschriebenen Geschehens ist Rom, die „große Stadt". Für die neutestamentliche Spätzeit zeichnet sich ein gewisser Trend ab, Rom als Ort der Gottferne und Gottfeindlichkeit zu stilisieren.²² Mit der Vorstellung der Hauptstadt des Imperiums als Sitz des Frevels verbindet sich nicht zuletzt der Name des Kaisers Nero. Für die Offenbarung des Johannes ist dies nach fast einhelliger Meinung der Forschung insofern der Fall,²³ als dass üblicherweise auch in jüdisch-christlichen Kreisen die eschatologische Drangsal der Endzeit mit dem Mythos des für das bevorstehende Endgericht erwarteten *Nero redivivus* in Verbindung gebracht werden konnte.²⁴ Es erscheint vor diesem Hintergrund plausibel, im „Tier, das einmal war und nicht mehr ist, das aber aus dem Abgrund heraufsteigen wird" (Offb 17,8), die Gestalt des römischen Kaisers Nero zu sehen, der hier als Anti-Christus *par excellence* skizziert wird. Nicht ohne Grund: Historisch gesehen war er einer der blutigsten

---

¹⁹ Vgl. Luther [u. a.] (Hg.), Wie Geschichten Geschichte schreiben; Luther, Erdichtete Wahrheit oder bezeugte Fiktion?, 345–368; Vorholt, Das Osterevangelium; Essen, Historische Vernunft und Auferweckung Jesu.
²⁰ Vgl. Blanke, Dimensionen der Historik; Drüsen, Grundzüge einer Historik.
²¹ Vgl. Söding, Die Verkündigung Jesu; Dunn, Jesus Remembered.
²² Vgl. Zwierlein, Petrus und Paulus, 266f; Baum, „Babylon" als Ortsmetapher, 182–184; Durst, Babylon gleich Rom, 422–443.
²³ Vgl. z. B. Aune, Revelation, 736–740; Sweet, Revelation, 23f, 208; Giesen, Die Offenbarung, 387–389, Müller, Die Offenbarung, 297–300; Bodinger, Le mythe de Néron, 30–33. Anders: Mounce, Revelation, 247f; Lohmeyer, Die Offenbarung, 143–147.
²⁴ Vgl. Klauck, Do They Never Come Back?, 683–698; Timpe, Römische Geschichte, 33; Collins, The Combat Myth.

Verfolger der römischen Gemeinde. Tacitus erwähnt dies in seinen Annalen (15,38–43) ausdrücklich.

In zeitlicher Nähe zur Johannesoffenbarung bespricht zudem der Erste Petrusbrief die Situation der christlichen Gemeinden Kleinasiens am Ende des 1. Jh.[25] Interessanterweise werden auch hier die Leserinnen und Leser durch die Stichwortbrücke Petrus – Babylon – Rom (vgl. 1 Petr 1,1; 5,1.13) mit der Wirklichkeit des Leidens aufgrund des Christus-Glaubens konfrontiert. Der Verfasser „Petrus" bezieht sich ausdrücklich in die christliche Glaubensgemeinschaft als Leidensgemeinschaft mit ein (vgl. 1 Petr 5,1). So erscheint wiederum Rom als Ort der Verfolgung von Christen, in diesem Fall sogar des Apostelfürsten Petrus. Möglicherweise steht diese Erinnerung auch im Hintergrund von Joh 21,18f. Der Erste Clemensbrief jedenfalls erwähnt das Martyrium der beiden Apostel Petrus und Paulus und macht ebenfalls Nero dafür verantwortlich (vgl. 1 Clem 4,1–6,4). Vor diesem Hintergrund eröffnet sich dann die Möglichkeit, anzunehmen, dass auch Offb 11,3–13 das Martyrium der Apostelfürsten anspricht und osterthologisch deutet.

Natürlich wirft diese Identifikation der zwei prophetischen Zeugen auch Fragen auf. Zu klären bleibt etwa, ob Petrus je in Rom war[26] und – falls dem so war – zur selben Zeit wie Paulus. Auch die Ausmaße und Formen der Marginalisierung und Verfolgung von Christen wird unterschiedlich bewertet.[27] Welcher Stellenwert kann also der Leidenstheologie der Johannesoffenbarung oder des Ersten Petrusbriefes historisch beigemessen werden?

Nichtsdestotrotz erinnert Offb 11,3–13 das Martyrium zweier ausgewiesener frühchristlicher Märtyrer und zeigt dabei einerseits, wie weit das Zeugnis der Zeugen reicht, andererseits, dass es tatsächlich Resonanzen im Himmel auf das irdische Leid der Glaubenden gibt. Warum sollten dem Verfasser der Johannesoffenbarung dabei nun gerade nicht das Lebenszeugnis der Apostel Petrus und Paulus vor Augen gestanden haben? Nicht, weil nur sie in der Lage gewesen wären, ein so eindrucksvolles Zeugnis des Glaubens abzulegen, aber weil sie die bedeutenden Protagonisten jener Kirche des Anfangs sind, die eine Glaubensgemeinschaft auf Leben und Tod, Tod und Leben war.

---

[25] Vgl. Feldmeier, Die Christen als Fremde; Brox, Der Erste Petrusbrief, 24–34.
[26] Zwierlein, Petrus in Rom, schließt das z. B. aus. Gegen die Einschätzung, Petrus sei nie in Rom gewesen, positioniert sich Gnilka, Petrus und Rom; vgl. Gnilka [u. a.], Blutzeuge. Tod und Grab des Petrus.
[27] Vgl. Molthagen, Christen in der nichtchristlichen Welt; Schmitt, Des Kaisers Inszenierung, 487–515, bes. 513–515; Thompson, The Book of Revelation.

5. Literatur

Aune, D., Revelation (WBC 52b), Nashville 1998
Backhaus, K./Häfner, G. (Hg.), Historiographie und fiktionales Erzählen. Zur Konstruktivität in Geschichtstheorie und Exegese, Neukirchen-Vluyn 2007
Baum, A. D., „Babylon" als Ortsmetapher in 1 Petr 5,13 auf dem Hintergrund der antiken Literatur und im Kontext des Briefes, in: S. Heid (Hg.), Petrus und Paulus in Rom. Eine interdisziplinäre Debatte, Freiburg i. Br. [u. a.] 2013, 180–220
Beagley, A. J., The „Sitz im Leben" of the Apocalypse with Particular Reference to the Role of the Church's Enemies (BZNW 50), Berlin 1987
Blanke, H. W. (Hg.), Dimensionen der Historik. Geschichtstheorie, Wissenschaftsgeschichte und Geschichtskultur heute, Köln 1998
Bodinger, M., Le mythe de Néron de l'Apocalypse de saint Jean au Talmud de Babylon, in: RHR 206 (1989), 21–40
Brox, N., Der Erste Petrusbrief (EKK 21), Neukirchen-Vluyn 1979
Collins, A. Y., The Combat Myth in the book of Revelation, Cambridge 1976
Döpp, H.-M., Die Deutung der Zerstörung Jerusalems und des zweiten Tempels im Jahr 70 in den ersten drei Jahrhunderten n. Chr. (TANZ 24), Tübingen 1998
Drüsen, J., Grundzüge einer Historik. Bd. 2: Rekonstruktion der Vergangenheit, Göttingen 1986
Dunn, J. D. G., Jesus Remembered (Christianity in the Making 1), Grand Rapids 2003
Durst, M., Babylon gleich Rom in der jüdischen Apokalyptik und im frühen Christentum. Zur Auslegung von 1 Petr 5,13, in: S. Heid (Hg.), Petrus und Paulus in Rom. Eine interdisziplinäre Debatte, Freiburg i. Br. [u. a.] 2013, 422–443
Essen, G., Historische Vernunft und Auferweckung Jesu. Theologie und Historik im Streit um den Begriff geschichtlicher Wirklichkeit (TSTP 9), Mainz 1995
Feldmeier, R., Die Christen als Fremde. Die Metapher der Fremde in der antiken Welt, im Urchristentum und im 1. Petrusbrief (WUNT I/64), Tübingen 1992
Giesen, H., Die Offenbarung des Johannes (RNT), Regensburg 1997
Gnilka, J., Petrus und Rom. Das Petrusbild in den ersten zwei Jahrhunderten, Freiburg i. Br. [u. a.] 2002
Gnilka, Ch. [u. a.], Blutzeuge. Tod und Grab des Petrus in Rom, Regensburg 2010
Karrer, M., Die Johannesoffenbarung als Brief. Studien zu ihrem literarischen, historischen und theologischen Ort (FRLANT 140), Göttingen 1986

Karrer, M., Hellenistische und frühkaiserzeitliche Motive in der Johannesapokalypse, in: Th. Schmeller [u. a.] (Hg.), Die Offenbarung des Johannes. Kommunikation im Konflikt (QD 253), Freiburg i. Br. [u. a.] 2013, 32–73

Klauck, H.-J., Do They Never Come Back? Nero Redivivus and the Apocalypse of John, in: CBQ 63 (2001), 683–698

Lehmann, K., Auferweckt am dritten Tag nach der Schrift. Früheste Christologie, Bekenntnisbildung und Schriftauslegung im Lichte von 1 Kor 15,3–5, Freiburg i. Br. [u. a.] ^{2}1969

Lohmeyer, E., Die Offenbarung des Johannes (HNT 16), Tübingen ^{3}1970

Luther, S., „Erdichtete Wahrheit oder bezeugte Fiktion? Realitäts- und Fiktionalitätsindikatoren in frühchristlichen Wundererzählungen – eine Problemanzeige", in: B. Kollmann/R. Zimmermann (Hg.), Hermeneutik der frühchristlichen Wundererzählungen. Historische, literarische und rezeptionsästhetische Aspekte (WUNT I/339), Tübingen 2014, 345–368

Luther S. [u. a.] (Hg.), Wie Geschichten Geschichte schreiben. Frühchristliche Literatur zwischen Faktualität und Fiktionalität (WUNT II/395), Tübingen 2015

Miranda, J. P., Drohbotschaft oder Frohbotschaft? Anmerkungen zu den Gewaltbildern in der Offenbarung, in: WUB 52 (2009), 52f

Molthagen, J., Christen in der nichtchristlichen Welt des Römischen Reiches der Kaiserzeit, St. Katharinen 2005

Mounce, R. H., The Book of Revelation (NICNT), Grand Rapids ^{2}1998, 247f

Müller, U. B., Die Offenbarung des Johannes (ÖTK 19) Gütersloh ^{2}1995

Pellegrini, S., Babylon – die Strategie der Verteufelung (Offb 17,1– 19,10), in: Th. Schmeller [u. a.] (Hg.), Die Offenbarung des Johannes. Kommunikation im Konflikt (QD 253), Freiburg i. Br. [u. a.] 2013, 186–230

Peter, K., Apokalyptische Schrifttexte. Gewalt schürend oder transformierend? Ein Beitrag zu einer dramatisch-kritischen Lesart der Offenbarung des Johannes (Beiträge zur mimetischen Theorie 29), Wien 2011

Pfeifer, S., Das Opfer für das Heil des Kaisers und die Frage nach der Praxis von Kaiserkult und Kaiserverehrung in Kleinasien, in: Th. Schmeller [u. a.] (Hg.), Die Offenbarung des Johannes. Kommunikation im Konflikt (QD 253), Freiburg i. Br. [u. a.] 2013, 9–31

Richard, P., Apokalypse. Das Buch von Hoffnung und Widerstand. Ein Kommentar, Luzern 1996

Schmitt, T., Des Kaisers Inszenierung. Mythologie und neronische Christenverfolgung, in: ZAC 16 (2012), 487–515

Söding, Th., Die Verkündigung Jesu. Ereignis und Erinnerung, Freiburg i. Br. [u. a.] 2012

Steck, O. H., Israel und das gewaltsame Geschick der Propheten. Untersuchungen zur Überlieferung des deuteronomistischen Geschichtsbildes

im Alten Testament, Spätjudentum und Urchristentum (WMANT 23), Neukirchen-Vluyn 1967
Sweet, J., Revelation (TPINTC), London 1990
Thompson, L. L., The Book of Revelation Apocalypse and Empire, New York/Oxford 1990
Tilly, M., Apokalyptik (UTB Profile 3651), Tübingen 2012
Timpe, D., Römische Geschichte und Heilsgeschichte, Berlin/New York 2001
van der Woude, A. S., Serubbabel und die messianischen Erwartungen des Propheten Sacharja, in: ZAW 100 (1988), 138–156
Vorholt, R., Das Osterevangelium. Erinnerung und Erzählung (HBS 73), Freiburg i. Br. [u. a.] 2013
Weihs, A., Jesus und das Schicksal der Propheten. Das Winzergleichnis (Mk 12,1–12) im Horizont des Markusevangeliums, Neukirchen-Vluyn 2003
Zwierlein, O., Petrus in Rom, Die literarischen Zeugnisse. Mit einer kritischen Edition der Martyrien des Petrus und Paulus auf neuer handschriftlicher Grundlage (UALG 96), Berlin/New York 2010
Zwierlein, O., Petrus und Paulus in Jerusalem und Rom. Vom Neuen Testament zu den apokryphen Apostelakten, Berlin 2013

Peter Wick

Das Geheimnis des Reiches Gottes und die Kirche

In den letzten 50 Jahren sind viele Umbrüche in der neutestamentlichen Forschung geschehen. Wenige Steine von dem, was damals als gesicherte Erkenntnisse galt, sind aufeinander geblieben. So wird die historisch-kritische Frage nach der Genese eines Textes durch Fragen nach dem Sinn der Endgestalt des Textes immer mehr verdrängt. Das Judentum zur Zeit des Neuen Testaments steht nicht mehr dem Hellenismus gegenüber, sondern wird als Teil des Hellenismus wahrgenommen. Distanz zum hellenistischen Mainstream wird durch verschiedene jüdische Gruppen durch verschiedene Abgrenzungsstrategien hergestellt. Das frühe Christentum entsteht als eine dieser vielen jüdischen Gruppierungen. Erst nach heftigen Diskussionen und Streitigkeiten gibt es gezielt wichtige Abgrenzungsstrategien wie die Beschneidung, Speisegebote und Reinheitsvorschriften preis. Andere fundamentale Abgrenzungsstrategien werden aber beibehalten, wie das exklusive monotheistische Bekenntnis zu einem Gott, die Abgrenzung von jeglicher Verehrung anderer Götter, die Sieben-Tage-Woche und viele jüdische ethische Vorstellungen. Aufgrund dieser Umbrüche in der Forschung wird die Entstehung des Christentums heute anders rekonstruiert als noch vor wenigen Jahren. Methoden aus der neueren Literaturwissenschaft haben sich als sehr fruchtbar erwiesen und zu vielen neuen exegetischen Erkenntnissen geführt. Im Folgenden sollen solche Erkenntnisse aus meiner Forschung zum Mk-Evangelium entfaltet werden und auf ihre kirchliche Relevanz befragt werden. Dies geschieht hier in ganz besonderer Freundschaft zum Jubilar, dessen Freude an den neuen Wegen unseres Faches schon zu unzähligen wissenschaftlichen Früchten geführt hat. Auch das Markusevangelium ist im jüdischen Kontext der Jesusbewegung entstanden. Doch es nimmt Traditionen aus den hellenistischen Mysterienkulten auf, von denen das Judentum sich abgegrenzt hat. Diese Traditionen prägen den Sinn des kanonischen Markustextes sehr tief. Bemerkenswerterweise versuchen sowohl Mt als auch Lk diese Traditionen in ihren Evangelien wieder auszumerzen, indem sie den typisch jüdischen Abgrenzungsstrategien gegen Mysterientraditionen folgen. Das Geheimnis und die Geheimnisse sind wichtige Themen für die Ökumene und faszinierende Gegenstände neutestamentlicher Forschung. Dennoch werden sie hier wie dort vernachlässigt. Im römisch-katholischen Gottesdienst steht im Zentrum das „unauslotbare" Geheimnis des Glaubens in der Eucharistie. Der Gottesdienst der orthodoxen Traditionen inszeniert das Schauspiel des göttlichen Mysteriums. Es handelt sich um ein Mysterium, an dem der Mensch als Ganzes, also nicht nur rational partizipiert. Protestantische Traditionen (bes. reformiert-calvinistisch) verneinen in der Regel die Existenz eines unauflösbaren Geheimnisses. John Toland, der in jungen Jahren vom Katholizismus zum Protestantismus übergetreten war, veröffentlichte 1696 die programmatische und einflussreiche Schrift „Christianity not Mysterious". Darin versuchte er den Nachweis zu erbringen, dass es keine Geheimnisse im Evangelium gibt.[1]

Der Begriff *Mysterion* kommt in den Evangelien bei Johannes nicht vor und nur je ein einziges Mal in jedem der drei synoptischen Evangelien jeweils zwischen dem Gleichnis vom Sämann und seiner Deutung. Dieses steht bei Mt und bei Mk im engen Zusammenhang zu weiteren landwirtschaftlichen Gleichnissen. Diese parallelen Stellen thematisieren das Reich Gottes, welches Gott durch Jesus in und durch seine Schülergemeinschaft ausbreiten lässt. Das Reich Gottes steht durch diese Anbindung an die hörende Schülergemeinschaft in einem ekklesiologischen Zusammenhang. Der Text in Mt lautet folgendermaßen:

> [10]„Und die Jünger traten hinzu und sprachen zu ihm: Warum redest du in Gleichnissen zu ihnen? [11] Er aber antwortete und sprach zu ihnen: Euch ist gegeben, die Geheimnisse des Reiches der Himmel zu wissen/kennen [γινώσκω], jenen aber ist es nicht gegeben." (Mt 13,10f)

Die Gleichnisse sind in großen Gleichnisreden in Mt 13 an die Schülergemeinschaft und das Volk gerichtet. Die „Geheimnisse" unterscheiden in diesem Text den Schülerkreis vom Volk. Jesus vollzieht eine Trennung, indem er nur seinen Schülern eine Auslegung des Gleichnisses gibt und ihm zuspricht, dass es ihnen gegeben ist, alle Geheimnisse zu verstehen.[2] Gleiches gilt für die Parallelstelle in Lk 8,10.

---

[1] „A Treatise Shewing, That there is nothing in the Gospel Contrary to Reason, Nor Above It: And that no Christian Doctrine can be properly called A Mystery."
[2] Vgl. Schmithals, Art. Γινώσκω, 602.

So gilt für die Geheimnisse des Mt und Lk in Bezug auf die Kirche: Die Jüngergemeinschaft ist Trägerin von Geheimnissen. Die Geheimnisse haben gegenüber den Nicht-Mitgliedern eine liminale Funktion und verstärken die Gruppenidentität innerhalb der Ekklesia. In dieser Gemeinschaft gibt es streng genommen kein Geheimnis, denn die Mitglieder wissen um die Geheimnisse und verstehen sie, weil Gott sie ihnen offenbart und erklären lässt. Die Geheimnisse bleiben für Menschen solange Geheimnisse, bis sie Teil dieser Gemeinschaft werden. Die Gemeinschaft löst intern alle Geheimnisse um das Reich Gottes auf, nach außen bleibt sie Trägerin dieser Geheimnisse.

Auf dieselbe Weise wird der Begriff *Mysterion/-a* in der jüdischen Tradition für theologische Zusammenhänge verwendet. Geheimnisse, v. a. Gott gegebene Geheimnisse sind enthüllbar oder werden offenbart. Es gibt einen Kreis der Auserwählten, für die existieren keine Geheimnisse mehr. So polemisiert die *Sapientia Salomonis* über die Außenstehenden: „Sie verstehen von Gottes Geheimnissen (μυστήρια θεοῦ) nichts, sie hoffen nicht auf Lohn für die Frömmigkeit und erwarten keine Auszeichnung für untadelige Seelen (Weish 2,22). Den Frommen wird hingegen verheißen: Ich will verkünden, was die Weisheit ist und wie sie wurde, und will euch kein Geheimnis verbergen […]" (Weish 6,22; vgl. auch Dan 2,19).

In der synoptischen Parallele im Markusevangelium gibt es hingegen bemerkenswerte Abweichungen von Mt und Lk:

> [10]„Und als er allein war, fragten ihn die, die um ihn waren zusammen mit den Zwölfen nach den Gleichnissen. [11] Und er sprach zu ihnen: Euch ist das Mysterion des Königreiches Gottes gegeben. Denen aber, die draußen sind, wird alles in Gleichnissen zuteil, [12] damit sie sehend sehen und [doch] nicht schauen, und hörend hören und [doch] nicht verstehen, damit sie sich nicht etwa bekehren und ihnen vergeben werde. [13] Und er sprach zu ihnen: Versteht ihr dieses Gleichnis nicht, und wie werdet ihr alle Gleichnisse verstehen?" (Mk 4,10–13)

Bei Mk scheint die Unterscheidung von drinnen und draußen noch schärfer zu sein. Es existiert in markantem Unterschied zu Mt und Lk nur ein einziges Geheimnis. Dieses Geheimnis ist nur gegeben. Es ist nicht gegeben, um es zu verstehen. Ein Geheimnis ist mehr als viele und gegeben ist mehr als gegeben, um zu verstehen. „Mk sagt mehr, so gewiss der Besitz mehr ist als die Erkenntnis"[3]. Es gilt bei Mk nicht, viele Geheimnisse zu verstehen, sondern das eine große zu besitzen. Es gibt ein zentrales Geheimnis, das unauslotbar ist. Das

---

[3] Lohmeyer, Markus, 83.

Mysterion von Mk 4,11 ist nicht erkennbar und nicht „sagbar". Die nicht-sagbare Dimension dieses Geheimnisses wird in Kommentaren in der Regel nicht beachtet. Obwohl es im Neuen Testament diese Vorstellung durchaus gibt. So wir in 2 Kor 2,14 von unsagbaren (ἄρρητος) Worten berichtet.

Der Begriff *Mysterion* stammt aus der Mysteriensprache und so v. a. aus den eleusinischen Mysterien. Er hat dort eine doppelte Bedeutung. Er bezeichnet die Geheimhaltung und den unsagbaren Kern der Mysterien: Geschützt durch einen Kreis von Geheimnissen, die Uneingeweihten nicht verraten werden dürfen, liegt das unsagbare Geheimnis, das nicht erklärt aber geschaut und erfahren werden kann.[4]

Im Markusevangelium gibt es tatsächlich einige Verpflichtungen zur Geheimhaltung. Diese Schweigegebote beziehen sich auf die Identität von Jesus und sind zeitlich befristet. Hier wird den Dämonen verboten, Jesus als Sohn Gottes zu offenbaren (vgl. Mk 1,25), obwohl dem Leser genau dies schon vom ersten Vers an mitgeteilt worden ist. Die drei Jünger, die die Verklärung beobachtet haben, dürfen darüber erst später reden (vgl. Mk 9,9). Die Jünger, die Jesus als Christus erkannt haben, dürfen diese Erkenntnis auch nicht weitererzählen. Doch das einzige *Mysterion* des Mk unterliegt keiner Geheimhaltung. Es ist ein unsagbares Geheimnis, welches man nicht verstehen, sondern nur empfangen kann.

Die Gleichnisdeutung ist bei Mt und Lk eine didaktische Vertiefung des Gleichnisses. Doch bei Mk wird sie mit einem Tadel eingeführt. Der Besitz des *Mysterion* ermöglicht sogar die Deutung der ganzen Wirklichkeit, besonders des Reiches Gottes. Die Schülergemeinschaft als Träger des Geheimnisses müsste ohne diese Auslegung das Gleichnis deuten können:

> „Und er sprach zu ihnen: Versteht ihr dieses Gleichnis nicht, und wie werdet ihr alle Gleichnisse verstehen?" (Mk 4,13)

Unter ekklesiologischem Gesichtspunkt bedeutet dies für die Kirche: Der Besitz des Geheimnisses macht den Unterschied zwischen draußen und drinnen. Die Schülergemeinschaft ist „drinnen", da sie das Geheimnis besitzt. Doch sie versteht es nicht und verwaltet es nicht, weil sie nicht darüber verfügen kann, denn sie ist selber Teil dieses Geheimnisses. Doch der Besitz dieses Geheimnisses macht sie deutungsfähig.

In den eleusinischen Mysterien geht es um die Schau des *Mysterion*. Es ist bemerkenswert, dass es auch im Markusevangelium zu einer Vorordnung der Schau kommt. So wird im Anschluss an die Zusage

---

[4] Vgl. Burkert, Antike Mysterien, 16.

des Geheimnisses in Mk 4,11 Jes 6,9 so zitiert, dass die Reihenfolge von hören und schauen umgestellt wird. Das Schauen wird dem Hören vorangestellt.

> ¹¹„[…] Denen aber, die draußen sind, wird alles in Gleichnissen zuteil, ¹²damit sie sehend sehen und [doch] nicht schauen, und hörend hören und [doch] nicht verstehen, damit sie nicht etwa umkehren und ihnen vergeben werde." (Mk 4,11f)

Dies geschieht nur bei Markus. Noch bemerkenswerter ist das singuläre Wort in Mk 4,24: „Und er sprach zu ihnen: Seht, was ihr hört." Die Jünger sollen sehen, was sie hören. Das Hören der Gleichnisse reicht offensichtlich nicht. Ihre Wahrheit kann erst erfasst werden, wenn das Gehörte auch geschaut wird.
Im Gleichnis vom Sämann symbolisiert die Erde bei Mt und Lk die Hörer.

> „Das in der guten Erde aber sind die, welche in einem redlichen und guten Herzen das Wort, nachdem sie es gehört haben, bewahren und Frucht bringen mit Ausharren." (Lk 8,15)

Die synoptische Parallele in Matthäus wird von der Neuen Zürcher Übersetzung gleich übersetzt.

> „Der [Same] [vgl. 13,19], der auf guten Boden gesät wurde: Hier ist einer, der das Wort hört und versteht. Der trägt dann Frucht – sei es hundertfach, sei es sechzigfach, sei es dreißigfach." (Mt 13,23)[5]

Bei Mk ist eine solche Deutung vom Text her nicht möglich. Die Hörer des Wortes verbinden sich hier mit dem Geschick des Wortes, das auf die Erde fällt.

> „Und jene sind die, die auf die gute Erde gesät werden, welche das Wort hören und es annehmen und Frucht bringen, eines dreißigfach, eines sechzigfach und eines hundertfach." (Mk 4,20)

Die Erde bleibt undefiniert. Die Hörer bekommen Anteil am Geschick des Wortes. Die Hörer und die Kirche fallen auf die Erde, sind aber metaphorisch nicht identisch mit dieser. Im Gleichnis von der selbstwachsenden Saat, welches die beiden anderen Synoptiker meiden, wird dieser Gedanke noch verstärkt.

> ²⁶„Und er sprach: So ist das Reich Gottes, wie wenn ein Mensch den Samen auf die Erde wirft, ²⁷und schläft und aufsteht, Nacht und Tag, und der Same keimt und sprießt empor, wie weiß er selbst

---

[5] Zum Übersetzungsproblem vgl. Zahn, Matthäus, 489f, der die Erde hier ebenfalls auf die Hörer bezieht.

nicht. ²⁸ Automatisch trägt die Erde Frucht, zuerst Gras, dann Ähre, dann vollen Weizen in der Ähre. ²⁹ Sobald die Frucht es aber zulässt, sendet er sogleich die Sichel, denn die Ernte ist da." (Mk 4,26–29)

In der Regel wird in der Exegese nicht beachtet, dass die Erde zu einem selbstständigen „Gegenüber" zum Sämann wird.[6] Erde und Himmel, ja sogar Erde und Gott stehen sich gegenüber. Dabei gibt der Himmel bzw. Gott, Jesus oder der Wortverkünder zwar den Anstoß, das eigentliche Wachstum verdankt sich aber der Erde. Was die Erde tut, steht im Indikativ, sodass auf die vorangegangenen Konjunktive der Schatten des Unwirklichen und Nebensächlichen fällt. „Was er [der Landmann] zu Beginn tut, scheint fast wie mit einem leicht abwertenden Ausdruck gesagt: Er senkt den Samen nicht in die Furchen des Ackers, sondern er wirft ihn wie achtlos auf das Land."[7] Der Sämann stößt den Wachstumsprozess an. Er verfügt aber nicht darüber und versteht ihn nicht. Das Himmelreich kann sich nicht allein durch himmlische Kräfte ausbreiten. Das Geschehen in der Erde führt zur Frucht. Die Fruchtbarkeit bleibt für den Sämann ein Geheimnis. Der Sämann ist auf eine Gegengröße angewiesen, nämlich auf die Erde und die Natur. Dieses *Skandalon* haben Mt und Lk mitsamt dem Gleichnis ausgelassen. Im anschließenden Gleichnis vom Senfkorn wird es bei Mk noch verstärkt:

> ³⁰„Und er sprach: Wie sollen wir das Reich Gottes vergleichen? Oder in welchem Gleichnis sollen wir es darstellen? ³¹ Wie ein Senfkorn, das, wenn es auf die Erde gesät wird, kleiner ist als alle <Arten von> Samen, die auf der Erde sind; ³² und wenn es gesät ist, geht es auf und wird größer als alle Kräuter, und es treibt große Zweige, sodass unter seinem Schatten die Vögel des Himmels nisten können." (Mk 4,30–32)

Der Sämann spielt keine aktive Rolle mehr, er kommt nur noch indirekt im Passiv des „Gesätwerdens" vor. Die Erde wird nun sogar zweimal erwähnt. Mt und Lk erzählen zwar dieses Gleichnis, aber fügen den Sämann wieder ein und ersetzen „Erde" durch Acker oder Garten.

> ³¹„Ein anderes Gleichnis legte er ihnen vor und sprach: Das Reich der Himmel gleicht einem Senfkorn, das ein Mensch nahm und auf seinen Acker säte; ³² es ist zwar kleiner als alle <Arten von> Samen, wenn es aber gewachsen ist, so ist es größer als die Kräuter und wird ein Baum, sodass die Vögel des Himmels kommen und in seinen Zweigen nisten." (Mt 13,31f)

---

[6] Eine Ausnahme bildet Theißen, Der Bauer, 180–182.
[7] Lohmeyer, Markus, 86.

> [18] „Er sprach aber: Wem ist das Reich Gottes gleich, und wem soll ich es vergleichen? [19] Es gleicht einem Senfkorn, das ein Mensch nahm und in seinen Garten warf; und es wuchs und wurde zu einem Baum, und die Vögel des Himmels nisteten in seinen Zweigen." (Lk 8,18f)

Markus betont die Kraft der Erde, auf die Gott angewiesen ist. Alleine, ohne diese Kraft, kann sich sein Reich nicht ausbreiten. Doch offensichtlich verfügt Gott nicht direkt über diese Kraft. Nur durch die göttliche Kraft des Samens und des Säens und einer weiteren chthonischen Kraft (mütterlich, fruchtbare Kraft der Erde) kommt es zur Frucht.

Im Markusevangelium wird Jesus vom Wortverkündiger zu dem, der selber das Geschick des Wortes, des Samens erleidet. Er partizipiert an dessen Fruchtbarkeitszyklus. Er fällt in Gethsemane bei seiner Passion wie der Same in 4,26 und das Senfkorn in 4,31 auf die Erde (vgl. Mk 14,35: ἐπὶ τῆς γῆς). Er wird nach seinem Tod in ein Grab in die Erde hineingelegt, wie wenn sein getöteter Leib ein Same wäre. Die Aussaat trennt den Sämann vom Samen. Die Passion trennt Jesus von Gott:

> „Und in der neunten Stunde schrie Jesus mit lauter Stimme: Eloí, Eloí, lemá sabachtháni? was übersetzt ist: Mein Gott, mein Gott, warum hast du mich verlassen?" (Mk 15,34)

Doch in der Finsternis dieses Todes geht dem Hauptmann ein Licht auf und er kommt zur Schau der tiefsten Wahrheit über den, den er soeben gekreuzigt hat.[8] In der Weihenacht der Mysterien flammt dem Mysten in tiefster Finsternis plötzlich helles Licht entgegen und er gelangt zu tieferen Erkenntnissen.

> [37] „Jesus aber stieß einen lauten Schrei aus und verschied. [38] Und der Vorhang des Tempels zerriss in zwei, von oben bis unten. [39] Als aber der Hauptmann, der ihm gegenüber dabeistand, sah, dass er so verschied, sprach er: Wahrhaftig, dieser Mensch war Gottes Sohn." (Mk 15,37–39)

---

[8] Im Markusevangelium wird im Unterschied zu Mt kein Grund genannt, der rational plausibel das Bekenntnis des Hauptmanns erklären würde. Dies wird in der Forschung sehr kontrovers diskutiert und meist nicht beantwortet. Marco Frenschkowski weist etwa die Frage, was genau den Hauptmann zum Bekenntnis gebracht hat, zurück. Er will nur das Gesamtbild, das dem Leser zugänglich ist, als Grund gelten lassen. „Nicht die Reihenfolge der Details, sondern das Gesamtbild, das der Evangelist zeichnet, will interpretiert werden" (Frenschkowski, Offenbarung und Epiphanie, 202).

Zu einer noch tieferen Schau gelangen die drei Frauen, die im Gegensatz zu den Jüngern nicht vor der Kreuzigung geflohen sind, sondern den Tod Jesu geschaut haben. Am Ostermorgen finden sie das leere Grab und einen Jüngling. Sie fürchten sich (vgl. Mk 16,5: ἐξεθαμβήθησαν), doch der Jüngling mahnt sie, sich nicht zu fürchten.

> ⁶„[...] Entsetzt euch nicht! Ihr sucht Jesus den Nazarener, den Gekreuzigten. Er ist auferstanden, er ist nicht hier. Seht, da ist die Stelle, wo sie ihn hingelegt haben. ⁷ Geht aber hin und sagt seinen Jüngern und dem Petrus, dass er vor euch hingehen wird nach Galiläa. Dort werdet ihr ihn sehen, wie er euch gesagt hat. ⁸ Und sie gingen hinaus und flohen von dem Grab, denn Zittern und Ekstase hatte sie gepackt. Und sie sagten niemandem etwas, denn sie fürchteten sich." (Mk 16,6–8)

Der Leser sieht die Jüngerinnen, doch er versteht sie nicht. Er erkennt nur die äußeren Manifestationen von dem, was sie erfahren. Sie zittern und sind in Ekstase voller Furcht. Diese Furcht ist offensichtlich größer als ihr Erschrecken vor dem Jüngling. Das Geschaute und seine Deuteworte verschlagen ihnen die Sprache. Sie schweigen, obwohl sie reden sollten. Doch weshalb folgen sie nicht einfach den Worten des Jünglings, legen ihre Furcht ab und führen seinen Auftrag aus? Unten in der Erde, in der Finsternis haben sie etwas geschaut, was Worte nicht fassen können. Sie haben am Ort des Todes die Kraft der Auferstehung geschaut, die noch viel mächtiger ist als die Kraft des Todes, der doch alles töten kann. Sie haben in der Leere dieses unterirdischen Ortes geschaut, dass diese Kraft sich erst am untersten Punkt des Weges, in der Erde, im Tod entfaltet hat. Damit haben sie das *Mysterion* geschaut, das *Mysterion*, das in der Natur zu viel Frucht führt und an Jesus zur Überwindung des Todes durch den Tod hindurch. Soviel kann der Leser verstehen, aber damit ist er noch nicht zur Schau gelangt. Denn die wahre Schau löst Zittern und Ekstase und Schweigen aus.[9] Das Verhalten der Frauen zeigt die Symptome eines Epiphanieschreckens.[10]

---

[9] Die Frauen und ihr Verhalten sind positiv zu verstehen, gegen die Auslegungstraditionen, die im Verhalten der Frauen eine Verlängerung des Jüngerunverständnisses im Evangelium sehen. Hengel, Maria Magdalena, 253, versteht die Flucht der Frauen als komplettes Scheitern. So auch Moloney, Mark, 349 und Alkier, Die Realität der Auferweckung, 89. Auch Miller, Women in Mark's Gospel, 191f deutet das Verhalten der Frauen als Versagen. Ähnlich Schmidt, Wege des Heils, 82.

[10] Manche Exegeten bestätigen dies, so etwa Collins, Mark, Minneapolis 2007, 799f und Bosenius, Der literarische Raum des Markusevangeliums, 89. Becker,

Das *Mysterion* ist nicht eine bestimmte Erkenntnis, die durch das Wort vermittelbar wäre. Das unauslotbare *Mysterion* ist in Mk wie in den Mysterien ein Weg und eine Kraft, vom Leben durch den Tod hindurch zum Leben in Fülle. Etwas Kleines wird von oben (Gott) nach unten fallen gelassen – von unten nach oben (zu Gott hin) entstehen die Frucht, die Vielfalt und die Größe.

Jesus als Verkündiger des Wortes und die Schülergemeinschaft partizipieren an diesem Prozess im Markusevangelium. Der Weg der Nachfolge ist bereits der Weg des unauslotbaren Geheimnisses, denn er führt auch nach unten, in das Leiden und in den Tod, und durch diesen hindurch zum Leben. Die eine Kraft hinter diesem Prozess von oben nach unten und von dort erst recht nach oben ist die Fruchtbarkeit der Erde und die Auferstehung.

Kirche ist in der Perspektive des Markusevangeliums Kirche, weil sie selber an diesem Weg und an dieser Kraft partizipiert und somit am unauslotbaren Geheimnis teilhat. Sie versteht das Geheimnis nicht, sondern sie hat es. Mit diesem unauslotbaren Geheimnis ist ihr so der hermeneutische Schlüssel für die Welt gegeben.

Dieser Beitrag zeigt, wie das Markusevangelium in einer ungewohnten Perspektive gelesen werden kann. Dabei wird mit guten Gründen davon ausgegangen, dass der Verfasser zur Jesusdarstellung Elemente der Mysterien aufgenommen und theologisch verarbeitet hat. Er schreibt um das unauslotbare Geheimnis herum. Durch besondere Strategien, die Mk deutlich von Mt und Lk unterscheiden, leuchten immer wieder in diesem Evangelium die Grenzen des unsagbaren Geheimnisses von Gottes Reich auf. Das unsagbare Geheimnis ist wie eine weiße Fläche, doch dort, wo es in den sagbaren Bereich übergeht, werden seine Konturen sichtbar.[11] Bis und mit seinen Rändern kann das Geheimnis von Gottes Reich erkannt und verstanden werden, jenseits dieser Grenzen kann es nur noch durch eine Schau erfasst werden. Solch eine Schau ist Gottes Gabe und zugleich Ziel der Nachfolge Jesu. Für den ökumenischen Dialog bietet das Markusevangelium heute einen eigenen Weg. Die Kirchen können sich als Gemeinschaften verstehen, die aus unterschiedlicher Richtung auf das Geheimnis schauen. Manche der Grenzen verstehen sie gleich, manche unter-

---

Die Auferstehung Jesu Christi nach dem Neuen Testament, 22 spricht in Bezug auf Mk 16,5 und 16,8 [!] von einem „Epiphanieschrecken". Einen guten Überblick über die verschiedenen Interpretationen von Mk 16,8 der älteren Forschung bietet Boomershine, Mark 16:8, 227–234.

[11] Umfassende Darstellung und Argumentation in Wick, Das Geheimnis des Evangeliums, unveröffentlicht.

schiedlich. Doch das eigentliche Zentrum verbindet sie, denn sie können es nicht in Worte und Bekenntnisse fassen, sondern nur schauend wahrnehmen. Als Schauende des unsagbaren Geheimnisses Gottes sind sie alle Eingeweihte, und als solche sind sie miteinander verbunden. Dort wo die Worte und Gedanken noch trennen, verbindet sie die Gabe des *Mysterion* schon lange. Die das Wort hören und mit ihm auf die Erde fallen und so Frucht bringen und die Kraft der Auferstehung schauen, sind durch diesen Weg, die damit verbundenen Leidenserfahrungen und das Wunder der Frucht miteinander verbunden. Der Weg und die Kraft des Geheimnisses machen sie zutiefst eins in der Erfahrung, auch wenn sie in ihren Erkenntnissen noch verschiedene Wege gehen. Doch die Schau und die Gabe des unsagbaren Geheimnisses des Reiches Gottes sind größer als jede Erkenntnis, auf jeden Fall für Markus. Für die protestantische Tradition bedeutet dies, dass sie sich ganz besonders öffnen muss dafür, dass das innerste des Reiches Gottes nicht verstanden, sondern nur dankend empfangen und erschauernd bestaunt werden kann.

Literatur

Alkier, S., Die Realität der Auferweckung in, nach und mit den Schriften des Neuen Testaments, Tübingen 2009

Becker, J., Die Auferstehung Jesu Christi nach dem Neuen Testament. Ostererfahrung und Osterverständnis im Urchristentum, Tübingen 2007

Boomershine, Th. E., Mark 16:8 and the Apostolic Commission, in: JBL 100 (1981), 225–239

Bosenius, B., Der literarische Raum des Markusevangeliums, Neukirchen-Vuyn 2014,

Burkert, W. S., Antike Mysterien, München, 1990

Collins, A. Y., Mark, Minneapolis 2007

Frenschkowski, M., Offenbarung und Epiphanie, Tübingen 1997

Hengel, M., Maria Magdalena und die Frauen als Zeugen, in: Abraham, unser Vater (zugl. FS O. Michel), Leiden 1963, 243–256

Lohmeyer, E., Das Evangelium des Markus, Göttingen 1963

Miller, S., Women in Mark's Gospel, Edinburgh 2004

Moloney, F. J., The Gospel of Mark. A Commentary, Peabody ²2006

Schmidt, K. M., Wege des Heils. Erzählstrukturen und Rezeptionskontexte des Markusevangeliums, Göttingen 2010

Schmithals, W., Art. Γινώσκω, in: EWNT¹ 1 (1980), 596–604

Theißen, G., Der Bauer und die von selbst Frucht bringende Erde. Naiver Synergismus in Mk 4,26–29?, in: ZNW 85 (1994), 167–182

Zahn, Th., Das Evangelium des Matthäus, Leipzig 1903

Alexander Weihs

Ekklesia – Gemeinschaft der Heiligen
Systematische, biblische und praktisch-theologische Perspektiven

1. Gemeinschaft der Heiligen: zwischen ekklesiologischem Zentralbegriff und gemeinde-praktischem Rätselwort

Die Diskrepanz ist augenfällig: Im gegenwärtigen systematisch-theologischen wie kirchlich-ekklesialen Diskurs werden dem Begriff „Communio sanctorum/Gemeinschaft der Heiligen" ein großes Interesse und eine hohe Wertschätzung entgegengebracht. Mit diesem Ausdruck verbunden werden – um nur diese beiden Vorzüge zu nennen – eine signifikante ekklesiologische Erschließungskraft und ein grundlegend ökumenisches Potential.[1]
Dem gegenüber steht der empirische Befund aus den Gemeinden vor Ort:[2] Fragt man Gottesdienstbesucher und Gottesdienstbesucherinnen nach der Bedeutung dieses Ausdrucks, der ihnen als Element des Apostolischen Glaubensbekenntnisses gut bekannt ist, begegnet man nicht selten einer erheblichen Ratlosigkeit. Natürlich: Es gibt mitunter durchaus kundige und gut reflektierte Antworten – aber auch Missverständnisse, Vereinseitigungen oder Verkürzungen. Unter den letzteren zeichnen sich konfessionelle Unterschiede ab: Während evangelische Gemeindemitglieder eher dazu neigen, das Wort von der „Gemeinschaft der Heiligen" als Dopplung oder unnötigen Zusatz zu der im Glaubensbekenntnis vorher genannten „heiligen christlichen Kirche" zu empfinden, verstehen katholische Christinnen und Christen den Ausdruck häufig als Hinweis auf die „Gemeinschaft der bei Gott Vollendeten" bzw. auf die von der katholischen Kirche kanonisierten Heiligen, wobei man sich durch den

---

[1] Vgl. zur allg. Einschätzung Müller, Art. Gemeinschaft der Heiligen, 434; zur ökumenischen Bedeutung u. a. das Dokument der Bilateralen Arbeitsgruppe, Communio Sanctorum.
[2] Den Ausführungen liegen Befragungen zugrunde, die der Autor in den Jahren 2015 und 2016 in katholischen und evangelischen Kirchengemeinden in Baden-Württemberg und Nordrhein-Westfalen durchgeführt hat; vgl. zur evangelischen Seite aber auch schon Barth, Sehnsucht, 112f.

Bekenntnistext dazu aufgerufen sieht, an diese zu glauben oder sich zu dieser „Gemeinschaft der himmlischen Heiligen" in Beziehung zu setzen.

Die biblisch-patristisch geprägte Tiefe, verwobene Vielschichtigkeit und vielfach verschränkte Mehrdimensionalität des traditionell-christlichen Verständnisses von der Communio sanctorum werden durch diese Antworten freilich nicht, oder allenfalls in Ansätzen eingeholt. Denn schließlich meint Communio sanctorum nicht weniger als dreierlei Grundsätzliches: die Anteilhabe aller Glaubenden an den von Gott geschenkten Heilsgaben, v. a. an der Eucharistie; die daraus erwachsende Gemeinschaft aller Glaubenden als durch Christus im Geist verbundene Einheit in Glaube, Hoffnung und Liebe (vgl. LG 8) und schließlich die Gemeinschaft der in Christus Geheiligten in Vergangenheit, Gegenwart und Zukunft: die Einheit der pilgernden (und leidenden) mit der vollendeten Kirche.[3]

Das Gesagte kann als Anstoß dazu verstanden werden, nach dem gemeinsamen Zentrum hinter den unterschiedlichen Dimensionen des Begriffs zu fragen sowie hinsichtlich seines Verständnisses einige wenige Akzente zu setzen und Linien zu ziehen.

2. Die Basis: die Heiligkeit Gottes

Eine angemessene Auffassung von Communio sanctorum fordert ein streng theozentrisch orientiertes Verständnis von Heiligkeit.[4] Die Biblische Theologie des Alten wie Neuen Testaments besteht darauf, dass alle Heiligkeit ausschließlich in Gott gründet: Gott allein ist heilig (vgl. Offb 15,4: „du allein").[5]

---

[3] Zu Inhalt und Dimensionen des Begriffs vgl. Kelly, Glaubensbekenntnisse, 381–390; zudem Ratzinger, Einführung, 277–279; Schneider, Was wir glauben, 330f.399–401; Müller, Gemeinschaft, 220.259–261; Kehl, Kirche, 126–129; Bilaterale Arbeitsgruppe, Communio Sanctorum, 15f; Angenendt, Heilige, 33–35.
[4] Vgl. zum Zusammenhang allgemein: Lanczkowski [u. a.], Art. Heilige, Heiligenverehrung, 641–672; Paden [u. a.], Art. Heilig und profan, 1528–1539; zudem bes. Ratzinger, Einführung, 279.283f.287; Müller, Gemeinschaft, 214–217; Barth, Sehnsucht, 59–69; Kasper, Kirche, 238–245; Beinert, Die Heiligen, 18–34; Beinert, Ecclesia, 37–40; zum religionsgeschichtlichen Hintergrund v. a. Eliade, Religionen, 21–61.531–538.
[5] Das Alte Testament sieht und beschreibt das Wesen Gottes als Heiligkeit (vgl. Jes 6,3; 12,6; 40,25; 43,3; zudem Lev 11,44; 19,2; 20,26; Num 16,5–7; 1 Sam 2,2; Ijob 6,10; Spr 9,10; Hos 12,1; Hab 1,12; 3,3; u. ö.); er ist heilig, ebenso wie sein Name (vgl. Lev 20,3); eben diese, seine Heiligkeit, unterscheidet ihn von den Menschen (vgl. Hos 11,9). Das Neue Testament nimmt diese Linie auf (vgl.

Christlich-trinitarisch gesprochen, heißt das: Gott allein ist heilig – Gott: Vater, Sohn und Geist. Mit dieser Bestimmung ist zugleich gesagt: Heiligkeit ist in erster Linie nicht eine ethische Kategorie, sondern ist Kennzeichen und Ausdruck des Wesens Gottes selbst. Wenn man in dieser Weise Heiligkeit exklusiv zur Beschreibung des Wesens Gottes reserviert sieht, ist klar, dass alle andere Heiligkeit eine von dieser Heiligkeit Gottes nur abgeleitete, eine relationale Heiligkeit sein kann.[6] Wenn wir also andere Phänomene – Personen, Dinge, Zeiten, Orte, Handlungen, usw. – als heilig bezeichnen, können wir das nur und insofern als wir diese Phänomene in einem Verhältnis, in einer Relation zu Gott sehen. Anders ausgedrückt: Die originäre Heiligkeit Gottes ist Grund und Basis aller irdischen Heiligkeit. Dementsprechend können wir nur dann Menschen als heilig betrachten, wenn wir sie einbezogen sehen in die Sphäre Gottes. Eben dies behauptet der Ausdruck Communio sanctorum von der so bezeichneten Gemeinschaft: das Einbezogensein in die Sphäre Gottes, genauer: die vermittelte Anteilhabe an seiner göttlichen Heiligkeit. Das Gesamtgefüge wird dann theologisch (und anthropologisch) stimmig, wenn in diesem Zusammenhang zwei weitere biblisch fundierte und christlich-traditionell kern-verankerte Grundanschauungen genügend Gewicht erhalten: zum einen die Einsicht, dass sich die Heiligkeit der Communio sanctorum nicht eigener Leistung oder Fähigkeit, sondern allein göttlicher Güte und erwählender Gnade verdankt;[7] zum anderen die Überzeugung, dass das Einbezogensein in die Sphäre Gottes selbstverständlich (vorgängig und zuallererst) Gabe, aber eben immer auch (aus dem Inhalt dieser Gabe resultierende) Aufgabe ist.[8]

Joh 17,11; 1 Petr 1,15f; Offb 4,8; 6,10; 15,4; 16,5 u. a.; auch Mt 6,9; Lk 1,49; 11,2; Joh 12,28) und führt sie christologisch wie pneumatologisch weiter. Vgl. zudem Söding, Heilig, 49–76; Scoralick/Radl, Art. Heilig, 86–89; Seebaß/Grünwaldt, Art. heilig/rein, 886–892.

[6] Vgl. Beinert, Die Heiligen, 19.22–29.33.40f.46; ders., Ecclesia, 38f.

[7] Vgl. nur Eph 1,3–14; zudem Rahner, Kirche, 291–295; Schneider, Was wir glauben, 377–381; Beinert, Die Heiligen, 33.40f.46.

[8] Vgl. alttestamentlich Lev 19,2: „Ihr sollt heilig sein, denn ich bin heilig, der Herr, euer Gott"; zudem Ex 19,5f; Lev 11,44f; 20,7f; 20,26; 21,8; Dtn 7,6–11; u. a.; neutestamentlich: 1 Petr 1,15f: „[…] wie der heilig ist, der euch berufen hat, so sollt auch ihr heilig werden in eurem ganzen Wandel. Denn es steht geschrieben: Ihr sollt heilig sein, denn ich bin heilig"; zudem 1 Petr 2,5; 1 Joh 3,3; vgl. in der Sache auch Mt 5,48; Lk 6,36 u. a. Vgl. zudem Beinert, Die Heiligen, 27–32; Kasper, Kirche, 239–241.

3. Die Sicht des Paulus: Heiligkeit – Zuspruch und Anspruch

Paulus spricht in seinen Briefen bewusst und mit Bedacht alle Gemeindemitglieder als „Heilige" (Röm 1,7; 2 Kor 1,1; Phil 1,1; vgl. 1 Kor 1,2) an.[9] Das heißt: Er sieht alle Christinnen und Christen als Hineingenommene in die heilshafte Sphäre Gottes. Dies geschieht von Gott her: Denn sie sind „berufene Heilige" (Röm 1,7),[10] „Geheiligte in Christus Jesus" (1 Kor 1,2); sie dürfen teilhaben am Gnadengeschenk Gottes, indem sie „in Christus" und „mit Christus" sind.[11] In die heiligende Christusgemeinschaft hinein führen nach Paulus grundlegend Taufe (vgl. Röm 6,1–23; 1 Kor 12,13; Gal 3,26–29) und Glaube (vgl. Röm 1,16f; 3,25; 4,5f; 5,1f; 10,9f; Gal 3,2.14.22–26); die darin begründete Gemeinschaft aktualisiert und realisiert sich im geistgetragenen Leben der Gemeinde unüberbietbar in der gemeinsamen Feier des Herrenmahls (vgl. 1 Kor 10,16f).[12] Dass die Gemeinde für Paulus dabei eben nicht (nur) eine Ansammlung von einzelnen Heiligen, sondern eine wirkliche Gemeinschaft der Heiligen – eine echte Koinonia – bildet, wird speziell auch mit Blick auf die paulinische ekklesiale Leib-Metaphorik (bes. Röm 12,4f; 1 Kor 10,16f; 1 Kor 12,27; auch 1 Kor 12,12f) deutlich. Nach Paulus sind die Christen „durch den einen Geist in der Taufe alle in einen einzigen Leib aufgenommen, Juden und Griechen, Sklaven und Freie" (1 Kor 12,13). In 1 Kor 10,16f interpretiert der Apostel die so gestaltete Gemeinschaft sehr nachdrücklich und tiefgreifend – eucharistietheologisch, ekklesiologisch, dabei im Kern christologisch zentriert:[13] „Der Becher des Segens, über den wir den Segen

---

[9] Außerhalb der Briefanfänge findet sich derselbe Sprachgebrauch paulinisch auch an anderen Stellen: für die Christen schlechthin (vgl. Röm 8,27; vgl. 1 Kor 14,33); für Gruppen von Christen (vgl. Röm 16,15; 2 Kor 13,12; Phil 4,22); speziell für die Gemeinde von Jerusalem (vgl. Röm 15,25f.31; 1 Kor 16,1; 2 Kor 8,4; 9,1.12). Vgl. deuteropaulinisch auch Eph 1,1; 4,12; Kol 1,2.12; 3,12 u. a.

[10] Zur göttlichen Berufung bzw. Erwählung vgl. bei Paulus auch: Röm 1,6; 8,28.29f.33; 1 Kor 1,2.9.24.26; 7,15.17–24; Phil 3,14; 1 Thess 1,4; 2,12; 4,7f; außerdem Röm 1,1; 1 Kor 1,1; Gal 1,6.15 u. a.

[11] Vgl. zum Motiv des „in Christus" bzw. „mit Christus"-Seins in den paulinischen Briefen: Röm 8,1.39; 12,5; 1 Kor 1,4f.9.30; 15,22f; 16,24; 2 Kor 5,17; Gal 2,4; Phil 1,1; 2,5; 3,14; 4,7.21 u. a.; vgl. zudem Röm 6,5; 8,10f.16f; 14,8f; 1 Kor 3,23; 6,11; 1 Thess 5,10.

[12] Dies ist auch der Grund, weshalb der Apostel Missstände hinsichtlich oder im Umfeld der Herrenmahlsfeier unter keinen Umständen dulden kann: vgl. 1 Kor 10,14–22; 11,17–34.

[13] Zur Deutung vgl. bes. die einschlägigen Untersuchungen von Söding in Eucharistie, 332–334; Leib Christi, 283f.296–299; Ekklesia, 114–118 und Bibel, 26f; zudem Schrage, Korinther, 429–460.

Ekklesia – Gemeinschaft der Heiligen

sprechen, ist er nicht Teilhabe am Blut Christi? Das Brot das wir brechen, ist es nicht Teilhabe am Leib Christi? Weil es ein Brot ist, sind wir, die Vielen, ein Leib, denn wir alle haben teil an dem einen Brot." Die Koinonia ist hier grundlegend eucharistisch, auf den Tod und die Auferstehung Jesu Christi bezogen; als „Leib Christi" verstanden, lebt sie aus dem eschatologischen und soteriologischen Heil, das aus der Sendung und dem Schicksal Jesu Christi erwachsen ist und sich immer wieder neu sakramental aktualisiert. Die Gemeinschaft der Glaubenden resultiert für Paulus also aus der gemeinsamen Teilhabe an der heilschaffenden Liebe, die Gott ihnen durch seinen Sohn zueignet. Indem diese Teilhabe ausdrücklich eucharistisch als Teilhabe am Geschick Jesu gefasst ist, bedeutet sie für die Gemeinde zugleich Partizipation an der Theozentrik wie Proexistenz Jesu, was die gesamte Koinonia zum einen fundamental in das Heil und die Heiligung hineinführt, zum anderen aber auch um so mehr zu eigener liebender Proexistenz verpflichtet.[14]

Der Apostel betont somit die den Glaubenden gegebene Heiligkeit als Zuspruch Gottes; sie sind von Gott zu ihr berufen (vgl. 1 Kor 6,11; 1 Thess 4,3.7; 5,23f), von Gott mit ihr beschenkt. Mit diesem Zuspruch verbindet sich für Paulus aber auch der Anspruch, diese Berufung zur Heiligkeit im eigenen Leben zu verwirklichen, zum Tragen und zum Leuchten zu bringen (vgl. Röm 12,1; 2 Kor 7,1). Aus eben diesem Zusammenhang erwächst der beständige Appell des Apostels, der von Gott gewollten und gewirkten Heiligkeit in Haltung und Handlung in der Gemeinde wie nach Außen zu entsprechen (vgl. Röm 6,19–22; 1 Thess 3,12f; 4,3–7; ferner Röm 15,16; Phil 2,14f; Gal 5,22–25). Die von ihm besonders empfohlene Form eines solchen gläubigen Lebens ist die *imitatio Christi*, die er auch selbst seinen Gemeinden vorleben möchte (vgl. 1 Kor 11,1; ferner 1 Kor 4,16; Phil 3,17; 4,9).

---

[14] Nicht umsonst steht 1 Kor 10,16f in einem eindeutig paränetisch ausgerichteten Kontext (vgl. 1 Kor 10,14–22): „[…] es geht darum, daß die Glaubenden kraft des Geistes in der Gemeinschaft mit dem auferweckten Gekreuzigten bestärkt werden, an seiner Theozentrik und Proexistenz partizipieren und dadurch in das rechte Verhältnis zu Gott, aber auch in das rechte Verhältnis untereinander hineingeführt werden" (Söding, Eucharistie, 333). Die Gemeinde ist für Paulus geistdurchwirkter „Tempel Gottes", der als solcher „heilig" ist (vgl. 1 Kor 3,16f); dies fordert ein entsprechendes Verhalten (vgl. 2 Kor 7,1).

4. Die neutestamentliche Botschaft vom Zugehen Gottes auf die Menschen

Befasst man sich damit, unter welcher Leitperspektive sich heute, ganz aktuell die von Paulus empfohlene *imitatio Christi* vollziehen kann, ist die biblisch fundierte christliche Grundüberzeugung von fundamentaler Bedeutung, dass das Wesen Gottes Liebe ist,[15] dass sein Name Barmherzigkeit ist –[16] und dass eben dies seine Heiligkeit ausmacht.[17] Danach ist es allein Gottes Liebe und Barmherzigkeit, die ihn dazu veranlasst, sich der existentiellen Not der Menschen anzunehmen.

Auf welche Weise und wie stark Gott die Menschen liebt, ist nach neutestamentlicher Auffassung in herausgehobener Weise vom Weg Jesu abzulesen, dessen Gesamt und dessen einzelne Stationen von der Liebe Gottes zu den Menschen erzählen. Paulus reflektiert theologisch die Größe der darin sichtbar werdenden göttlichen Barmherzigkeit, indem er der römischen Gemeinde vor Augen hält: „Wenn Gott für uns (ist), wer ist (dann) gegen uns? Er hat seinen eigenen Sohn nicht geschont, sondern ihn für uns alle hingegeben – wie sollte er uns mit ihm nicht alles schenken?" (Röm 8,31f). Die neutestamentliche Gesamtsicht bringt der erste Johannesbrief in der Aussage auf den Punkt: „Gott ist Liebe" (1 Joh 4,8.16; vgl. 4,19). Das Ziel des liebenden Handelns Gottes gibt das Johannesevangelium folgendermaßen an: „So nämlich hat Gott die Welt geliebt, dass er seinen einzigen Sohn gab, damit jeder, der an ihn glaubt, nicht verloren geht, sondern das ewige Leben hat" (Joh 3,16; vgl. 1 Joh 4,9).

Das Neue Testament zeigt einen Gott, der von sich aus – in der Sendung seines Sohnes – die Menschen mit sich versöhnt, d. h. mit sich gemeinschaftsfähig macht. Durch die Liebe Gottes werden die Menschen im Modus der Liebe (in der liebenden Proexistenz des Sohnes) hineingeholt in die Sphäre Gottes. Es ist durchgehende neutestamentliche Auffassung, dass sich dieses Einbezogensein in die Sphäre Gottes in angemessener Form nicht anders ausdrücken können wird als: in Liebe.

---

[15] Vgl. Benedikt XVI., Deus caritas est, bes. 16–27.

[16] Vgl. Franziskus, Der Name Gottes ist Barmherzigkeit, bes. 29.56.67.71–75.84f.88.90.110–113.117–120.123.

[17] Zu Liebe und Barmherzigkeit als Inhalt der Heiligkeit Gottes vgl. auch Beinert, Die Heiligen, 33 (vgl. 34.47.53): „Heiligkeit ist die Seinsweise Gottes. Wer heilig sagt, sagt Gott. Wer aber Gott sagt, sagt Liebe. Der Inhalt von Heiligkeit ist also die Liebe – jene Liebe, die der Grund der dreieinen Existenz Gottes wie die Ursache des nichtgöttlichen Seins ist."

5. Die neutestamentliche Botschaft von einer rechten menschlichen Antwort

Dass in der Liebe die angemessene Antwort der Menschen auf die Liebe Gottes gesehen wird, zeigt sich besonders nachdrücklich in der Weise, wie in allen neutestamentlichen Traditionssträngen die Gottes- und Nächstenliebe ins Licht gestellt wird. So heben die synoptischen Evangelien das Doppelgebot der Gottes- und Nächstenliebe ausdrücklich als Lehre Jesu heraus (vgl. Mk 12,29–31 parr; ferner Dtn 6,4f; Lev 19,18):[18] Die Liebe ist danach in ihrer vertikalen Dimension „mit ganzem Herzen" (Mk 12,30 parr) und in ihrer horizontalen Dimension so unbegrenzt zu leben, dass sie bis zur Feindesliebe reicht (vgl. Mt 5,44–48; Lk 6,27ff.35f).

In der johanneischen Tradition heißt es in der großen Abschiedsrede, die Jesus an seine Jünger richtet: „Ein neues Gebot gebe ich euch: dass ihr einander liebt! Wie ich euch geliebt habe, so sollt auch ihr einander lieben. Daran werden alle erkennen, dass ihr meine Jünger seid: wenn ihr Liebe habt zueinander!" (Joh 13,34f; vgl. auch 15,9–17).

Und bei Paulus findet sich dieselbe Ausrichtung ebenso nachdrücklich sowohl in appellativer als auch in argumentativer Form.[19] So unterstreicht der Apostel im Galaterbrief: „[…] dient einander in Liebe! Denn das ganze Gesetz ist in dem einen Wort erfüllt, in dem: ‚Du sollst lieben Deinen Nächsten wie Dich selbst'" (Gal 5,13f). Noch deutlicher heißt es im Römerbrief: „Bleibt niemandem irgendetwas schuldig – außer dem (einen): einander zu lieben. Denn wer den Nächsten liebt, hat das Gesetz erfüllt. Denn das ‚Du sollst nicht ehebrechen', ‚Du sollst nicht töten', ‚Du sollst nicht stehlen', ‚Du sollst nicht begehren', und was immer es sonst an Geboten gibt, (das) ist in dem einen Wort zusammengefasst: ‚Liebe Deinen Nächsten wie dich selbst!' Die Liebe tut dem Nächsten nichts Böses an; so ist die Liebe die Erfüllung des Gesetzes" (Röm 13,8–10). Dieser Lehre des Paulus entspricht die Rühmung der umfassenden und selbstlosen „Liebe", der Agape, über alle anderen Grundhaltungen hinaus (vgl. 1 Kor 12,31b–13,13): Die Liebe ist der „Weg, der alles übersteigt" (1 Kor 12,31b), „die Liebe hört niemals auf" (1 Kor 13,8), von den drei größten möglichen Grundhaltungen „Glaube, Hoffnung, Liebe" ist die Liebe „die größte" (1 Kor 13,13). Dass sich

---

[18] Vgl. auch die jeweiligen Kontexte Mk 12,28–34; Mt 22,34–40; Lk 10,25–28.
[19] Vgl. Söding, Liebesgebot, bes. 130–145.153–161.191–196.203–207.218–226.250–258.265–267.481–494.

diese Grundhaltung der Liebe fundamental auf die Weisung Christi bezieht und somit auch als Weg hinein in die *imitatio* verstanden werden kann, ist bei Paulus immer vorausgesetzt und wird an wesentlichen Stellen seiner Briefe auch ausdrücklich ausgesprochen: „Tragt einander die Lasten, so werdet ihr das Gesetz Christi erfüllen" (Gal 6,2).

Wenn Geheiligtwerden das im Modus der göttlichen Liebe sich vollziehende Einbezogenwerden in die Sphäre Gottes bedeutet und wenn Gottes eigenstes Wesen Liebe ist, heißt dem Sein in der Sphäre Gottes gerecht zu werden, in die Liebesbewegung Gottes einzustimmen: die von Gott empfangene Liebe dialogisch zu erwidern und kommunikativ weiterzuschenken.[20]

6. Eucharistie als Mitte der Ekklesiologie (und die Folgerungen daraus)

Das Gesagte gilt auch und besonders im Resonanzraum der ekklesiologischen Entwürfe und Konzeptionen, die im Anschluss an das II. Vatikanische Konzil die Eucharistie als Zentrum des Wesens von Kirche betrachten und in der katholischen Theologie unter dem Begriff der eucharistischen Ekklesiologie breit entfaltet worden sind.[21]

Die Kirchenkonstitution des II. Vatikanums stellt die Kirche als Volk Gottes vor Augen, das vom Leib Christi her lebt und in der Feier des eucharistischen Sakraments selbst Leib Christi wird (vgl. LG 3 und 11). Die Eucharistie ist sakramentale Vergegenwärtigung des österlichen Heilsgeschehens, der Hingabe Jesu an die Welt (vgl. LG 3). Zugleich kommt in ihr die doppelte, vertikale wie horizontale Ausrichtung von Kirche zum Ausdruck und zur Realisation: als heilshafte Communio mit Christus und als Communio der Glaubenden untereinander (vgl. LG 3). Es besteht dementsprechend in ihr und entsteht immer wieder neu: Communio sanctorum – Gemeinschaft am Heiligen und Gemeinschaft der Heiligen.

---

[20] Vgl. auch Beinert, Die Heiligen, 33f: „Kreatürliche Heiligkeit ist [...] nur als Partizipation an Gottes Wesen und Wirklichkeit denkbar."; „Weil Heiligkeit ihrem Wesen nach Liebe ist, fordert die Teilhabe an der Heiligkeit Gottes Verwirklichung der Liebe zu Gott und zu den Menschen, die er liebt."

[21] Vgl. v. a. Ratzinger, Kirche I, 121–605; ders., Kirche II, 1021–1264; zur Diskussion und Einordnung: Schaller, Kirche, bes. 9–152.222–384; zudem Kasper, Kirche, 102–284; Kehl, Kirche, 63–159.366–462.

Ekklesia – Gemeinschaft der Heiligen

Sieht man in dieser Weise Eucharistie als ein sakramentales „Durchformtwerden von der Lebensinspiration Jesu Christi"[22] her, ist klar, dass sich der Anschluss an Theozentrik und Proexistenz Jesu sowohl in Gottesliebe als auch in Nächstenliebe auswirken muss: „Im ‚Kult' selber, in der eucharistischen Gemeinschaft ist das Geliebtwerden und Weiterlieben enthalten, Eucharistie, die nicht praktisches Liebeshandeln wird, ist in sich fragmentiert [...]"[23]. Eucharistie führt die Glaubenden in Christus in ein spezifisches Verhältnis zueinander, hinein in eine geistgetragene Communio-Solidarität.[24] Zugleich drängt die Kraft des Geistes aber auch hinaus: hin zu einer liebenden Solidarität mit allen Menschen.

Dem entspricht das sakramentale Verständnis von Kirche, nach dem die Ekklesia „Zeichen und Werkzeug" (LG 1; zudem LG 40 und 48; GS 45) ist, das alle Menschen auf das Reich Gottes vorbereiten, alle Menschen zum göttlichen Heil führen soll. Dieser Aufgabe hat sie zu dienen, indem sie in Glaube, Hoffnung und Liebe (vgl. LG 8 und 12) ihren Glauben bezeugt *(martyria)*, ihren Glauben feiert *(leiturgia)* und ihren Glauben tut *(diakonia)*. Als Sakrament, „welches das Geheimnis der Liebe Gottes zu den Menschen zugleich offenbart und verwirklicht" (GS 45), hat die sichtbare Kirche, wenn sie wirklich Communio sanctorum sein will, im umfassenden Sinne diakonisch zu sein: getragen von einer Anbindung an Christus – die immer noch bedingungsloser sein kann –[25] und in einer Öffnung für die Menschen, die – in dieser Anbindung an Christus – nie weitgehend und energisch genug sein kann.[26]

---

[22] Miggelbrink, Einführung, 101.
[23] Benedikt XVI., Deus caritas est, 22. Vgl. auch Hemmerle, Leben, 230: „Eucharistie hat die Zugkraft nach oben, zum Vater und die Schubkraft hinaus in die Welt in sich. Heiliges Leben ist Leben in einem und selben Geist mit Jesus hin zum Vater und in Jesus vom Vater her hinein in die Welt."
[24] Es handelt sich hierbei um eine Communio-Solidarität, die auch an der Grenze des Todes nicht Halt macht. Die Solidarität (aller in der Communio) ist sowohl die Basis für die Gebetsbitte (der Lebenden) für Verstorbene als auch für die Bitte um Fürbitte, die Christen an schon bei Gott Vollendete richten. Vgl. Müller, Gemeinschaft, 238–240. 247–254.338–340 und Beinert, Die Heiligen, 76–80.
[25] Die sichtbare Kirche ist – obwohl von Gott her geheiligt – ebenso ecclesia semper reformanda wie ecclesia semper purificanda. Vgl. Kasper, Kirche, 238–265, bes. 252–254.
[26] Vgl. Werbick, Grundfragen, 244: „Das unerlässliche Zeugnis für einen zugänglichen Gott ist eine zugängliche Kirche [...]". Und besonders eindrucksvoll Papst Franziskus, Der Name Gottes ist Barmherzigkeit, 74: „Die Kirche ist nicht in der Welt, um zu verurteilen, sondern um die Begegnung mit dieser ursprünglichen Liebe zu ermöglichen, die Barmherzigkeit Gottes ist. Und ich sage

7. Die Weite des universalen Heilswillens Gottes

Ein zentraler Punkt ist am Schluss eigens noch einmal ins Licht zu stellen: Die unbegrenzte Weite des Heilswillens Gottes, der will, „dass alle Menschen gerettet werden" (1 Tim 2,4).[27] Die Erinnerung an die universale Weite des göttlichen Heilsangebots führt nämlich zu der doppelten Glaubenszuversicht, dass zum einen die Gemeinschaft der Glaubenden auf Erden, die irdische Communio sanctorum – geistgeleitet und -begleitet – hinüberführen wird in die eschatologische Communio mit Gott, dass darüber hinaus die vollendete Communio sanctorum, über die Gott allein bestimmt (vgl. LG 2), aber als noch weit umfangreicher und umfassender zu denken ist.[28] Die kirchliche Tradition und die aktuelle Theologie bedenken diesen Zusammenhang in vielerlei Hinsicht, in unterschiedlichen Bereichen und in mannigfaltigen Elementen – z. B. in der traditionellen Auskunft, dass die Gruppe der bei Gott vollendeten Menschen weit größer ist als die Zahl der von der katholischen Kirche kanonisierten Heiligen;[29] in dem Kirchenverständnis des II. Vatikanums, das in einem Modell konzentrischer Kreise eine gestufte Zugehörigkeit zur Kirche entwirft, das letztlich auch die einschließt, „die ohne Schuld noch nicht zur ausdrücklichen Anerkennung Gottes gekommen sind, jedoch, nicht ohne göttliche Gnade, ein rechtes Leben zu führen sich bemühen" (LG 16, vgl. LG 15);[30] in einem systematisch-theologischen Verständnis der Heilsnotwendigkeit der Kirche, das den Satz *extra ecclesiam nulla salus* nicht exklusivistisch und ausschließend, sondern v. a. assertiv-versichernd, affirmativ und interzessorisch interpretiert;[31] in einer Auslegung des Gleichnisses vom

---

immer wieder: Damit dies geschehen kann, ist es nötig hinauszugehen. Hinauszugehen aus den Kirchen und Pfarrhäusern, hinauszugehen und die Menschen dort zu suchen, wo sie leben, wo sie leiden, wo sie hoffen."

[27] Papst Franziskus spricht in diesem Zusammenhang von der „Logik eines Gottes der Liebe, eines Gottes, der das Heil aller Menschen will" (Der Name Gottes ist Barmherzigkeit, 88). Diese müsse auch in allem Handeln der Kirche leitend sein und zum Tragen gebracht werden.

[28] Vgl. Werbick, Grundfragen, 203–206.

[29] Vgl. Rahner, Allerheiligen, 304–309.

[30] Vgl. zudem LG 8; AG 7; UR 3, 4, 22; zur Einordnung: Schneider, Was wir glauben, 430–435; Miggelbrink, Konzil, 33.40–42.158–170 sowie kritisch Werbick, Grundfragen, 104–114.

[31] Vgl. dazu Ratzinger, Kirche II, 1021–1077: Der Satz besage „richtig verstanden – nicht etwas über den Kreis der geretteten Personen, sondern über die in jeder Rettung wirksamen Kräfte" (1032). „Um die Rettung aller sein zu können, muss sich die Kirche nicht auch äußerlich mit allen decken. […] Kirche ist nicht alles, aber sie steht für alle" (1076).

Weltgericht (vgl. Mt 25,31–46), welche die (dort ausgesagte) final-eschatologische Relevanz barmherzigen Handelns als heilshafte Möglichkeit für Christen wie Nichtchristen begreift.[32]
Eine Schlüsselbedeutung darf auch hier der Kategorie der Liebe zugesprochen werden: in Form der – grundsätzlich für alle Menschen erreichbaren und ausübbaren – Nächstenliebe. Denn in der Liebe zum Nächsten schließt sich der jeweils liebende Mensch faktisch – sei es bewusst/reflektiert oder auch unbewusst/unreflektiert – mit der Liebe Gottes zu seinem Geschöpf, dem jeweils geliebten Menschen, zusammen. Man darf daher also sagen: Nächstenliebe führt hinein in die Unmittelbarkeit Gottes. Im Rückgriff auf die Überlegungen Karl Rahners zur „Nächstenliebe als primärem Akt der Gottesliebe"[33] fasst Gerhard Ludwig Müller diesen Sachverhalt folgendermaßen zusammen: „Nächstenliebe ist […] der einzige Akt, in dem der Mensch das kategorial-weltliche Ganze seiner personalen Mitwelt (und die Sachwelt als Moment an dieser) erreicht in ursprünglicher Du-Kommunikation und dabei, ob er es weiß oder nicht, auch die transzendental-nichtgegenständliche Beziehung zu Gott."[34]
Wenn es richtig ist, dass Nächstenliebe in dieser Weise in die Unmittelbarkeit Gottes hineinvermittelt, also in die Sphäre Gottes hineinstellt, und wenn mehr noch gilt, dass Gott in unbegrenzter Barmherzigkeit, wie ein guter Vater, den Menschen entgegengeht,[35] dann darf in der Tat mit großer Zuversicht glaubend gehofft werden, dass die Gemeinschaft der bei Gott vollendeten Menschen, die eschatologische Gemeinschaft der Heiligen dem universalen Heilswillen Gottes angemessen groß sein wird – also: wirklich und wahrhaftig groß.

8. Literatur

Angenendt, A., Heilige und Reliquien. Die Geschichte ihres Kultes vom frühen Christentum bis zur Gegenwart, Hamburg ²2007

---

[32] Vgl. dazu Rahner, Einheit, 280f; Rahner, Warum, 298; Ratzinger, Kirche II, 1033f.1069; ferner Wehr, Werke, 43–54.
[33] Vgl. Rahner, Einheit, 280–298; Rahner, Warum, 296–300; Rahner, Gebet, 70–78.
[34] Müller, Gemeinschaft, 271; vgl. auch 265–274.
[35] Vgl. Franziskus, Der Name Gottes ist Barmherzigkeit, 29.37f.56f. 67f.84f.88.90.102f.110.118f.125. Die „göttliche Barmherzigkeit": „Sie kommt uns zuvor. Gott erwartet uns, er wartet darauf, dass wir diesen winzigen Türspalt öffnen, damit er in uns wirken kann mit seiner Vergebung, seiner Gnade" (56).

Barth, H.-M., Sehnsucht nach den Heiligen? Verborgene Quellen ökumenischer Spiritualität, Stuttgart 1992
Beinert, W., Die Heiligen in der Reflexion der Kirche. Systematisch-theologische Grundlegung (Abschnitte 1–5), in: ders. (Hg.), Die Heiligen heute ehren. Eine theologisch-pastorale Handreichung, Freiburg i. Br. [u. a.] 1983, 13–80
—, Ecclesia sancta et peccatrix. (Auch) ein ökumenisches Problem, in: Cath(M) 68 (2014), 34–47
Benedikt XVI., Enzyklika „Deus caritas est" von Papst Benedikt XVI. an die Bischöfe, an die Priester und Diakone, an die gottgeweihten Personen und an alle Christgläubigen über die christliche Liebe (VApS 171), Bonn 2005
Bilaterale Arbeitsgruppe der Deutschen Bischofskonferenz und der Kirchenleitung der Vereinigten Evangelisch-Lutherischen Kirche Deutschlands, Communio Sanctorum. Die Kirche als Gemeinschaft der Heiligen, Paderborn 2000
Eliade, M., Die Religionen und das Heilige. Elemente der Religionsgeschichte (it 2187), Frankfurt/Leipzig 1998
Franziskus, Der Name Gottes ist Barmherzigkeit. Ein Gespräch mit Andrea Tornielli, München 2016
Hemmerle, K., Heiliges Leben in heutiger Zeit, in: W. Beinert (Hg.), Die Heiligen heute ehren. Eine theologisch-pastorale Handreichung, Freiburg i. Br. [u. a.] 1983, 215–231
Kasper, W., Katholische Kirche. Wesen – Wirklichkeit – Sendung, Freiburg i. Br. [u. a.] ⁴2011
Kehl, M., Die Kirche. Eine katholische Ekklesiologie, Würzburg 1992
Kelly, J. N. D., Altchristliche Glaubensbekenntnisse. Geschichte und Theologie, Göttingen ²1993
Lanczkowski, G. [u. a.], Art. Heilige, Heiligenverehrung, in: TRE 14 (1985), 641–672
Miggelbrink, R., Einführung in die Lehre von der Kirche, Darmstadt 2003
—, 50 Jahre nach dem Konzil. Die Zukunft der katholischen Kirche, Paderborn 2012
Müller, G. L., Gemeinschaft und Verehrung der Heiligen. Geschichtlich-systematische Grundlegung der Hagiologie, Freiburg i. Br. [u. a.] 1986
—, Art. Gemeinschaft der Heiligen, in: LThK³ 4 (1995), 433–435
Paden, W. E. [u. a.], Art. Heilig und profan, in: RGG⁴ 3 (2000), 1528–1539
Rahner, K., Über die Einheit von Nächsten- und Gottesliebe, in: ders., Schriften zur Theologie. Bd. 6: Neuere Schriften, Einsiedeln [u. a.] 1965, 277–298
—, Warum und wie können wir die Heiligen ehren?, in: ders., Schriften zur Theologie. Bd. 7: Zur Theologie des geistlichen Lebens, Einsiedeln [u. a.] 1966, 283–300
—, Allerheiligen, in: ders., Schriften zur Theologie. Bd. 7: Zur Theologie des geistlichen Lebens, Einsiedeln [u. a.] 1966, 304–309
—, Gebet zu den Heiligen, in: J. B. Metz/K. Rahner, Ermutigung zum Gebet, Freiburg i. Br. [u. a.] 1977, 41–110

—, Die Kirche der Heiligen, in: ders., Sämtliche Werke. Bd. 10: Kirche in den Herausforderungen der Zeit. Studien zur Ekklesiologie und zur kirchlichen Existenz, Freiburg i. Br. [u. a.] 2003, 290–301

Ratzinger, J., Einführung in das Christentum, München 1968

—, Kirche – Zeichen unter den Völkern. Schriften zur Ekklesiologie und Ökumene (JRGS 8/I–II), Freiburg i. Br. [u. a.] 2010

Schaller, Ch. (Hg.), Kirche – Sakrament und Gemeinschaft. Zu Ekklesiologie und Ökumene bei Joseph Ratzinger (RaSt 4), Regensburg 2011

Schneider Th., Was wir glauben. Eine Auslegung des Apostolischen Glaubensbekenntnisses, Düsseldorf [4]1991

Schrage W., Der erste Brief an die Korinther (EKK VII/2), Solothurn [u. a.] 1995

Scoralick R./Radl W., Art. Heilig, in: NBL 2 (1995), 86–89

Seebaß H./Grünwaldt K., Art. heilig/rein. Abschnitt: ἅγιος, in: TBLNT (2005), 886–892

Söding, Th., Das Liebesgebot bei Paulus. Die Mahnung zur Agape im Rahmen der paulinischen Ethik (NTA.NF 26), Münster 1995

—, „Ihr aber seid der Leib Christi" (1 Kor 12,27). Exegetische Beobachtungen an einem zentralen Motiv paulinischer Ekklesiologie, in: ders., Das Wort vom Kreuz. Studien zur paulinischen Theologie (WUNT I/93), Tübingen 1997, 272–299

—, Eucharistie und Mysterien. Urchristliche Herrenmahlstheologie und antike Mysterienreligiösität im Spiegel von 1 Kor 10, in: ders., Das Wort vom Kreuz. Studien zur paulinischen Theologie (WUNT I/93), Tübingen 1997, 327–334

—, Heilig, heilig, heilig. Zur politischen Theologie der Johannes-Apokalypse, in: ZThK 96 (1999), 49–76

—, Ekklesia und Koinonia. Grundbegriffe paulinischer Ekklesiologie, in: Cath(M) 57 (2003), 107–123

—, Bibel und Kirche bei Joseph Ratzinger. Eine kritische Analyse, in: Ch. Schaller (Hg.), Kirche – Sakrament und Gemeinschaft. Zu Ekklesiologie und Ökumene bei Joseph Ratzinger (RaSt 4), Regensburg 2011, 16–42

—, Das Liebesgebot bei Markus und Paulus. Ein literarischer und theologischer Vergleich, in: O. Wischmeyer [u. a.] (Hg.), Paul and Mark. Comparative Essays. Part 1: Two Authors at the Beginnings of Christianity (BZNW 198), Berlin/Boston 2014, 465–503

Wehr, L., Die Werke der Barmherzigkeit in Mt 25,31–46 und die Frage nach dem Heil für die Nichtchristen, in: Ch. Schaller (Hg.), Kirche – Sakrament und Gemeinschaft. Zu Ekklesiologie und Ökumene bei Joseph Ratzinger (RaSt 4), Regensburg 2011, 43–54

Werbick, J., Grundfragen der Ekklesiologie (GrTh), Freiburg i. Br. [u. a.] 2009

ETHIK

Aleksandra Brand

Vom Wert der Verschwendung[1]

1. Geschenke – Verschwendung von Geld?

Geschenke sind aus ökonomischer Sicht ineffizient. Sie stehen der wirtschaftlichen Sinnhaftigkeit der Kosten-Nutzen Relation entgegen, die im ökonomischen Markt zur optimalen Wertverarbeitung im Hintergrund aller Prozesse steht. Vor der Logik der Nützlichkeit und der Produktion, des Werterhalts und der Wertsteigerung erscheint das Geschenk als Verlust und Vergeudung. Zwei Prämissen liegen der wirtschaftlichen Ineffizienz von Geschenken zu Grunde: 1. Man kennt sich selbst am besten. 2. Das Geschenk soll das größtmögliche Wohlbefinden hervorrufen. Der größte Nutzen wird erst mit der Selbstverwaltung des Geldes, das den Wert des Geschenkes abbildet durch den Beschenkten selbst kreiert. Alles andere führt nach Ansicht einiger Ökonomen zu einer erheblichen Wertvernichtung:[2] „Wenn andere unsere Einkäufe erledigen, ob das nun Kleidung oder Musik oder was auch immer betrifft, ist es ziemlich unwahrscheinlich, dass sie ebenso gut wählen, wie wir das selbst getan hätten. Zu erwarten ist vielmehr, dass sie mit ihrer Entscheidung, und sei die noch so gut gemeint, danebenliegen. Gemessen an der Befriedigung, die wir uns selbst mit der gleichen Summe hätten kaufen können, wird durch ihre Auswahl Wert vernichtet."[3] Die Wahl beim nächsten Weihnachtsgeschenk für die Ehefrau, den Bruder oder das Enkelkind sollte daher immer das Geldgeschenk sein.[4] Der

---

[1] Dieser Aufsatz entstand im Rahmen meiner Studien zum Wert des Geldes im Neuen Testament. Professor Dr. Thomas Söding begleitet mich seit meinem ersten Semester in der akademischen Welt und öffnet durch seine interdisziplinäre Ausrichtung den Blick für neue Facetten der biblischen Texte. Die Frage nach der Verschwendung des Geldes ist nur ein Aspekt eines großen Potpourris voller neuer Entdeckungen auf dem gemeinsamen Arbeitsweg, den ich ohne seine Unterstützung nie gegangen wäre.
[2] Vgl. Busch, Geschicktes Geben, 45–65 und Waldfogel, Scroogenomics, 145.
[3] Ebd., 125.
[4] Vgl. ebd., 48–50.55.

Wert eines Geschenkes hat erst dann den größtmöglichen Nutzen, wenn die beschenkte Person selbst entscheidet, wo sie investieren will.
Doch ist es nicht genau der *Mehr*-Wert über die ökonomisch bezifferbaren Aspekte hinaus, der Geschenke ausmacht? Ist es nicht genau das, was Geschenke ausmacht, dass sie eine Dimension einnehmen, die sich mit dem Werterelationenverständnis nicht erfassen lassen? Geschenke sind Ausdruck von Freundschaft, Beziehung und Vertrautheit mit enormer Signalfunktion: Geprägt von Achtsamkeit sind sie oft zeitaufwendig in der Konzeption und Realisierung. Sie sind dabei nach heutigem Verständnis Ausdruck von Beziehungen, die unsere Identität ausmachen, sie herausfordern und neu interpretieren.[5] Darüber hinaus zeichnen sie sich durch ihren innovativen Charakter im Sinne einer Einführung von etwas Neuem in das Leben des anderen aus. Das Schenken als Ritus schafft Innovation, indem es z. B. das ethische Prinzip der Nächstenliebe verwirklicht und gleichzeitig Aspekte der sich verschenkenden Selbstaufgabe addiert.[6] Nutzen oder Wert einer Innovation werden dabei u. U. erst im Nachhinein verstanden. Sinnhaft wird eine solche Innovation erst in einem Interpretations- und Anwendungsprozess, der von den Partizipienten (Stifter und Empfänger der Innovation) ausgeht.

2. Kulturhistorische Einordnung

Dem modernen Verständnis von Geschenken, die all diese Dimensionen einfangen und nicht auf Wirtschaftlichkeit und Vergleichbarkeit fußen, geht eine lange Begriffsgeschichte des Begriffes „Geschenk" voraus, der sich erst im 20. Jh. geändert hat.[7]
Das Geben von Gaben war lange Zeit in hohem Maß ritualisiert und von Konventionen und Traditionen bestimmt.[8] Unter statusgleichen Parteien eines Gabentauschprozesses, z. B. Verwandte, Nachbarn, Freunde, Männer und Frauen, sowie zwischen ranghohen und statusniedrigen Personen, Angehörigen unterschiedlicher politischen Gemeinschaften oder Menschen und Göttern, waren Geschenke selten freiwillig. Sie transportierten i. d. R. den Anspruch auf Gegenleistung im Sinne eines *do-ut-des*-Gedanken, sodass von

---

[5] Vgl. Sandel, Geld, 125.
[6] Vgl. Usarski, Innovation, 159.
[7] Vgl. hierzu Lintner, Ethik des Schenkens, bes. ab 52.
[8] Vgl. Häuptli, Geschenke, 984.

"Gabentauschgesellschaften"[9] gesprochen werden kann. Der Gabentausch hatte den Charakter eines Gesellschaftsvertrages: Gaben dienten der Stiftung und Bekräftigung sozialer Bindungen.[10] Oft konnte man sich nur damit bestimmte Ressourcen erschließen, die trotz einer evtl. bestehenden Geldwirtschaft nur für kleine Kreise zugängig war.

Heute ist die Semantik eine andere: die moderne Schenkung wird als ein Akt der einseitigen Bereicherung des Beschenkten verstanden und damit vom Gegenseitigkeitscharakter antiker Schenkungshandlungen abgelöst. Geschenke werden in der Moderne nicht mehr ausschließlich als reziproke Bindungsstärkung verstanden (mit Gabe und *Gegen*-Gabe), sondern im Sinne eines Präsents in der reinen Stärkung der Beziehung der Menschen untereinander.[11] Im Jahre 1900 tritt in Deutschland das sog. „Schenkungsrecht" in Kraft, welches das Geschenk als unentgeltliche Gabe ausweist. Die Verpflichtung zur Gegengabe ist damit rechtlich gesehen ebenfalls aufgehoben.[12] Seitdem wird im Deutschen sprachlich zwischen dem Begriffen „Geschenk" und „Gabe" unterschieden. Letzterer enthält eine grundlegende Ambivalenz, die bis heute nicht gänzlich aufgelöst werden konnte.[13]

3. Die religiöse Dimension der Gabe

Friedrich Rost untersuchte die Dimensionen religiöser Opfergaben, die zunächst im Sinne des *do ut des* eine Art mystischer Verbindung zwischen den Menschen und einer Gottheit zu konstruieren versuchten. Rost definiert in Anlehnung an Ernst Cassirer eine Gabe als „Verbindungsglied" welche zwischen dem „Heiligen und dem Profanen" vermittelt.[14] Sobald das magisch-mythische Weltbild jedoch überwunden wurde und die Überlegenheit des göttlichen Wesens anerkannt würde, ginge es nicht mehr um die Opfergabe an sich,

---

[9] Ebd.
[10] Vgl. ebd.
[11] Vgl. ebd., 985 und die Brockhaus-Enzyklopädie, die das Geschenk als „die ohne Entgelt dargereichte Sache ohne Absicht auf Gegenleitung" versteht, zit. nach Lintner, Ethik des Schenkens, 33.
[12] Vgl. Busch, Geschicktes Geben, 16: Busch macht auch deutlich, welche gesellschaftshistorischen Hintergründe für diesen Prozess ausschlaggebend sind und zitiert Richard Meyer: „Unser moderner Begriff des „Schenkens beruht eben auf der Vorstellung einer absolut unbegrenzten Verfügung über das Eigentum, wie sie früheren Epochen (v. a. in Deutschland) fehlte; […]."
[13] Vgl. hierfür u. a. Joas, Logik der Gabe, 18f und Busch, Geschicktes Geben, 25.
[14] Rost, Theorien des Schenkens, 56.

sondern vielmehr um die „Gesinnung, in der die Gabe dargebracht wird, [...]. In dieser Beziehung zum Göttlichen wird die geopferte Gabe Ausdruck einer asymmetrischen Beziehung, die die Überlegenheit der Götter anerkennt und keine unmittelbare Kompensation durch wohlwollende göttliche Gegengabe erwartet."[15] Sie zeugt nun von einem neuen freieren Verhältnis des Menschen zur Gottheit sofern die Gabe als ein freies Geschenk erscheint.[16]
Gleichzeitig verschieben sich aber die Kompensationswünsche ins Jenseitige. Nicht materielle Erwiderungen, sondern spirituelle, immaterielle Werte bilden nun den Erstattungsrahmen. Für Rost findet sich hier das *pure gift*, das Schenken in seiner reinsten Form.[17]

4. Die Salbung in Bethanien nach Mk 14,3–9 als Geschenk

Mit dieser religiösen, kulturhistorischen und ökonomisch betrachteten abrisshaften Einordnung des Begriffes „Geschenk" lässt sich eine Perikope im Neuen Testament in neuer Weise betrachten und vor dieser Hermeneutik entschlüsseln.
Als Kulisse dient eine mk Erzählung, die im Haus des Simon mit dem Beinamen „der Aussätzige", in Bethanien verortet wird. Über das übrige Setting erfährt der Leser sonst wenig, außer dass Jesus „zu Tisch liegt" (V. 3). Über die tatsächliche Anwesenheit des Hausherrn Simon wird nichts gesagt. Als Protagonistin tritt stattdessen jemand anderes auf: Eine namenlose Frau wird direkt zu Beginn der Erzählung als aktiv Handelnde eingesetzt. Sie tritt an Jesus heran mit einem „Alabastergefäß voll echtem, kostbarem Nardenöl" (V. 3). Dieses wertvolle Öl verschüttet sie über Jesu Haupt, ohne dass etwas aufgehoben werden könnte, denn das ebenfalls sehr kostbare Alabastergefäß wird unwiederbringlich „zerbrochen" (V. 3). Eine ungeheuerliche Verschwendung (vgl. V. 5), wie die Männer in der Runde monieren: Das Öl hätte verkauft und den Armen zu Gute kommen können. Jesus reagiert auf diese Einwände, indem er die Frau in Schutz nimmt (vgl. V. 6). Prospektiv stellt er diese Salbung als Salbung für sein Begräbnis dar und prophezeit eine Zeit ohne ihn (vgl. V. 7f). Die Werke der Frau würdigt Jesus abschließend als besonders herausragend in der Verkündigung des Evangeliums (vgl. V. 9).

---

[15] Lintner, Ethik des Schenkens, 51.
[16] Vgl. Rost, Theorien des Schenkens, 57.
[17] Begriff geprägt nach B. Malinowski (vgl. Lintner, Ethik des Schenkens, 51, in Bezug auf Rost, Theorien des Schenkens, 58 Anm. 92).

4.1. Der Akt der Salbung[18]

Ein Bericht über eine Salbung Jesu begegnet uns in allen vier Evangelien (vgl. Mt 26,6–13; Mk 14,3–9; Lk 7,36–50; Joh 12,1–8). Sie stimmen in einem grundlegenden Aspekt überein: Alle Erzählungen erwähnen eine Frau, die Jesus mit (kostbarem) Öl salbt. Allerdings unterscheiden sie sich in der Darstellung, wo diese Salbung stattfindet, wer beteiligt ist, warum und wie dies geschieht. Auch der Kontext divergiert: Mt, Mk und Joh setzen die Salbung in den Kontext des Todes Jesu. Die lk Version bettet die Geschichte als Kommentar zur Gastfreundschaft und Vergebung ein.

Bei Mk, ebenso wie Mt, ist es Jesu Haupt, das gesalbt wird. Die Satzstruktur mit der Letztstellung des Nomens „Haupt" betont die Art der Salbung zusätzlich.[19] Es hat eine andere Konnotation als die Salbungen, die im JohEv und im LkEv berichtet werden. Dort werden Jesu Füße gesalbt, eine übliche Geste der Gastfreundschaft.[20] Eine Salbung am Kopf ist bekannt von Königssalbungen in Israel.[21] Das luxuriöse Nardenöl, welches als Königsöl bekannt ist[22] unterstreicht diese Korrelation. Üblicherweise wurden Könige von Propheten gesalbt. Soll damit also an Königssalbungen in Israel erinnert werden?[23] War die Frau vielleicht eine Prophetin? Wir wissen nichts über diese Frau, die offenbar völlig selbstständig so agiert. Eine Sklavin wäre wohl von ihrem Herrn zu dieser Tat angehalten worden oder evtl. gerügt worden. Erwähnt wird allerdings lediglich die Reaktion der beisitzenden Männer, die als Beobachter im Setting „murren". Wollte die Frau Jesus also Ehre erweisen? Wenn dies der Fall wäre, dann wäre dies Sache der Sklavin oder der Hausherrin.

---

[18] Vgl. Kutsch, Salbung, 1331: „Zeichen der ‚Reinigung' als der Befreiung von Verpflichtungen ist die Salbung von Käufer und Verkäufer [!] bei einem Landverkauf in Tutub (JCS 9, 1955, 92, Nr. 59, 9f, ca. 1800 v. Chr.; vgl. ARM VIII, 1958, Nr. 13, 13'f) sowie die Salbung einer Sklavin durch ihren bisherigen Herrn bei der Freilassung in einen akkadischen Text aus Ugarit (Syria 18, 1937, 253f; MRS VI, 1955, 110f; CAD Z Bd 21, 1961, 29b)."
[19] Vgl. Eltrop, Namenlose Frauen, 38.
[20] Vgl. Gnilka, Markus, 223: „In Israel war es üblich, dem Gast vor dem Mahl Öl zur Salbung darzureichen oder ihm durch einen Sklaven die Füße salben zu lassen. Von einer Salbung während des Mahls hören wir in der rabbinischen Literatur nur als einer babylonischen Judentum bekannten Sitte, bei der Hochzeit einer Jungfrau an den anwesenden Rabbinen Öl auf das Haupt zu träufeln."
[21] Zur Verbindung von Messiastitel und Salbungsberichten sowie der Komplexität der Messiasvorstellungen im Alten Testament vgl. Waschke, Der Gesalbte, 160ff.
[22] Vgl. Hld 1,12.
[23] Vgl. 2 Kön 2,4a; 1 Sam 10,1.

Der Hinweis auf Jesu Begräbnis (vgl. V. 8) ist irritierend, denn Totensalbungen waren im Judentum nicht üblich.[24] Verse, die als jesuanischer Kommentar dieser Handlung gelten und auf den baldigen Tod Jesu hindeuten, könnten daher sekundär sein.[25] Ganz allgemein ist jedoch auf die wohltuende Wirkung des Öls hinzuweisen, die ganz unabhängig von all diesen Interpretationen gesehen werden kann.[26]
Eine Besonderheit, die die mk Variante gegenüber den parallelen Perikopen aufzeigt, ist die Betonung des Verschwendungsmomentes unter Erwähnung eines genauen Geldwertes. Die verwendeten Adjektive „echt" und „sehr kostbar" (V. 3) stellen den Wert des Öls heraus. Darüber hinaus besteht das Öl aus einer Pflanze, die auf den Berghängen des Himalajas wächst und damit ein absolutes Luxusgut darstellt.[27] Nicht nur die Herstellung, sondern auch die Beschaffung dieses Öls hat schon in der Antike ein Vermögen gekostet. In der Reaktion der Anwesenden wird dieses Vermögen beziffert: 300 Denare (vgl. V. 5), also ungefähr einen Jahreslohn eines Tagelöhners. Welche Funktion hat diese Information? Wird damit nicht nur deutlicher, wie verschwenderisch die Frau ist? Weshalb verteidigt Jesus diese Frau? Hätten zur Königssalbung nicht auch ein paar Tropfen gereicht? Wie lässt sich das in Verbindung bringen mit der Ethik Jesu des Almosengebens und der Caritas. Ist Jesus so eitel?
Die exklusive Information über die Erwähnung der 300 Denare stellt diese Salbungserzählung in ein ganz besonderes Licht, die einen Hinweis auf Jesu Geldethik liefern könnte und eine neue Perspektive eröffnet.

4.2. Der Kontext der mk Erzählung

Die Salbung Jesu durch die namenlose Frau gehört, wie schon erwähnt, zur mk Passionserzählung und wird von Mk direkt im Anschluss an den Tötungsbeschluss des Hohen Rates (vgl. Mk 14,1f) platziert. Damit steht es im Passionskontext zu Beginn, was auf die Relevanz des Inhalts hindeutet. Als aktiv handelnde, wenn auch sprachlose Figur reiht sie sich in die Personenkonstellation mit Petrus (vgl. 14,30.66–72) und Judas (vgl. 14,10f.44f) ein, den zwei Gestalten aus dem Zwölferkreis, die im weiteren Verlauf der Geschichte eine zentrale Position einnehmen. Die Frau wird charakterisiert durch einen dezidiert positiven, Jesus zugewandten Habitus, während die anderen Figuren eher negativ auftreten.

---

[24] Vgl. Dietrich/Vollenweider, Tod, 584.
[25] Vgl. Anmerkungen bei Gnilka, Markus, 221.
[26] Vgl. Ps 133,2; 141,5; 23,5.
[27] Vgl. Eltrop, Namenlose Frauen, 38.

Einen Spannungsbogen bildet der Vergleich zur – ebenfalls namen- und sprachlosen – Witwe in Mk 12,41–44. Auch dort wird von einer Frau berichtet, die alles gibt, was sie hat. Sie hat zwei Lepta und wirft beide als Opfergabe zum Tempelopfer – keinen behält sie für sich. Die Radikalität der Handlung findet sich auch bei der hier beschriebenen salbenden Frau in Bethanien, die nicht einen Tropfen übriglässt und sogar das kostbare Gefäß zerstört.

4.3. Deutung

Die Tat der Frau wird als prophetische Handlung bzw. prophetische Zeichenhandlung verstanden: „Sie zeigt symbolisch an, was durch Gott selbst geschehen wird. Sie macht die göttliche Wirklichkeit sichtbar, provoziert die Außenstehenden, weckt deren Aufmerksamkeit und löst Protest aus wie die Zeichenhandlung vieler anderer Propheten auch."[28] Darüber hinaus hat dieser Akt der Salbung Verkündigungscharakter: „Was die Frau tut, wird Gott an Jesus tun: ihn als Messias, als seinen Gesalbten bestätigen."[29] Die Salbung mit dem Öl wird als messianisches Moment und prospektiv auf den Tod Jesu hingedeutet. Die Salbung Jesu, die nach seinem Tod nicht vollzogen werden kann (vgl. Mk 16,1–8), wird vorgezogen.

Die Erwähnung des Geldwertes spitzt dieses herausragende Moment noch weiter zu, indem die prophetische Handlung von einer monetären Größe getrennt wird. Mit dem Verweis auf seinen Tod spielt Jesus eine Dimension in die Deutung ein, für die die Erwähnung der 300 Denare als narratives Exklusiv gegenüber den anderen Salbungserzählungen *den* entscheidenden Aspekt der soteriologischen Heilvorstellung bringt: Eine Trennung der Sphären des von weltlichen und materiellen Gütern von ökonomischen Prinzipien durchwirkten Lebens und der Basileia. Kritisiert wird, dass Taten mit Geldwerten aufgewogen werden, ohne ihre Beziehungsebene zu erkennen. Was Jesus in dem Moment der Begegnung mit der Frau erlebt, ist nicht gegen Ziffern zu rechnen oder mit Geldwerten zu beschreiben. Der Kontext der Passion macht klar: Auch das, was Jesus danach erleben wird, ist mit Münzen nicht aufzuwiegen. Die Salbung wird dabei in ihrer Sakralität hochgehalten, weil Jesus sie ganz klar von dieser irdischen Gelddimension trennt. Damit trifft er auf der anderen Seite eine klare Aussage über das Geld: Es gehört in die Welt des Profanen. Er drängt es aus dem sakralen Kontext zurück in die Bereiche in die es gehört und wo es seine guten Dienste tut z.

---

[28] Ebd., 39; vgl. auch Gnilka, Markus, 225.
[29] Eltrop, Namenlose Frauen, 39.

B. das Almosen geben oder anderer Stelle das Steuern zahlen (vgl. Mk 14,15).
Die Beobachter rügen hingegen die versäumten Almosen. „Im rabbinischen Judentum unterscheidet die Wohltätigkeit [jedoch] Almosen und gute Werke. Almosen bestehen in Geldgaben und sind jederzeit möglich. Gute Werke verlangen den spontanen und persönlichen Einsatz und sind von konkreten Situationen gefordert."[30] Unabhängig davon, ob es ihr Öl war – der Text lässt keine Vermutungen über Stand, Herkunft und evtl. Umstände oder Motive der Frau zu – handelt es sich um eine gute Tat (καλὸν ἔργον) an Jesus, die in ihrer Mehrdimensionalität und Überfülle als Geschenk von „christologische[r] Relevanz"[31] verstanden werden kann. Was die Frau hier tut steht völlig entgegen der Prinzipien, die bisher galten und stiftet durch diese Zeichenhandlung eine besondere Beziehung zu Jesus. Für das moderne Verständnis eines Schenkungsaktes ist der Beziehungscharakter hier wesentlich. Jesus nimmt dieses „Geschenk" an und damit den innovativen Moment der Handlung in sein Leben auf. Er selbst hätte sich nicht salben können, denn der ureigene Sinn einer Salbung widerspricht dem, weil es gespendet, eben *geschenkt* wird.

Aus ökonomischer Perspektive gehört es in den Bereich des „Geschenkten", weil „Verschwendeten" und damit nicht in einen reziproken Gebrauch von *do ut des*, wie Geschenke in der Antike und lange Zeit darüber hinaus sonst verstanden wurden. Eben gerade das vermeintliche Verschwendungsmoment ist das, worauf es ankommt: Nicht dass sie ihn gesalbt hat, nicht dass es – wie üblich gewesen wäre – ein wenig Öl auf den Füßen war, sondern das schier Unverhältnismäßige. Jesus hat sich nicht gegen die Verschwendung gestellt. Er hat dieses Geschenk angenommen und das Verhalten der Frau rechtfertigt.

5. Schluss

Die mk Erzählung von der Salbung in Bethanien lässt den Leser erst einmal fragend zurück: Was soll diese Verschwendung? Viel leichter nachvollziehbar ist die Reaktion der Männer im Hause Simons, die diese Fehlinvestition kritisieren. Ist es nicht Jesus selbst, den man sonst mit radikaler Besitzlosigkeit und der Hilfe der Armen verbin-

---

[30] Gnilka, Markus, 224.
[31] Ebd.

det? Die ökonomische Analyse dieser Handlung und ein kulturwissenschaftlicher Exkurs in das moderne Verständnis von Geschenken liefern einen neuen Deutungsrahmen für diese irritierende Perikope. Grundlegend für die Deutung ist die ökonomische Perspektive der Kritiker. Die Prinzipien der ökonomischen Wertbildung, Werterhaltung und -verrechnung spielen in dieser Geschichte eine narrativ entscheidende Rolle. Die Gegner, die nur den Preis des Öls und die Frage, was man mit dem Geld Sinnvolleres hätte anstellen können im Auge haben, verkennen jedoch die Mehrdimensionalität des Geschehens. „Es ist noch viel mehr: ein alle Sinne ansprechendes Zeichen, körperlich, verschwenderisch, voll zärtlicher Zugewandtheit, voll grenzenloser Bejahung, ein sicht- und spürbarer Akt der Kräftigung und Bestärkung des daniederliegenden Jesus."[32] Diese Aspekte machen für heutiges Verständnis Geschenke aus und sind – so die *conclusio* – nicht mit monetären Begriffen zu beschreiben. Als Innovation verstanden entsteht ihr Wert erst im Moment des Salbens und dem direkten Beziehungsgeschehen zwischen Jesus und der Frau. Die Erwähnung des genauen Geldwertes dient als narratives Element und wird strategisch eingesetzt, um die Ausmaße der Handlung deutlich zu machen, die ganz und gar als prophetischer Akt in ihrer Sakralität hochgehalten wird.

Im selben Moment wird das Geld als profan und innerweltlich ausgewiesen, weil es von dieser Dimension des Schenkens radikal getrennt und auf seine Rolle als materielles „Ding" reduziert wird. An anderer Stelle wird diese radikale Trennung von heilig und profan noch deutlicher: Im Tempel von Jerusalem stößt Jesus die Tische der Geldwechsler und Taubenhändler um und fordert die Geschäfte im Tempel einzustellen (vgl. Mk 11,15–17).

Das Geschenk ist in der Ökonomie ein Sonderfall. Sicherlich kann der reine Charakter des *pure gift* bei Geschenken nicht immer angenommen werden. Das Geburtstagsgeschenk des Freundes will u. U. an seinem Ehrentag wiederum adäquat erstattet werden. Und vielleicht liegt in der Salbung durch die Frau auch die Hoffnung auf die Rettung durch Jesus den Messias. Jesu Reaktion verhieße eine göttliche Macht, die garantiere, „dass ein Leben nach christlichen Werten nicht ein verschwendetes Leben sein wird."[33] In diesem Sinne warte man nicht auf eine unmittelbare Kompensation, da die Hoffnung auf den himmlischen Lohn als Erstattung ins Jenseits verschoben wird. Diese Dimension der Ökonomie erfährt durch die Trennung der Sphären „heilig" und „profan" eine soteriologische Ausdehnung im prophetischen

---

[32] Eltrop, Namenlose Frauen, 40.
[33] Davidsen, Geben und Nehmen, 121.

Akt der Ölung als völlige Hin-Gabe an Jesus. Die Geschichte von der salbenden Frau in Bethanien macht ganz deutlich, dass der monetäre Kreislauf unterbrochen wird und das Geld wieder in die ihm zugestandene Sphäre zurückgedrängt wird. Hans Joas spricht von der „Demokratisierung der Differenzierungsfrage"[34] und meint damit die Anerkennung der Grenzen der Monetarisierung, ohne aber die „Logik des Geldes"[35] zu verurteilen. Sein Plädoyer gilt der begründeten Entscheidung zu welchem Grade die Logik des Warentauschs (und damit letztlich der Logik des Geldes) in die Logik der Gabe Einzug findet. Hier liegt der hermeneutische Schlüssel: Der Akt der Salbung, egal wie man ihn versteht, ist nicht mit einem Geldwert zu beschreiben. Es ist ein Geschenk, das eine besondere soziale Beziehung stiftet und unter Umständen in seiner Reziprozität die unabschließbare Dynamik des Gebens und Nehmens auslöst. Aber v. a. bedeutet es die Aufhebung eines von ökonomischen Prinzipien und marktwirtschaftlichen Strukturen durchwirkten Kreislaufs, weil es reine Verschwendung ist.[36]

6. Literatur

Busch, K., Geschicktes Geben. Aporien der Gabe bei Jaques Derrida, München 2004

Davidsen, O., Geben und Nehmen. Narrativer Austausch im Neuen Testament, in: M. Ebner (Hg.), Geben und Nehmen (JBTh 27), Neukirchen-Vluyn 2012

Dietrich, W./Vollenweider, S., Art. Tod. II. Altes und Neues Testament, in: TRE 33 (2002), 582–600

Edsman, C.-H., Art. Gabe, in: RGG³ 2 (1958), 1183f

Eltrop, B., Namenlose Frauen. Verlorene Erinnerung. Bibelarbeit zur Salbung von Betanien (Mk 14,3–9), in: G. Theuer (Hg.), Namenlose Frauen (FrauenBibelArbeit 13), Stuttgart 2004

Gnilka, J., Das Evangelium nach Markus, EKK/Studienausgabe, Neukirchen-Vluyn 2010

Halbmayr, A., Gott und Geld in Wechselwirkung, zur Relativität der Gottesrede, Paderborn [u. a.] 2009

Häuptli, B.-W., Art. Geschenke, in: DNP 4 (1998), 984–989

Joas, H., Die Logik der Gabe und das Postulat der Menschenwürde, in: Ch. Gestrich (Hg.), Gott, Geld und Gabe. Zur Geldförmigkeit des Denkens in Religion und Gesellschaft (BThZ 21), Berlin 2004

Kutsch, E., Art. Salbung, in: RGG³ 5 (1961), 1331

---

[34] Joas, Die Logik der Gabe, 26.
[35] Ebd.
[36] Vgl. Halbmayr, Gott und Geld, 464.

Lintner, M., Ethik des Schenkens. Eine Ethik des Schenkens von einer anthropologischen zu einer theologisch-ethischen Deutung der Gabe, Berlin [u. a.] 2006

Rost, F., Theorien des Schenkens. Zur kultur- und humanwissenschaftlichen Bearbeitung eines anthropologischen Phänomens, Essen 1994

Sandel, M., Was man für Geld nicht kaufen kann. Die moralischen Grenzen des Marktes, Berlin ^{6}2009

Usarski, F., Art. Innovation, religiöse, in: RGG^4 4 (2001), 159

Waldfogel, J., Scroogenomics. Why You Shouldn't Buy Presents for the Holidays, Princeton 2009

Waschke, E.-J., Der Gesalbte. Studien zur alttestamentlichen Theologie (BZAW 306), Berlin/New York 2001

Esther Brünenberg-Bußwolder

Erinnern bedingt Handeln – Handeln setzt Erinnern voraus

Wozu erinnern sich Israel und die Kirche? Ethische Implikationen der biblischen Erinnerungskultur

Erinnerung ist eine konstitutive Größe der Theologie, die biblische Gedächtniskultur ist unverzichtbar.[1] Selbstverständlich ist dies in der öffentlichen Wahrnehmung jedoch nicht. Die Memorationskultur ist in der Gesellschaft zwar stark verankert, seit den 1980er Jahren des 20. Jh. mit zunehmender Bedeutung. Gedenktage und Gedenkveranstaltungen, Mahnmäler und Erinnerungsorte prägen das öffentliche und private Bewusstsein. Wie aber und woran wird erinnert? Wozu dient Erinnerung? Wie gelingt eine Erinnerung, die nicht nur das Bewusstsein einer Gemeinschaft prägt, sondern für sie absolut handlungsrelevant wird? Und: Welche Rolle spielt die Theologie dabei? Das umfangreiche interdisziplinäre Lexikon „Gedächtnis und Erinnerung"[2] gibt der Theologie keine eigene Stimme, allenfalls den Religionswissenschaften. Hat aber das Christentum nicht eine eigene memorative Kompetenz? Was folgt daraus? Welche Verbindung bilden Erinnerung und Handlung? Ist nicht gerade das Judentum geprägt von einer eminenten Erinnerungskultur[3], die sogar den „Imperativ"[4] des Erinnerns in der Hebräischen Bibel postuliert?

1. „Gedenke Israel [...]" – woran und wozu erinnert sich Israel? Eine alttestamentliche Perspektive

„Hüte dich nur und bewahre deine Seele gut, dass du nicht vergisst, was deine Augen gesehen haben, und dass es nicht aus deinem Herzen

---

[1] Ps 11,4 nennt Jahwe selbst als den Stifter der Erinnerungskultur Israels: „Er hat ein Gedächtnis seiner Wunder gestiftet, gnädig und barmherzig ist JHWH."
[2] Perthes/Ruchatz (Hg.), Gedächtnis und Erinnerung.
[3] Hier sei auf eine Schlüsselaussage M. Bubers verwiesen, die die Erinnerungskultur der jüdischen Bibel ins Bild der Lehrerin setzt: „Die jüdische Bibel ist die reichste Erinnerungswahrerin, die freigebigste Erinnerungsspenderin der Menschheit; wenn irgendwer, wird sie uns lehren, uns wieder zu erinnern" (Buber, Warum gelernt werden soll, 745–747).
[4] זכור ist in der Hebräischen Bibel häufig als Imperativ belegt (vgl. Ex 20,8; Ps 74,18; Ps 119, 49 u. a.).

kommt dein ganzes Leben lang. Und du sollst deinen Kindern und Kindeskindern kund tun [...]" (Dtn 4,9). Dieses Beispiel steht für viele andere, besonders im Buch Deuteronomium, die zu einem Zweifachen mahnen: zur Erinnerung gegen das Vergessen und zur Weitergabe des Erinnerten als Botschaft. Der Mensch steht im Mittelpunkt des Erinnerungsprozesses, in der Rolle des Erinnernden und Vergegenwärtigenden und in der Rolle des Rezipienten, allerdings unter dem Imperativ: „Hüte dich und bewahre", wohlverstanden nicht als Anordnung, sondern als Erkenntnis- und Bewusstseinsvorgang, der identitätsprägend ist. Leidenschaftlich wird an die Notwendigkeit der Erinnerung appelliert und vor den Gefahren und Folgen des Vergessens gewarnt: Eine zentrale Erfahrung aus der Heilsgeschichte steht im Mittelpunkt der alttestamentlichen Erinnerungskultur: der Exodus als die niemals zu vergessende Befreiungstat Gottes an seinem Volk Israel (vgl. Dtn 4,37; 6,20f; 7,18; 8,12–14; 11,2–4; 15,14f; 16,12 u. a.). Es ist das Begründungsdatum der Existenz des Volkes Israel. Die Erinnerung an die große Befreiungstat Gottes wird in unterschiedlichen, aber kontinuierlichen Kontexte relevant: 1. Sie ist Bestandteil der Selbstvorstellung Gottes im Dekalog: „Ich bin der Herr, dein Gott, der dich aus Ägypten geführt hat [...]" (Ex 20,2). 2. Sie dient der konstruktiven Begegnung mit der Angst vor Vernichtung durch andere Völker: „[...] so fürchte dich nicht vor ihnen. Denke daran, was der HERR, dein Gott, dem Pharao und allen Ägyptern getan hat [...]" (Dtn 7,18). 3. Sie steht der Gefahr des Vergessens entgegen: „Wenn du nun gegessen hast und satt bist und schöne Häuser gebaut hast [...] dann hüte dich, dass dein Herz sich nicht überhebt und du den HERRN, deinen Gott, vergisst, der dich aus Ägypten geführt hat [...]" (Dtn 8,12–14). 4. Sie wird zur Grundlage der Fremdenethik Israels: „Die Fremdlinge sollt ihr nicht unterdrücken; denn ihr wisst um der Fremdlinge Herz, weil ihr auch Fremdlinge in Ägypten gewesen seid" (Ex 23,9). 5. Das Sabbatgebot für Mensch und Tier findet seinen Grund in der Erinnerung an das eigene Sklavesein in Ägypten und die Befreiungstat Gottes: „Als du in Ägypten Sklave warst, hat dich der Herr, dein Gott, mit starker Hand und hoch erhobenem Arm dort herausgeführt. Darum hat es dir der Herr, dein Gott, zur Pflicht gemacht, den Sabbat zu halten" (Dtn 5,15).[5] Im Imperativ זָכוּר – erinnere dich, wird primär erinnert an den Bund zwischen Gott und Israel, an die Rettungstaten Gottes und die Verpflichtung des Volkes. Erinnerung hat damit neben theologischen auch soziale und ethische Implikationen. Sich zu erinnern, heißt in

---

[5] Vgl. Zink, Gedenke Israel, 170.

der Kategorie des Bundes gesprochen, die eigene Existenz als aus der Heilsgeschichte gewordene zu erkennen und sie dem Nächsten zu ermöglichen. Der Gottesbezug ist dabei konstitutiv. Die eigene Geschichte als Gottes Geschichte mit dem Menschen zu vergessen, hätte schwerwiegende Folgen. Die Prophetie spricht sie deutlich an: Zerstreuung (vgl. Jer 13,24f), Unheil (vgl. Jer 44,19), Heulen und Weinen (vgl. Jer 3,21). Gott zu vergessen und seine Gebote, heißt, so sagt es Dtn 28,15–69, sich für den Fluch zu entscheiden. Erinnerung ist also auch stets Gotteserinnerung.

1.1. Erinnerung und Geschichte

Erinnerung ist untrennbar mit der Zeit verbunden. Sich zu erinnern ist ein Vorgang, der Erfahrungen und Ereignisse aus der Vergangenheit in die je aktuelle Gegenwart holt. Wozu aber? Welche Qualität hat die erinnerte Vergangenheit? Angesichts der Tatsache, dass ein Großteil des Erfahrenen dem Vergessen preisgegeben wird,[6] wird Erfahrung erinnert, die Bedeutung hat, unabhängig davon, ob sie als gut oder schlecht wahrgenommen wird. Erinnert wird sie als gedeutete Erfahrung, ohne den Anspruch historisch rekonstruiert werden zu können. Erinnert wird das Ereignis als Ausgangspunkt oder präziser: das Ereignis in Form der Erzählung. Erzählungen aber transportieren *per se* gedeutete Geschichte. Die Erinnerung bezieht sich also nicht auf das Ereignis als historisches, sondern vielmehr als theologisch gedeutetes.[7] Für Israel wie für die biblische Überlieferung im Ganzen gilt: Es ist stets gedeutete Erfahrung *coram Deo*, in Schriften, die in ihrem Selbstverständnis kein Geschichtsbuch, sondern für das Gottesverhältnis Israels und der Kirche konstitutiv sind.
Erinnerung setzt die Kenntnis des Erinnerten voraus. Grundlegend ist die Weitergabe des Erinnerten in mündlicher oder schriftlicher Fassung, das sonst das Ende der Erinnerung mit dem Tod des Erinnernden oder der erinnernden Gemeinschaft besiegelt wäre. Die Erfahrung des Erinnerten ist nicht einholbar, doch aber die Ermöglichung von Partizipation am Erinnerten durch das Erzählen des Erinnerten in der Vergegenwärtigung.[8] So erinnert sich schon eine Generation nicht mehr an die Erfahrung der vorausgegangenen, sondern nur an deren Erinnerung an die in der Vergangenheit liegenden Ereignisse. Weitererzählen aber schafft Erinnerung, ermöglicht Partizipation am Erinnerten und befähigt, Erinnertes und empfangene

---

[6] Weiterführend in dieser Frage: Huber, Erinnern, 93–112.
[7] Vgl. ausführlicher dazu: Fischer, Erinnern, 14f.
[8] Vgl. ebd., 13.

Erinnerung weiterzugeben.[9] Mit welcher Sinnspitze jedoch? Woraufhin erinnert sich der biblische Mensch? Erinnerung ist Vergegenwärtigung von Ereignissen und Erfahrungen, die gerade nicht das jeweils gegenwärtige Bewusstsein prägen. Sie schafft auf diese Weise Tradition und Identitätsbildung, aus der heraus sich das Handeln des Menschen für sein Selbstverständnis und seine Ethik speist.

1.2. Gottes Menschen-Gedenken

Doch nicht nur der Mensch erinnert sich oder ist zur Erinnerung aufgerufen. Gott selbst ist es, der des Menschen gedenkt, und dies in aller Regel für einen guten Ausgang. Die heilvolle Beziehung des Schöpfers zu seinem Geschöpf ist Ziel des Gedenkens Gottes. Ein neues Bundesangebot Gottes gibt es nicht ohne das Gedenken Gottes. Ein treffendes Beispiel ist die Sintflut-Geschichte. Der Neuanfang der Schöpfung verdankt sich dem Gedenken Gottes in der Erinnerung an Noah und die Geschöpfe in der Arche: „Das Wasser aber schwoll hundertfünfzig Tage lang auf der Erde an. Da dachte Gott an Noah und an alle Tiere [...]. Gott ließ einen Wind über die Erde wehen und das Wasser sank" (Gen 7,24–8,1). Im Erinnern Gottes verliert das Wasser seine lebensbedrohliche Kraft. Das Erinnerungszeichen für den neuen, unauflösbaren Bund mit der Menschheit ist der Regenbogen (vgl. Gen 9,16f). Göttliche Erinnerung bedeutet Bewahrung des Lebens aller Menschen und Bewahrung der Schöpfung. Göttliche Erinnerung ist kein „denken an [...]", sondern Handlung zur Rettung.

Exodus und Schöpfung markieren die Anfänge des Handelns Gottes für sein Volk und seine Schöpfung, den Anfang der Erinnerung Gottes an sein Volk und den Menschen als sein Geschöpf. Erinnerung ist ein Beziehungsgeschehen, das eine Gemeinschaft und eine Geschichte begründet. Die Ereignisse, die erinnert werden, nehmen stetig an Zahl zu. Die Beziehung Gottes zu seinem Volk nimmt dadurch an Intensität zu, trotz aller Schuld, die das Volk auf sich lädt. Hat das Gedenken Gottes letztlich nur einen Grund – die Rettung des Menschen –, dann mündet diese soteriologische Absicht in der äußersten Zuspitzung in das Erbarmen Gottes angesichts der Vergehen seines Volkes: „Ist mir Efraim ein teurer Sohn, ist er ein Kind, an dem man Freude hat? Denn sooft ich gegen ihn rede – immer wieder muss ich an ihn denken! Darum ist mein Innerstes seinetwegen in Unruhe, ich muss mich seiner erbarmen! Spruch des Herrn" (Jer 31,20). Das Erbarmen Gottes bringt ein großes Angebot Gottes an die Menschen hervor: einen

---

[9] Vgl. Görg, Erinnere dich, 29.

neuen Bund, der nicht mehr gebrochen werden kann. Die Tora schreibt er nicht mehr auf Tafeln, sondern legt sie in das Innere des Menschen und schreibt sie auf ihr Herz (vgl. Jer 31,31–34): „Dann wird keiner mehr seinen nächsten und keiner mehr seinen Bruder belehren und sagen: Erkennt den Herrn, denn ich werde ihre Schuld verzeihen, und an ihre Sünde werde ich nicht mehr denken" (Jer 31,34). Göttlicher Zorn ist Erinnern der Schuld begründet. Hier aber wird diese Vorstellung endgültig in ihr Gegenteil verkehrt: Die Erinnerung Gottes an die Sünde des Volkes hat auf die Gott-Mensch-Beziehung keinen Einfluss mehr, weil sie vergeben wurde. Die Vergebung aber befreit zu einer erneuerten Gott-Mensch-Beziehung. Das Nicht-Gedenken Gottes ist es hier, das dem Menschen eine neue Identität einstiftet und ihn aus Freiheit heraus handeln lässt.

1.3. Die Erinnerung des Menschen an Gott

Das Erinnern des Menschen an Gott ist das Erinnern an die Heilsgeschichte, die Geschichte Gottes mit den Menschen, die am Ende gut ausgeht. Eine häufige Form des Erinnerns ist das dankbare Bekenntnis Israels zur Rettungstat Gottes für das Volk: „Und an jenem Tag werdet ihr sprechen: Dankt dem Herrn! Ruft seinen Namen aus, macht seine Taten bekannt bei den Völkern, erinnert daran, dass sein Name erhaben ist!" (Jes 12,4) Wenn Israel der guten Taten Gottes gedenkt, werden sie in die Gegenwart hineingeholt und für sie fruchtbar gemacht. An den Retter- und Befreiergott Israels zu erinnern und ihn dankbar zu loben, wird zum Konstitutivum Israels zu Lebzeiten. Die Toten loben Gott schließlich nicht und hoffen auch nicht mehr auf neue Rettungstaten: „Denn im Tod gedenkt man deiner nicht, wer wird im Totenreich dich preisen?" (Ps 6,6).
In Notzeiten wird Gott durch den Menschen erinnert. In Zeiten der vermeintlichen Gottabwesenheit erinnern sich Beter wie auch Volk mit Traurigkeit und Sehnsucht der guten Taten Gottes. Erinnern in der Klage ist nicht nur die Konstatierung der ausbleibenden Rettung, sondern hofft auf ein neues Rettungshandeln Gottes: „Warum, Gott, hast du uns für immer verstoßen, warum raucht dein Zorn gegen die Schafe deiner Weide? Denke an deine Gemeinde, die du vor alters erworben, die du erlöst hast zum Stamm deines Erbteils, des Berges Zion, auf dem du Wohnung genommen hast" (Ps 74,1f).
Eine Erinnerungshilfe für das Volk Gottes sind die Zizit, die Quasten am Gewand. Sie erinnern an die Gebote, die der Gott der Befreiung und des Exodus gegeben hat: „Und wenn ihr die Quaste seht, sollt ihr an alle Gebote des Herrn denken und sie einhalten und nicht eurem Herzen und euren Augen folgen und hinter ihnen herhuren, damit ihr

an alle meine Gebote denkt und sie einhaltet und eurem Gott heilig seid" (Num 15,39f). Sich der Tora zu erinnern, heißt nach ihr zu handeln. Das Geschenk der Tora gibt Handlungsorientierung und impliziert eine ethische Handlungsnotwendigkeit. Erinnerung ist so nicht einfach ein kommemorativer Akt. Die Erinnerung an die Gebote wie an Gott selbst fordert zur Handlung auf.

Sich zu erinnern, heißt im alttestamentlichen Kontext:

1. Die Weitergabe erinnerter Gottes-Erfahrung soll der nächsten Generation die rechte Gotteserkenntnis schenken. Das betrifft insbesondere die Herkunft aus dem Sklavenhaus Ägypten. Wenn sich jede Generation neu an den Grundstein der eigenen Identität erinnern soll, dann aus ethischem Grund: um als befreites Volk sozial verantwortlich zu handeln: „[...] sondern du sollst daran denken, dass du Sklave gewesen bist in Ägypten und dass der Herr, dein Gott, dich von dort befreit hat. Darum gebiete ich dir, dass du so handelst" (Dtn 24,18).

2. Sich der befreienden guten Taten Gottes zu erinnern, bedeutet, sich zu vergegenwärtigen, dass diese Taten bis in die je neu aktuelle Gegenwart hinein ein gutes Leben in Freiheit schenken: „Der Herr hat uns verpflichtet, alle diese Gesetze zu halten und den Herrn, unsern Gott zu fürchten, damit es uns das ganze Leben lang gut geht und er uns Leben schenkt, wie wir es heute haben" (Pessachhaggada, 2. Teil der Antwort auf die Kinderfrage beim Pessachmahl, Dtn 6,24). Die Vergangenheit zu vergegenwärtigen, heißt dabei auch, sich die Brüchigkeit und Bedrohung eines Lebens in Freiheit bewusst zu machen. Es heißt aber auch, gerade dann auf die befreiende Kraft Gottes in der heilsgeschichtlichen Gegenwart zu setzen, worauf die Einhaltung der Gebote fußt: „Denk daran, als du in Ägypten Sklave warst, hat dich der Herr, dein Gott, mit starker Hand und erhobenem Arm dort herausgeführt. Darum hat es dir der Herr, dein Gott, zur Pflicht gemacht, den Sabbat zu halten" (Dtn 5,15).

3. Lernen aus der Geschichte, Kenntnis und Reflexion von Ereignissen: „Denke an die Tage der Vorzeit, begreif die Jahre der vergangenen Generationen. Frage deinen Vater, dass er es dir kundtut, deine Betagten, dass sie es dir sagen" (Dtn 32,7).

2. *Anamnesis:* Woran und wozu erinnert sich die Kirche? Eine neutestamentliche Perspektive

Die Bedeutung der Erinnerung ist im Neuen Testament ohne Frage sehr hochstehend, die alttestamentlich-jüdische Tradition des Gedenkens und der daraus folgenden Handlung findet ihre Fortschreibung.

Ein paar Beispiele seien hier selbstredend genannt: 1. „Tut dies zu meinem Gedächtnis" (Lk 22,19) – Jesu Vermächtnis an die Jünger beim Letzten Abendmahl 2. „Überall auf der Welt, wo man das Evangelium verkünden wird, wird man sich an sie erinnern und erzählen, was sie getan hat" (Mk 14,9) – Jesus in der Diskussion um die Frau, die ihn mit kostbarem Öl salbt. 3. „Und er sprach: Kornelius, dein Gebet ist erhört und deiner Almosen ist gedacht worden vor Gott" (Apg 10,31) – Worte des Gottesboten an Kornelius, Zuwendung Gottes zu einem römischen Hauptmann. 4. „Denk daran, dass Jesus Christus, der Nachkomme Davids, von den Toten auferstanden ist" (2 Tim 2,8) – Glaube an die Auferweckung Christi als Stärkung zur Bewährung in Bedrängnis. 5. Zudem kennt insbesondere die Apostelgeschichte sogenannte heilsgeschichtliche Anamnesen, die die Heilsgeschichte christologisch sehen (vgl. Apg 3,11–26; 7,1–53; 13,16).

Für das Alte Testament standen zwei Ereignisse, an die erinnert wird, besonders im Fokus, die Schöpfung und der Exodus; für das Neue Testament sind es ebenfalls zwei: das Abendmahl und die Abschiedsreden, zwei unverzichtbare und starke Elemente des Vermächtnisses Jesu, zu dessen Charakter es zwingend gehört, erinnert und in die Gegenwart der Gemeinde geholt zu werden.

2.1. Die Feier des Abendmahls als Gedächtnismahl

Paulus versteht das Herrenmahl als Gedächtnismahl: „Der Herr, Jesus, nahm in der Nacht, da er ausgeliefert wurde, Brot, dankte, brach es und sprach: Dies ist mein Leib für euch. Das tut zu meinem Gedächtnis. Ebenso nahm er nach dem Essen den Kelch und sprach: Dieser Kelch ist der neue Bund in meinem Blut. Das tut, sooft ihr daraus trinkt, zu meinem Gedächtnis. Denn sooft ihr dieses Brot esst und den Kelch trinkt, verkündigt ihr den Tod des Herrn, bis dass er kommt" (1 Kor 11,23–26). Die Verbindung zum Paschamahl ist eng. Die Feier des Abendmahls ist ein Gedächtnismahl. Zur kontinuierlichen Wiederholung des letzten Abendmahls wird ausdrücklich aufgerufen, wenngleich es auch „keines ausdrücklichen Imperativs bedurfte, da es in der Konsequenz des Erinnerten lag, dass nach Ostern, nach der Erfahrung der Auferstehung Jesu, die Feier der Eucharistie zu dem Ritus der Urkirche geworden ist."[10] Das Gedächtnis ist Vergegenwärtigung, Vergegenwärtigung in der Feier. Es ist das Bindeglied der Jünger und aller in der Nachfolge Jesu Stehenden zwischen ihrer jeweiligen Gegenwart und der Vergangenheit Jesu. Es

---

[10] Söding, Tut dies, 37.

ist stark, weil es gesprochenes Wort ist, weil es Jesu Wort ist. Aufgerufen wird aber nicht zum Wort, sondern zur Handlung, zur Feier, die Jünger mögen das Mahl ebenso feiern wie Jesus. Er ist der, der die Communio begründet und die Vergegenwärtigung ermöglicht. Deutlich wird zudem: Gefeierte Vergangenheit ist nicht vergangen: „[…] sooft ihr von diesem Brot esst und aus dem Kelch trinkt, verkündet ihr den Tod des Herrn, bis er kommt (1 Kor 11,26)." Das ist eine zentrale alttestamentlich-jüdische Vorstellung, dass die Vergangenheit, gerade weil sie Heilsgeschichte ist, nicht vergangen ist, sondern soteriologische und eschatoloogische Bedeutung für die Gegenwart und die Zukunft hat. Die Vergegenwärtigung der Vergangenheit bringt die Hoffnung auf Rettung in der Gegenwart und für die kommende Zeit zum Ausdruck. In der Vergegenwärtigung wird die Vergangenheit neu erschlossen. Das betrifft Glauben, Leben und Handeln der erinnernden Gemeinde.[11] Erinnert wir an Jesu Leben, Tod und Auferstehung, an das Evangelium. Zudem: Die synoptische Überlieferung sieht das Letzte Abendmahl als Paschamahl (vgl. Mk 14,12–25 par). Das Paschamahl aber vergegenwärtigt das Paschageschehen. Die Exodusgeschichte wird für die Gegenwart erzählt. Das Bekenntnis zum befreienden Gott konstituiert das Volk Israel und begründet die Hoffnung auf Befreiung von Schuld und Verfolgung. Die Eucharistie stellt den Auferstandenen in die Mitte ihrer Feier, vergegenwärtigt in der Liturgie, die zur Diakonie hin ausgelegt ist. Beide heilsgeschichtlichen Ereignisse bezeugen die entscheidenden Befreiungstaten Gottes. Die Erinnerung an Leben, Sterben und Auferstehen Jesu setzt sein Handeln am Menschen als Maßstab für das Handeln der feiernden Communio. Sein Blick für die, die sonst keines Blickes gewürdigt wurden, ist der Eucharistie feiernden Gemeinde Orientierung in der Frage nach dem Nächsten. Erinnern im Sinne der neutestamentlichen *memoria* ist ein Erinnern an Heilstaten. Das Gedächtnis gewinnt Gestalt im Glauben. Glauben aber vollzieht sich in Lob und Dank, Verkündigung und Bekenntnis und im Handeln am Nächsten.

2.2. Erinnerung in den Abschiedsreden des Johannesevangeliums

Die Abschiedsreden (vgl. Joh 13,31–17,26) geben Zeugnis davon, wie sehr die johanneische Gemeinde mit der Frage beschäftigt ist: Was bleibt – nach dem Tod Jesu? Mindestens die Erinnerung an das Leben Jesu, an seine Geschichte als Erinnerungsgeschehen.[12] Diese Aufgabe

---

[11] Vgl. Zink, Gedenke Israel, 175.
[12] Vgl. Zumstein, Erinnerung, 46f.

fällt dem Parakleten zu, den schon das Evangelium selbst in enger Verbindung mit dem Heiligen Geist sieht: „Der Beistand aber, der Heilige Geist, den der Vater in meinem Namen senden wird, der wird euch alles lehren und euch an alles erinnern, was ich euch gesagt habe" (Joh 14,26). Eine Doppelaufgabe obliegt dem Parakleten, dem Herbeigerufenen: zu lehren und zu erinnern. Das Ziel der Lehre ist das tiefere Verständnis der Worte Jesu und ihrer Bedeutung für Leben, Tod und Auferstehung Jesu. Lehren kann der Geist im Erinnern. Aus der Erinnerung erwächst das Verständnis für die Verkündigung Jesu, aus dem Verständnis der Verkündigung Jesu folgt ihre Bedeutung für die Gegenwart, die nicht anders als mit hoher Handlungskonsequenz und Handlungsveränderung gedacht werden kann. Gottes- und Nächstenliebe sind Charakteristika der Verkündigung Jesu, die Verkündigung Jesu aber Gegenstand der Erinnerung durch den Geist. Erinnerung ist eine theologische Basiskategorie. Zweifelsohne hat sie theologisch, christologisch, eschatologisch und soteriologisch eine unverzichtbare Relevanz, im Besonderen gilt aber doch eine hohe ethische Implikation, so zeigt ein geschärfter Blick in die gesamtbiblische Überlieferung: Erinnern bedingt Handeln, Handeln setzt Erinnern voraus.

3. Literatur

Buber, M., Warum gelernt werden soll, in: ders., Der Jude und sein Judentum, Gesammelte Aufsätze und Reden, Köln 1963

Fischer, I., Erinnern als Movens der Schriftwerdung und der Schriftauslegung. Woran und warum sich Israel nach dem Zeugnis der Hebräischen Bibel erinnert und wieso dies für unsere heutige Erinnerung relevant ist, in: P. Petzel/N. Reck (Hg.), Erinnern. Erkundungen zu einer theologischen Basiskategorie, Darmstadt 2003, 11–25

Görg, M., Erinnere dich! Ein biblischer Weg zum Lernen und Leben des Glaubens, in: MThZ 49 (1998), 23–32

Greve A., Erinnern lernen. Didaktische Entdeckungen in der jüdischen Kultur des Erinnerns (WdL 11), Neukirchen-Vluyn 1999

Gudehus, Ch. [u. a.] (Hg.), Gedächtnis und Erinnerung. Ein interdisziplinäres Handbuch, Stuttgart 2010

Huber, M., Erinnern, Vergessen und Falsch-Erinnern. Perspektiven der Neurobiologie und Neurophysiologie, in: Th. Auchter (Hg.), Theologie und Psychologie im Dialog über Erinnern und Vergessen, Paderborn 2004, 93–112

Neumann, K., Art. Gedächtnis/Erinnerung, in: HGANT[1] (2006), 202f

Schnelle, U., Das Evangelium nach Johannes (ThHK 4), Leipzig 1998

Schüle, A., Gottes Handeln als Gedächtnis, in: H.-J. Eckstein/M. Welker (Hg.), Die Wirklichkeit der Auferstehung, Neukirchen-Vluyn 2002, 237–275

Söding, Th., „Tut dies zu meinem Gedächtnis". Das Abendmahl Jesu und die Eucharistie der Kirche nach dem Neuen Testament, in: ders., (Hg.), Eucharistie. Positionen katholischer Theologie, Regensburg 2002, 11–58

Theobald, M., „Erinnert euch der Worte, die ich euch gesagt habe [...]" (Joh 15,20). „Erinnerungsarbeit" im Johannesevangelium, in: M. Ebner [u. a.] (Hg.), Die Macht der Erinnerung (JBTh 22), Neukirchen-Vluyn 2008, 105–130

Zink, S., Gedenke Israel [...] Biblische Orientierungen für eine erinnerungssensible Christliche Sozialethik, in: M. Heimbach-Steins/G. Steins (Hg.), Bibelhermeneutik und Christliche Sozialethik, Stuttgart 2012, 165–186

Zumstein, J., Erinnerung und Oster-Relecture im Johannesevangelium, in: ders., Kreative Erinnerung. Relecture und Auslegung im Johannes-Evangelium (AThANT 84), Zürich 1999, 46–61

Ma. Marilou S. Ibita

Sibling Love and Ethics at the Supper of the Lord in Corinth

Paul's description of the non-praiseworthy (οὐκ ἐπαινῶ, 1 Cor 11:17, 22) Corinthian version of partaking the κυριακὸν δεῖπνον (1 Cor 11:17–34) articulates and demonstrates to the Corinthian ἐκκλησία τοῦ θεοῦ the unworthy manner (ἀναξίως, 11:27) in which they eat their common meal. In suggesting ways to address the problems, Paul prefaces his commands at the end of the pericope with the vocative ἀδελφοί μου (v. 33). Does this move signify that Paul advocates a kind of fictive sibling[1] love and ethics in order to redress the problems at the Corinthians' communal gathering?
Using Norman Petersen's narrative-critical and sociological methodology,[2] I will argue that the problems at the Corinthian's communal meal reflect inadequate love and unethical practice among the Christ-believers who are fictive siblings in their new symbolic universe. Paul posits solutions that are backed up by the significance of the social relationships in the ἐκκλησία τοῦ θεοῦ, particularly by their being ἀδελφοί to one another. In this paper, I will first describe why the Corinthian κυριακὸν δεῖπνον can be considered lacking in fictive sibling love and ethics. Second, I will present Paul's proposed three-fold solution to the problems. To implement changes that practically redress the situation, Paul explicitly relies on emphasizing their fictive siblingship, i.e., both his own sibling relationship with the Corinthians and their own sibling relationship with each other (ἀδελφοί μου, 11:33).

1. A Communal Meal with Inadequate Sibling Love and Ethics

In 1 Cor 11:17–34, Paul censures the Corinthian meal-sharing of the κυριακὸν δεῖπνον and presents a solution to the problems. In

---

[1] A number of works have been published on this topic, see, for example Horrell, From Ἀδελφοί; Aasgaard, Role Ethics in Paul; Aasgaard, My Beloved.
[2] See Petersen, Rediscovering Paul.

11:17–22 Paul claims that the Corinthians' coming together is not for the better but for the worse (v. 17). He categorically characterizes their gathering for the common meal: οὐκ ἔστιν κυριακὸν δεῖπνον φαγεῖν (v. 20). Thus, as the story in the passage unfolds, one recognizes three versions of κυριακὸν δεῖπνον: (1) the Corinthians' current version which is highly criticized by Paul in vv. 17–22; (2) the ideal version depicted in the fundamental story of Jesus cited in vv. 23–25; and (3) the renewed Corinthian version (vv. 26–34) according to Paul's theologizing at table which is rooted in the ideal version.

Focusing on the Corinthians' current version of the community meal (vv. 18s), factionalism is manifested particularly on economic and social grounds (v. 22),[3] dominating their manner of partaking the κυριακὸν δεῖπνον (v. 21s). The divisions (v. 18) and factions (v. 19) between the implied οἱ ἔχοντες and the explicitly mentioned οἱ μὴ ἔχοντες (v. 22)[4] result in physiological manifestations: presumably (some of) οἱ ἔχοντες became drunk (v. 22) while the others, οἱ μὴ ἔχοντες, were hungry at the common meal (v. 21). According to v. 22, these abuses lead to the ἐκκλησία τοῦ θεοῦ being treated in contempt (καταφρονεῖτε) and οἱ μὴ ἔχοντες being shamed (καταισχύνετε). One could also ask if the lack of fictive sibling love and ethics in the communal meal led to those who are hungry, who belong to οἱ μὴ ἔχοντες, being predisposed to being weak and ill and even dying (v. 30).[5]

---

[3] See Mitchell, Paul and the Rhetoric of Reconciliation, 264.

[4] Steven J. Friesen and Bruce W. Longenecker suggest that the social stratification of the Corinthian Christ-followers is evident at the κυριακὸν δεῖπνον. Those referred to as οἱ μὴ ἔχοντες in v. 22 possibly describe those who live at subsistence level (Economic Scale 6) or below subsistence level (ES7) while the implied οἱ ἔχοντες belong to those who live with moderate surplus (ES4) and those who live in a stable but near subsistence level (ES5). See Friesen, Poverty in Pauline Studies, 323–361; Friesen, Prospects for a Demography, 351–370. Friesen bases his "Poverty Scale" on Moses Immanuel Finley, The Ancient Economy. See also Longenecker, Exposing the Economic Middle, 243–278. On p. 251 Longenecker opts for the term "Economic Scale" rather than "Poverty Scale" since he considers the former as "less value laden" than the latter. His adjusted estimates are found on pp. 263s; Longenecker, Remember the Poor. He describes the Economic Scale on pp. 44–59 and discusses it in relation to 1 Cor 11:17–34 on pp. 11, 144, 153s, 188, 232, 256, 275, 289.

[5] See Ibita, Food Crises in Corinth? Because of the generalized effect of belonging to those who live at subsistence or below subsistence level and the deprivation also experienced at the communal meal, the members who belong to οἱ μὴ ἔχοντες are more likely to be predisposed to suffer the effects described by Paul

1.1. A κυριακὸν δεῖπνον with Inadequate Sibling Love?

In this paper, I argue that the discord and factionalism manifested at the Corinthians' unpraiseworthy version are also expressions of inadequate love among the community members as fictive siblings such that in 11:17–34 Paul tries to foster unity and love at the common table. Margaret Mitchell convincingly illustrates that in 1 Corinthians, Paul is urging concord and unity against the different manifestations of factionalism in Corinth.[6] In dealing with 1 Cor 12:31–14:1a, she speaks of "the gift of love as the antidote to factionalism"[7] especially when the ἐκκλησία τοῦ θεοῦ gathers. For Mitchell, 1 Cor 13:4–7 "presents an abbreviated encomnium to personified ἀγάπη which in its positive statements praises its unmatchable force for unity, and in its negated statements contains an implicit vituperation of discord, the behavior of the Corinthians."[8] Mitchell's observation regarding "the precise correspondence between love's characteristics in 13:4–7 and Paul's description of Corinthian factionalists and the content of his advice for unity"[9] seems to find concrete manifestations in 1 Cor 11:17–34. The Corinthians' common meal does not show love that is described as χρηστεύεται (being kind, loving or merciful (1 Cor 13:4)[10] to one another at the common meal. Rather, it demonstrates the self-centeredness of (some of) οἱ ἔχοντες through the way they partake of the common meal by choosing the best portions and eating ahead despite being in the presence of the ἐκκλησία τοῦ θεοῦ (11:21).[11] Likewise, Paul's rhetorical questioning of the abusers' motive or the result of their actions, i.e., treating the ἐκκλησία τοῦ θεοῦ with contempt and shaming those referred to as οἱ μὴ ἔχοντες (11: 22) also show how the Corinthians' present version contradicts Paul's point that love is not rude (οὐκ ἀσχημονεῖ, 13:4). These actions at the Corinthians' version of the κυριακὸν δεῖπνον display the attempt of (some of) οἱ ἔχοντες to be considered οἱ δόκιμοι (11: 19) over against οἱ μὴ ἔχοντες based

---

as διὰ τοῦτο ἐν ὑμῖν πολλοὶ ἀσθενεῖς καὶ ἄρρωστοι καὶ κοιμῶνται ἱκανοί (1 Cor 11:30).

[6] Mitchell, Paul, 258–283 deals with 1 Cor 11–14 as a third section of proof that describes the "manifestations of Corinthian factionalism when 'coming together.'"
[7] Ibid., 165–171, 270–279.
[8] Ibid., 277.
[9] Ibid., 274.
[10] See BDAG, s.v. χρηστεύομαι.
[11] See Surburg, The Situation at the Corinthian Lord's Supper, 17–37 especially 35–37.

on economic and social grounds. Paul's repeated withdrawal of praise (vv. 17, 22) rhetorically implies that (some of) οἱ ἔχοντες implicitly believed that they deserve to be praised as Anders Eriksson's study illustrates.[12] These actions oppose what is said in 13:4 that love is not boastful (οὐ περπερεύεται)[13] nor arrogant (οὐ φυσιοῦται).[14] The abuses in 11:22 also contrast with 13:6, οὐ χαίρει ἐπὶ τῇ ἀδικίᾳ. Overall, these observations indicate that the abuses at the Corinthians' κυριακὸν δεῖπνον exhibit inadequate or even lack of love befitting who they are: ἀδελφοί, brothers and sisters, siblings to one another (11:33a) in their fictive family. As I have shown, the expressions of inadequate sibling love at the common meal run counter to the idealized description of love in ch. 13, especially v. 7. The same problems of factionalism and its effects at their table-fellowship negate what Paul earlier underscored in 1 Cor 8:1, ἡ δὲ ἀγάπη οἰκοδομεῖ.

1.2. A κυριακὸν δεῖπνον with Inadequate Sibling Ethics?

The Corinthian version of the common meal does not only illustrate the inadequate love for one another. It also fails to manifest sibling ethics, based on sibling love, in at least two grounds. First, as David Horrell and others agree, Christology is "fundamental and preeminent in Pauline ethics."[15] Horrell underscores that

> "[…] Christology is uniquely influential in terms of giving substance to the shape of Paul's ethics, insofar as the metanorms of corporate solidarity and other-regard are undergirded christologically, in the first case with the idea of being one (body) in Christ, and in the second with the appeal to the paradigm of Chris's self-giving for others".[16]

However, these characteristics are missing in Corinth as 1 Cor 11:17–22 attests. The factions prevent them from being one body. Likewise, self-giving for others is not very evident at the common

---

[12] Anders Eriksson, using classical rhetoric, particularly the use of enthymeme, shows that the Corinthian problems not only includes a historical dimension, but also a rhetorical one: the seeming demand of the Corinthians for praise because of their belief that they adhere to the tradition and Paul's rejection of their claim. See Eriksson, Traditions as Rhetorical Proof, 175, 177.
[13] BDAG, s.v. "vainglorious, to heap praise on oneself."
[14] φυσιοῖ blow up, puff up, inflate fig. 1 Cor 8:1. Pass. become puffed up or conceited, put on airs 1 Cor 4:6, 18f; 5:2; 13:4; Col 2:18* [p. 213]; BDAG, s.v. "to cause to have an exaggerated self-conception, puff up, make proud."
[15] Horrell, Solidarity and Difference, xxv.
[16] Ibid., xxv.

table. The unpraiseworthy way they partake of the meal does not embody and even mocks the presumed Christological basis in 11:23–25 that clearly underscores corporate solidarity and other-regard. Thus, Paul unequivocally says in 11:20, συνερχομένων οὖν ὑμῶν ἐπὶ τὸ αὐτὸ οὐκ ἔστιν κυριακὸν δεῖπνον φαγεῖν. Second, the Corinthian meal sharing inadequately shows what could be regarded as sibling ethics befitting their fictive relationship to one another. Reidar Aasgaard speaks of "role ethics" in discussing the social relationships in the Pauline communities. He argues that "the social roles that people assume, or that are imposed on them, can in fundamental ways shape their ethics: having a particular role means living according to a certain range of rights and obligations. [And] it is my contention […] that such a role thinking plays an important part within Paul's ethics […]"[17] The roles that the Corinthians play in connection with their common identity as Christ-believers, particularly as ἀδελφοί to one another, is undermined by the abuses at the Corinthians' common meal. Thus, the way they partake of the κυριακὸν δεῖπνον that manifests insufficient sibling love is, consequently, also an example of inadequate sibling ethics. The severity of the problems is even more obvious when it is noted that compared to the other undisputed letters of Paul 1 Corinthians contains most of Paul's vocative in calling the Christ-believers as ἀδελφοί.[18] Towards the end of the letter he refers to all of them as ἀδελφοί μου ἀγαπητοί (15:58).[19]

The foregoing establishes that according to Paul's account in this pericope, the Corinthians' unpraiseworthy version of the κυριακὸν δεῖπνον manifests inadequate sibling love and ethics. How does

---

[17] Aasgaard, Role Ethics in Paul, 515. He expounds on how Paul's ethical thinking and praxis are influenced by the fellowship of siblings indicated by the sibling metaphor. See also Scott Bartchy, Undermining Ancient Patriarchy, 68–78 who deals with how siblingship among Christians is offered as an alternative family structure according to Paul's letters; Horrell, From Ἀδελφοί, 293–311 studies how the language of kinship and household in relation to the structuring of the social relationship depict the movement from egalitarian sibling relationship in the Pauline homologoumena into a more hierarchical household thinking in the Deutero-Pauline and the Pastorals; Likewise, see Horrell, Solidarity and Difference, 110–116; Moreover, see Robertson, Conflict in Corinth, 143 who suggests that the other self-descriptors of Paul (founder, planter, master-builder, father) "run[s] the risk of becoming skewed if not viewed within the context of his more prolific use of ἀδελφοί imagery, which runs like a thread throughout the entire letter." He discusses its use in 1 Corinthians on pp. 143–151.
[18] See Aasgaard, My Beloved, 268. On p. 279, Aasgaard discusses Paul's repeated use of Ὥστε, ἀδελφοί μου that he employs three times in 1 Cor 11:33, 14:39 and 15:58.
[19] See ibid., 279. He points out Paul's interchangeable usage of ἀδελφοί and ἀγαπητοί where ἀγαπητοί is used instead of ἀδελφοί in 1 Cor 10:14 and Phil 2:12.

Paul respond to these problems? The next part delves into Paul's attempts to solve them.

2. Paul's Solution to the Problems and the Social Relations at the κυριακὸν δεῖπνον in Corinth

The Corinthian Christ-believers are initiated into various primary worlds and are surrounded by the cosmopolitan situation of Roman Corinth.[20] By baptism, God has become their father in Jesus, making them fictive brothers and sisters to one another.[21] By becoming members of the ἐκκλησία τοῦ θεοῦ through baptism, they entered into the process of re-socialization[22] where Paul and the Corinthian Christ-believers reconfigure their previously disparate and different symbolic universes into something new that they now share, a common symbolic universe that is in the making. Paul serves as a change agent[23] of the Corinthians' re-socialization that requires "world-building efforts."[24] In this newly shared symbolic universe in the making, they play different roles within the community and in relation to Paul. In light of this re-socialization, 1 Cor 11:17–34 could be considered as Paul's multi-faceted effort to affirm their symbolic universe expressed in the way they ought to partake together of the κυριακὸν δεῖπνον, i.e., in a loving and ethical way as fellow Christ-believers, ἀδελφοί to one another in the ἐκκλησία τοῦ θεοῦ. This multi-faceted effort affirms their "ritual of solidarity."[25]
In gathering together as ἐκκλησία τοῦ θεοῦ, the Corinthians explicitly live out their symbolic universe where they all have manifold, mutually-dependent and interconnected roles particularly as ἀδελφοί

---

[20] See, for example, Bookidis, Religion in Corinth, 141–164; Williams, Roman Corinth, 221–248; Sanders, Archaeological Evidence for Early Christianity, 419–442.

[21] On the effect of baptism in their new identity as a group, see 1 Cor 6:11, 12:13. Baptism in the Pauline letters is well studied. See, for instance, Bornkamm, Taufe and Neues Leben bei Paulus (Röm. 6), 50 (baptism is the appropriation of the new life, and the new life is the appropriation of baptism); Schnackenburg, Baptism in the Thought of St. Paul; Meeks, The First Urban Christians, 150–157 especially 157; Carlson, The Role of Baptism in Paul's Thought, 255–266; Horrell, The Social Ethos of the Corinthian Correspondence, 82–86 especially 86; Horrell, Solidarity, 102–106; Robertson, Conflict in Corinth, 119–123.

[22] Re-socialization speaks of the world of primary socialization being replaced by or assimilated within the new world Petersen, Rediscovering Paul, 62. See also Berger/Luckmann, The Social Construction of Reality, 176–182.

[23] See Malina/Pilch, Social-Science Commentary on the Letters of Paul; Petersen, Rediscovering Paul, 163.

[24] See Adams, Constructing the World, 25.

[25] Meeks, First Urban Christians, 157–162.

to one another. This kind of relationship, vital to their new symbolic universe, is what is at stake at the Corinthians' non-commendable partaking of the κυριακὸν δεῖπνον. Paul aims to restore their unity as ἀδελφοί as they renew the way they relate to one another at the common table. Paul's efforts include his withdrawal of praise and his threefold instruction while banking on the accompanying force and demand of their ἀδελφοί relationship in the ἐκκλησία τοῦ θεοῦ.

2.1. Withdrawal of Praise

Paul affirms the Corinthians in 1 Cor 11:2. However, at a meal context which is usually an occasion for bestowing honor,[26] οὐκ ἐπαινῶ frames his description of the Corinthians' version of the κυριακὸν δεῖπνον. Noting that the Corinthians did not write Paul about the problems at the common table, but that he heard about them from oral report(s) according to 11:18, his correction begins with his refusal to praise the Corinthians (vv. 17, 22) who believe that they must be praised.[27] In doing so, Paul names the problems at the common meal and already begins solving it through its recognition. He will continue resolving the problems with his three-fold efforts to teach the Corinthians once again.

2.2. Threefold Re-Instruction

Aside from this initial response, Paul also gives a threefold re-instruction to the Corinthian community, especially to those who are in the wrong. First, Paul retells the foundational narrative in 11:23–25. Jesus says concerning the bread, τοῦτό μού ἐστιν τὸ σῶμα τὸ ὑπὲρ ὑμῶν.[28] (v. 24). This shows his selfless love marking this meal. The same is true with the cup (ὡσαύτως καὶ τὸ ποτήριον μετὰ τὸ δειπνῆσαι, v. 25). Hence, the κυριακὸν δεῖπνον is characterized by the Lord Jesus' selfless love that unites the partakers with

---

[26] See Malina, The New Testament World, 25–47. See also Malina/Neyrey, Honor and Shame in Luke-Acts, 26 who describe honor as "the positive value of a person in his or her own eyes plus the positive appreciation of that person in the eyes of his or her social group". The relationship of honor and factionalism is also palpable in 1 Cor 11:17–34 since meals are occasions for bestowing honor, see Smith, From Symposium, 34 explains the special place for the guest of honor in a Greco-Roman banquet but does not delve into this issue in his treatment of 1 Cor 11:17–34. Likewise, see Marshall, Enmity in Corinth, 216 who observes that what goes on in vv. 17–22 is an example of the ecclesial situation that reflects its social structure and the "hybristic behaviour in Corinth."
[27] Eriksson, Traditions as Rhetorical Proof, 175, 177. See also Fee, The First Epistle to the Corinthians, 543 explains that v. 22 is "intended to reduce the 'sated' to a level of shame similar to that to which they have reduced the poor."
[28] See also 2 Cor 5:14 and Gal 2:20.

the Lord and with one another in the new covenant.[29] The command to keep the κυριακὸν δεῖπνον (vv. 24s), points out that their table-fellowship must be characterized by Jesus' selfless love and a proclamation of it (v. 26). This selfless kind of love is the reason and their guide for their common meal gathering. The Corinthians, especially the abusers, are expected to identify positively with the character of the Lord Jesus and to imitate his expression of selfless love in and through the characteristic way of eating together the κυριακὸν δεῖπνον.[30] Second, in light of their common symbolic universe in the making and based on this foundational story of Jesus' selfless love for his tablemates, Paul re-instructs them by engaging in a process of theologizing how they should partake of the κυριακὸν δεῖπνον with each other (vv. 26–32). Third, as a consequence of the preceding points, Paul re-instructs the Corinthians in a practical manner how they should welcome one another at table and partake together of the same food and drink at the same time and at the same ἐκκλησία space[31] (vv. 33s).

These three attempts of Paul to solve the Corinthians' problems at the common table point out how he wants the community to restore the sibling love and ethics instead of factionalism at the renewed version of their gathering for the communal meal following the selfless example of the Lord Jesus. As Mitchell argues, "Love is the principle of Christian social unity which Paul urges on the Corinthians."[32] Though Mitchell did not explicitly illustrate the relation of love with the problems at the κυριακὸν δεῖπνον, my exposition above shows that love, particularly sibling love, and the consequent demand for a sibling ethic, are also the antidote for the problems at the κυριακὸν δεῖπνον.

2.3. Expressions of Sibling Love and Ethics at the Supper of the Lord

Paul's practical re-instruction in 1 Cor 11: 33–34a reads: Ὥστε, ἀδελφοί μου, συνερχόμενοι εἰς τὸ φαγεῖν ἀλλήλους ἐκδέχεσθε. εἴ τις πεινᾷ, ἐν οἴκῳ ἐσθιέτω, ἵνα μὴ εἰς κρίμα συνέρχησθε. I find it interesting that it is prefaced by a vocative that explicitly uses the role designation, ἀδελφοί μου.[33] It is Paul's

---

[29] The disciples' communion with the Lord and with one another is underscored because it is rooted in how Jesus describes the cup: τοῦτο τὸ ποτήριον ἡ καινὴ διαθήκη ἐστὶν ἐν τῷ ἐμῷ αἵματι (v. 25).

[30] See also the way Paul concludes his discussion in 1 Cor 10:31–11:1.

[31] See Henderson, "If Anyone Hungers...", 195–208; Ibita, "Food Crises."

[32] Mitchell, Paul, 274.

[33] Paul as a brother to the Corinthians (1 Cor 1:10, 11, 26; 2:1; 3:1; 4:6; 7:24, 29; 10:1; 11:33; 12:1; 14:6, 20; 15:1, 31, 50, 58; 16:15). God as Father of believers, θεοῦ πατρὸς ἡμῶν (1 Cor 1:3; 8:6); the believers are all children of God (1 Cor 8:6).

favorite way of referring to the community members.³⁴ This usage recalls both the sibling relationship between (a) Paul himself and the Corinthians and (b) among the Corinthians themselves. According to Aasgaard, siblingship in Paul is grounded in their common identity of being God's children through Jesus, in the metaphorical employment of sibling language (in some philosophical school, mystery religions and Judaism) as well as in Paul's frame of reference connected with the classical understanding of what the concrete relationship among brothers and sisters implied.³⁵ Likewise, the ἀδελφοί relationship displays what David Horrell calls an "egalitarian impulse"³⁶ among those gathered at table. While 11:21s show the abuses at table due to the economic stratification and social disparity, Paul's commands in vv. 33s, rooted in the ideal table-fellowship of Jesus in vv. 23–25 and the succeeding theologizing in vv. 26–32, urge the Corinthians to prioritize their siblingship, their sibling love and ethics by partaking equally of the κυριακὸν δεῖπνον at the same time and at the same place so that nobody goes hungry at the common meal.³⁷ Thus, Paul commands upholding and respecting the significance of their relationship as ἀδελφοί especially as they partake of the community's meal in a renewed fashion.

Paul significantly uses ἀδελφοί in vv. 33s, his closing attempt to redress the situation. It flows logically from vv. 17–32. Paul's use of ἀδελφοί in the vocative³⁸ with the personal pronoun μου is meant to rouse the Corinthians to continue being re-socialized from their divisive relationship (οἱ μὴ ἔχοντες and οἱ ἔχοντες) to one that shows their unity as ἐκκλησία τοῦ θεοῦ, as ἀδελφοί, despite their social stratification. It is also meant to make them continuously conform to their new and common symbolic universe-in-the-making as Christ believers, following the example of the Lord Jesus. The

---

³⁴ See Banks, Paul's Idea of Community, 50s.
³⁵ See Aasgaard, Role Ethics in Paul, 517s.
³⁶ See Horrell, Solidarity, 99–115.
³⁷ See Smith, From Symposium, 8–12. The Lord's Supper also depicts the ideal goals of the Greco-Roman banquet: defining their social boundary within by positively nurturing their social bonding and equality amidst the differences in view of social stratification, responsibility towards one another in terms of equally partaking of a satisfying meal in the context of the κυριακὸν δεῖπνον and fostering festive joy; See also Klinghardt, A Typology of the Communal Meal, 14–17 where he affirms that the κυριακὸν δεῖπνον promote community cohesion and social equality through equal food and drink distribution and lack of divisions and factions.
³⁸ ἀδελφοί μου refers to the Corinthians' fictive kinship with Paul and with one another as indicated by Paul's repeated address to the community in 1 Cor 1:11 and 11:33, as well as 15:58 (ἀδελφοί μου ἀγαπητοί). ἀδελφοί μου intensifies the use of ἀδελφοί in the vocative but without possessive pronoun in the rest of the letter: 1:10, 26; 2:1; 3:1; 4:6; 7:24, 29; 10:1; 11:33; 12:1; 14:6, 20; 15:1, 31, 50; 16:15).

κυριακὸν δεῖπνον is a unity-fostering and identity-affirming meal. It shows how it encapsulates the integral features of their desirable common symbolic universe in the making that needs nurture, protection and maintenance.

The use of ἀδελφοί μου is not only an embellishment. Aasgaard articulates concisely the ethical demand of ἀδελφοί: "[…] the understanding of Christians as a family of siblings will play a role in his [Paul's] ethical thinking and praxis: what they are (i.e., siblings) has consequences for how they are (their ethical praxis), i.e., for the way in which they behave towards one another, and perhaps even for the way in which they behave vis-à-vis outsiders in the society in which they live."[39] Horrell also affirms the identity-designation of ἀδελφοί and its ethical demands.[40] Speaking about Romans 14 and 1 Corinthians 8, he said, "The ἀδελφός-language […] apart from its frequent use as a standard form of address, is deliberately used as part of an appeal for mutual regard, for an 'other-regarding' morality, and specifically (in Rom 14 and 1 Cor 8) a concern for the weaker sibling."[41] I contend that the same could be said of 1 Cor 11:33s in view of the other-regard for the physiologically weak siblings who belong to the οἱ μὴ ἔχοντες and who go hungry. In the context of the non-commendable Corinthian κυριακὸν δεῖπνον, the sibling love and ethics[42] underscore the need for a renewed manner of partaking the same food and drink at the common meal with the marginalized members at the same time and place that flows out of the character identification with Jesus and what it demands from them. They strongly underline the practical conduct that the partakers must have when partaking of the κυριακὸν δεῖπνον in accordance with their symbolic universe and its ethical demands.

Paul's astute way of dealing with the Corinthians' problems underscores the vital role of having the reforms he proposes rooted in sibling love and ethics. It produces both internal pressure among the Corinthians themselves and external pressure with Paul's intervention. These kinds of internal and external pressures increase the demand for obedience. Paul and the marginalized Corinthian believers demand reform so that (1) their common identity, exhibited primarily in the common meal where partakers regard each other as ἀδελφοί, is affirmed; (2) their symbolic universe in the making is upheld and nurtured; (3) the hunger of οἱ μὴ ἔχοντες is taken care of through the welcome at table characterized by love and ethics

---

[39] Aasgaard, Role Ethics in Paul, 517.
[40] See Horrell, From Ἀδελφοί, 300s; Horrell, Solidarity, 111–115.
[41] Ibid.
[42] In the narrative study of Pauline letters, the relationship between narrative and ethics is connected with the roles of the characters mentioned in the story found in the letter, see Petersen, Rediscovering Paul, 112. See also Fowl, The Story of Christ in the Ethics of Paul.

befitting their fictive relationship as ἀδελφοί, members of the ἐκκλησία τοῦ θεοῦ; (4) the factionalism evident at the common table is transformed into unity; and (5) their way of sharing the common meal will affirm that what they are partaking as a community is indeed faithful to Jesus' κυριακὸν δεῖπνον.

3. Conclusion

In this paper, I proposed that, in 1 Cor 11:17–34, there are three versions of the κυριακὸν δεῖπνον: (1) the Corinthians' manner of partaking of the common meal, highly criticized by Paul for its manifestations of inadequate love for one another and the lack of ethics expected from their roles as ἀδελφοί in the ἐκκλησία τοῦ θεοῦ that gathers at table (vv. 17–22); (2) the ideal version found in the example of Jesus at table (vv. 23–25); and (3) the renewed Corinthian version envisioned by Paul after his corrections and re-instructions (vv. 26–34). The inadequate sibling love and ethics shown in the way the Corinthians Christ-believers eat and drink at the κυριακὸν δεῖπνον are influenced by their economic and social stratification. It left those who live at and below subsistence levels (who already lack enough food based on their low economic levels) hungry and shamed at the common meal and the ἐκκλησία τοῦ θεοῦ despised.

Paul addressed these issues in three ways. First, by withdrawing his praise, Paul articulated the problems and expressed to the Corinthians his criticism of their current practice of the common meal. Second, by means of his threefold re-instruction, Paul tried to accomplish three things to refresh the Corinthians about the reason they ought to reform and gave them guidelines for correcting their conduct. Paul's re-narration of the foundational narrative described the ideal supper in the example of the Lord Jesus and was a means to encourage character identification with him and his self-giving love expressed at table. Paul's theologizing expounded on what this character identification with Jesus means for them in their common symbolic universe in the making. Moreover, Paul gave the Corinthian Christ-believers some practical commands to have a renewed version of partaking the common meal, one that embodies the example of Jesus in showing their ἀδελφοί kind of love and ethics by partaking of the same food and drink at the same time and place. Third, by referring explicitly to their ἀδελφοί relationship as members of the ἐκκλησία τοῦ θεοῦ, Paul wanted them to reaffirm who they need to be for each other and how they ought to relate to one another at table in a renewed fashion that conforms more to the ideal table-fellowship exemplified by the Lord. In making these interventions, Paul tried to ensure that the changes are made to redress the inadequate sibling love and ethics when they gather together so that their common meal will indeed be a κυριακὸν δεῖπνον.

4. Literature

Aasgaard, R., Role Ethics in Paul. The Significance of the Sibling Role for Paul's Ethical Thinking, in: NTS 48 (2002), 513–530

—, My Beloved Brothers and Sisters! Christian Siblingship in Paul, London 2004

Adams, E., Constructing the World. A Study in Paul's Cosmological Language Edinburgh 2000

Banks, R. J., Paul's Idea of Community. The Early House Churches in Their Cultural Setting, Peabody ³1998

Bartchy, S. S., Undermining Ancient Patriarchy. The Apostle Paul's Vision of a Society of Siblings, in: BTB 29 (1999), 68–78

Berger, P. L./Luckmann, T., The Social Construction of Reality. A Treatise in the Sociology of Knowledge, Garden City 1967

Bookidis, N., Religion in Corinth. 146 B. C. E. to 100 C. E., in: D. Schowalter/S. J. Friesen (ed.) Urban Religion in Roman Corinth: Interdisciplinary Approaches (HTS 53), Cambridge 2005, 141–164

Bornkamm, G., Taufe and Neues Leben bei Paulus (Röm 6), in: Das Ende des Gesetzes. Paulusstudien (BET 16), Munich ²1958, 34–50

Carlson, R. P., The Role of Baptism in Paul's Thought, in: Interp. 47 (1993), 255–266

Eriksson, A., Traditions as Rhetorical Proof. Pauline Argumentation in 1 Corinthians, Stockholm 1998

Fee, G. D., The First Epistle to the Corinthians, Grand Rapids 1987

Fowl, S. E., The Story of Christ in the Ethics of Paul. An Analysis of the Function of the Hymnic Material in the Pauline Corpus, Sheffield 1990

Friesen, S. J., Poverty in Pauline Studies. Beyond the So-Called New Consensus, in: JSNT 26 (2004), 323–361

Friesen, S. J., Prospects for a Demography of the Pauline Mission. Corinth among the Churches, in: D. Schowalter/S. J. Friesen (ed.), Urban Religion in Roman Corinth. Interdisciplinary Approaches (Harvard Theological Studies 53), Cambridge 2005, 351–370

Henderson, S.W., "If Anyone Hungers...". An Integrated Reading of 1 Cor 11.17–34, in: NTS 48 (2002), 195–208

Horrell, D. G., The Social Ethos of the Corinthian Correspondence. Interests and Ideology from 1 Corinthians to 1 Clement (Studies of the New Testament and Its World), Edinburgh 1996, 82–86

—, From Ἀδελφοί to Οἶκος Θεοῦ. Social Transformation in Pauline Christianity, in: JBL 120 (2001), 293–311

—, Solidarity and Difference. A Contemporary Reading of Paul's Ethics, London 2005

—, Solidarity and Difference. A Contemporary Reading of Paul's Ethics, London [et al.] ²2016

Ibita, M. M. S., Food Crises in Corinth? Revisiting the Evidence and Their Possible Implications in Reading 1 Cor 11:17–34, n. d. (forthcoming)

Klinghardt, M., A Typology of the Communal Meal, in: D. E. Smith/H. Taussig [et al.], Meals in the Early Christian World. Social Formation, Experimentation, and Conflict at the Table, New York 2012, 10–22

Longenecker, B. W., Exposing the Economic Middle. A Revised Economy Scale for the Study of Early Urban Christianity, in: JSNT 31 (2009), 243–278

—, Remember the Poor. Paul, Poverty, and the Greco-Roman World, Grand Rapids 2010

Malina, B. J./Pilch, J. J., Social-Science Commentary on the Letters of Paul, Minneapolis 2006

—, The New Testament World. Insights from Cultural Anthropology, London 1983, 25–47

—/Neyrey, J. H., Honor and Shame in Luke-Acts. Pivotal Values of the Mediterranean World, in: J. H. Neyrey (ed.), The Social World of Luke-Acts: Models for Interpretation, Peabody ²1993, 25–46

Marshall, P., Enmity in Corinth. Social Conventions in Paul's Relations with the Corinthians, Tübingen 1987

Meeks, W. A., The First Urban Christians. The Social World of the Apostle Paul, New Haven/London 2003

Mitchell, M. M., Paul and the Rhetoric of Reconciliation. An Exegetical Investigation of the Language and Composition of 1 Corinthians (HUT 28), Tübingen 1991

Petersen, N. R., Rediscovering Paul. Philemon and the Sociology of Paul's Narrative World, Philadelphia 1985

Robertson, C. K., Conflict in Corinth. Redefining the System, New York 2001

Sanders, G. D. R., Archaeological Evidence for Early Christianity and the End of Hellenic Religion, in: Urban D. Schowalter/S. J. Friesen (ed.), Religion in Roman Corinth. Interdisciplinary Approaches (HTS 53), Cambridge 2005, 419–442

Schnackenburg, R., Baptism in the Thought of St. Paul. A Study in Pauline Theology, Oxford 1964

Smith, D. E., From Symposium to Eucharist. The Banquet in the Early Christian World, Minneapolis 2003

Surburg, M. P., The Situation at the Corinthian Lord's Supper in Light of 1 Corinthians 11:21. A Reconsideration, in: ConJ 32 (2006), 17–37

Williams, C. K., Roman Corinth. The Final Years of Pagan Cult Facilities Along East Theatre Street, in: D. Schowalter/S. J. Friesen (ed.), Urban Religion in Roman Corinth. Interdisciplinary Approaches (HTS 53), Cambridge 2005, 221–248

Christian Münch

„Heilt Kranke, weckt Tote auf, macht Aussätzige rein, treibt Dämonen aus!"
Zur ethischen Deutung der Wunder Jesu

1. Die Fragestellung

Wenn Jesus Kranke heilt, geschieht dies dann aus Nächstenliebe? Und ist Jesus darin ein Vorbild für das Handeln der Christen? Einerseits würde diese Frage vermutlich von vielen Exegetinnen und Exegeten bejaht oder – vielleicht besser – nicht verneint werden. So z. B. auch von Thomas Söding in seinem Buch über die Verkündigung Jesu.[1] Auf der anderen Seite steht eine solche Deutung gegenwärtig selten prominent im Vordergrund. Sie fehlt z. B. in Bernd Kollmanns instruktiven forschungsgeschichtlichen Übersichten aus den letzten Jahren, kommt bei ihm interessanterweise im Umfeld religionsdidaktischer, nicht aber exegetischer Zugänge vor.[2] Ethische Dimensionen klingen im Kontext sozialgeschichtlicher Zugänge an.[3] Insgesamt jedoch ist eine ethische Deutung der Wunder Jesu offenbar in Verruf geraten im Zusammenhang mit der Kritik an einer (rein oder primär) ethischen Deutung der Basileia. Thomas Söding setzt sich hier z. B. von Immanuel Kant ab.[4]

---

[1] Vgl. z. B. Söding, Die Verkündigung Jesu, 383.
[2] Zur jüngeren Forschungsgeschichte vgl. z. B. Kollmann, Neutestamentliche Wundergeschichten, 139–182 (zur ethischen Deutung in religionsdidaktischem Kontext vgl. ebd., 216–218); ders., Von der Rehabilitierung, 3–25.
[3] So etwa bei Theißen, Urchristliche Wundergeschichten, 297: „Die Gattung der urchristlichen Wundergeschichten ergibt sich nicht mit innerer Notwendigkeit aus jenem Wunsch nach Leben, der in den Wundergeschichten zweifellos lebendig ist. Vielmehr tritt hier zum Wunsch etwas Neues hinzu: Nicht nur die Gestaltung dieses Wunsches durch die geschichtliche Subjektivität des Menschen, sondern ein Moment der Verpflichtung. Wo der Einspruch gegen menschliche Not durch Offenbarung des Heiligen geschieht, da ist deren Beseitigung nicht nur wünschenswert; da ist sie schlechthin verpflichtend. Das gilt auch dann, wenn sich diese Verpflichtung in Widerspruch zu aller bisherigen menschlichen Erfahrung stellt. Denn gerade darauf laufen die Wundergeschichten ja hinaus: Sie sprechen eher aller bisherigen Erfahrung ihre Gültigkeit ab als menschlicher Not das Recht, beseitigt zu werden."
[4] Vgl. Söding, Verkündigung, 382f.

Die folgenden Überlegungen wollen die Möglichkeiten einer ethischen Deutung des Wunderwirkens Jesu ausloten. Im Zentrum wird der Begriff „Barmherzigkeit" stehen.[5] Ausgangspunkt der Überlegungen ist die Feststellung, dass dieser Begriff sowohl in der Überlieferung der Wunder Jesu wie seines Ethos fest verankert ist.

2. Barmherzigkeit als Motiv der Wunderüberlieferung und des Ethos Jesu

Mit den Erzählungen von den Heilungen Jesu ist in besonderer Weise das Motiv der Barmherzigkeit und des Mitleids verbunden. Auf der einen Seite steht der Ruf der Kranken „Erbarme dich", durchweg mit ἐλεεῖν gebildet. Er ist in der synoptischen Überlieferung fest mit der Erzählung vom blinden Bartimäus und deren Parallelen verbunden, in denen er jeweils gleich zweimal vorkommt (vgl. Mk 10,47f par Mt 20,30f; Lk 18,38f), aber nicht auf diese Episode beschränkt, sondern – insbes. bei Matthäus – wiederholt zu finden (vgl. Mt 9,27; 15,22; 17,15; Lk 17,13; ferner Mk 5,19). Dem Ruf nach Erbarmen entspricht auf Seiten Jesu ein Handeln aus Mitleid (vgl. Mk 1,41; 8,2; 9,22; Mt 9,36; 14,14; 15,32; 20,34; Lk 7,13). Hier wird die Vokabel σπλαγχνίζεσθαι verwendet. Das Motiv des Mitleids Jesu findet sich v. a. in Verbindung mit Heilungen sowie in den Speisungswundererzählungen. Die beiden Verben ἐλεεῖν und σπλαγχνίζεσθαι kommen in den Evangelien überwiegend im Kontext der Wundererzählungen vor.[6] Zum Bild des Wundertäters Jesus gehören Barmherzigkeit und Mitleid also fest hinzu.

Daneben ist Barmherzigkeit – mit verschiedenen griechischen Vokabeln formuliert – als ethisches Stichwort in der Jesusüberlieferung präsent. Der lukanische Jesus verlangt „Seid barmherzig, wie euer Vater barmherzig ist!" (Lk 6,36, mit οἰκτίρμων); der matthäische fordert mit Worten des Propheten Hosea „Barmherzigkeit (ἔλεος) will ich und nicht Opfer" (Mt 9,13; 12,7; vgl. Hos 6,6) und urteilt, das Wichtigste am Gesetz seien Recht, Barmherzigkeit (ἔλεος) und

---

[5] Im Zentrum der Arbeiten von Thomas Söding steht die Liebe (ἀγάπη), vgl. zuletzt ders., Nächstenliebe. Die Barmherzigkeit ordnet er mit sachlich guten Gründen der (Nächsten-)Liebe zu (z. B. ebd., 119f.162f). Von „Barmherzigkeit" auszugehen, ist zunächst im Textbefund begründet, wie sich sogleich zeigen wird. Auch in der Sache ist – ohne beide Begriffe gegeneinander ausspielen zu wollen – nach den unterschiedlichen Akzenten zu fragen. Diese Diskussion kann hier jedoch nicht geführt, ebenso wenig eine theologische Würdigung des Barmherzigkeitsethos unternommen werden (vgl. z. B. Kasper, Barmherzigkeit).
[6] Sonst noch Mt 5,7;18,33; Lk 16,24 bzw. Lk 10,33; 15,20.

Treue (vgl. Mt 23,23). Den Barmherzigen (ἐλεήμονες) ist verheißen, Barmherzigkeit zu finden (ἐλεεῖν, pass.; vgl. Mt 5,7). Taten der Barmherzigkeit (ἐλεημοσύνη) gehören bei Lukas wie bei Matthäus zur geforderten (vgl. Lk 11,41; 12,33) oder selbstverständlich vorausgesetzten (vgl. Mt 6,2–4) ethischen Praxis der Jünger Jesu. Beachtlich ist in diesem Zusammenhang auch die Gleichnisüberlieferung. In der Parabel vom unbarmherzigen Knecht (vgl. Mt 18,23–35) wird erzählt, wie ein König aus Mitleid (vgl. V. 27: σπλαγχνίζεσθαι) seinem Knecht übergroße Schuld vergibt und zugleich von diesem Knecht nachdrücklich einfordert, selbst anderen gegenüber Erbarmen zu erweisen, so wie der König ihm Erbarmen erwiesen hat (vgl. V. 33: ἐλεεῖν). Auch den Samariter in Lk 10,30–35 und den Vater in Lk 15,11–32 bewegt Mitleid zu ihrem Handeln (vgl. Lk 10,33 bzw. 15,20: σπλαγχνίζεσθαι). Barmherzigkeit und Mitleid als ethisches Motiv sind damit insbes. im Sondergut bzw. in redaktionellen Partien der Evangelisten Matthäus und Lukas, darüber hinaus eventuell auch in Q (vgl. Lk 6,36) bezeugt.

3. Die Wunder Jesu als Taten der Barmherzigkeit

Barmherzigkeit ist mithin in zwei Bereichen der Jesusüberlieferung fest verankert: als Motiv des Handelns Jesu im Zusammenhang der sog. Wunder und als ethisches Stichwort. Lässt sich eine Verbindung zwischen beiden Textbereichen herstellen? Sind Jesu Heilungen und Speisungen als Erfüllung seiner Forderung nach Barmherzigkeit zu verstehen?
Dass sich beide – Wundererzählungen und ethische Weisungen – hier aus demselben Wortfeld bedienen, spricht zunächst einmal grundlegend dafür. Wollte man annehmen, Heilungen und Speisungen seien keine Taten im Sinne der Forderung nach Barmherzigkeit, wären dafür gute Gründe anzugeben. Ausdrücklich ausgesprochen und betont wird der Zusammenhang freilich nicht.
Keine der ethischen Weisungen steht in unmittelbarem erzählerischen oder sachlichen Zusammenhang mit einer Wundererzählung. Schaut man auf die jeweiligen Kontexte und fragt, welches Handeln konkret mit den Forderungen nach Barmherzigkeit gemeint ist, dann ist festzustellen: Bei Matthäus hat ἔλεος zweimal mit der Vergebung von Schuld und der Zuwendung zu Sündern zu tun (vgl. Mt 9,16; 18,23–35). Einmal wird die ungerechtfertigte Kritik der Pharisäer am Sabbatbruch der Jünger Jesu als Folge davon benannt, dass die Pharisäer die Maxime „Barmherzigkeit will ich, keine Opfer" (Hos 6,6) nicht verstanden haben oder bei ihrem Urteil nicht

berücksichtigen (vgl. Mt 12,7).[7] In Mt 5,7 und 23,23 steht Barmherzigkeit in Reihen mit anderen Begriffen, wobei jeweils nicht klar zu erkennen ist, welches konkrete Handeln der „Barmherzigkeit" entspricht. Lk 6,36 folgt die Weisung, barmherzig zu sein wie der Vater, auf das Gebot, die Feinde zu lieben und auch denen Gutes zu tun und zu leihen, von denen man keine Gegenleistung erwartet (vgl. V. 31–35), zeigt also sachliche Nähe zum Liebesgebot. Die Vokabel ἐλεημοσύνη (vgl. Mt 6,2–4; Lk 11,41; 12,33) kann in einem weiteren Sinn gute Werke, Liebestaten oder speziell Almosen im Sinne von (Geld-)Gaben für Bedürftige meinen. Bei Lukas ist wohl an das Zweite gedacht (vgl. v. a. Lk 12,33), die matthäische Formulierung (mit dem Verb ποιεῖν – „tun") erscheint offener, da keine Konkretisierungen sichtbar werden.[8]

So stellt sich die Frage, wie ein möglicher Zusammenhang zwischen der ethischen Barmherzigkeitsforderung Jesu einerseits und seinem Handeln aus Barmherzigkeit und Mitleid andererseits im Sinne der Überlieferung zu denken ist. Gibt es umgekehrt Gründe, die naheliegende Verknüpfung nicht zu vollziehen?

Zunächst ist das Stichwort „Barmherzigkeit" kurz in den Horizont des alttestamentlichen und frühjüdischen Ethos einzuordnen.[9] Aus diesem Kontext lässt sich zunächst entnehmen, dass das mit den griechischen Begriffen ἔλεος, οἰκτιρμός, σπλάγχνα und deren Derivaten markierte Feld in der ethischen Diskussion insbes. der frühjüdischen Weisheitsliteratur eine zentrale Rolle spielt (vgl. Ps 112; Sir; Tob; TestSeb; TestHiob). Inhaltlich schließt das mit Barmherzigkeit gemeinte Handeln die Zuwendung zu Bedürftigen und Notleidenden verschiedenster Art ein.[10] Charakteristisch ist der ausgeprägt theozentrische Aspekt: Barmherzigkeit ist nicht nur etwas, das Gott – der den Schrei der Notleidenden hört (vgl. Ex 3,7; Sir 4,6; 35,16–21) – will, fordert und belohnt (vgl. Hos 6,6; Mi, 6,8; Sach 7,9; Sir 4,1–10), sondern Barmherzigkeit bestimmt Gott zutiefst selbst in seinem Handeln

---

[7] Die Funktion des Hosea-Zitates in der Argumentation ist nicht ganz leicht zu deuten, vgl. die Kommentare zur Stelle.

[8] Zur Vokabel vgl. Heiligenthal, Werke der Barmherzigkeit, 289–301.

[9] Vgl. neben den einschlägigen Artikeln in THAT, ThWNT, EWNT, TBLNT auch Witte, Das Ethos der Barmherzigkeit, 225–243.

[10] Vgl. z. B. Tob 1,16f: „Schon zur Zeit Salmanassars hatte ich den Brüdern meines Stammes aus Barmherzigkeit viel geholfen [ἐλεημοσύνας πολλὰς ἐποίουν τοῖς ἀδελφοῖς μου]: Ich gab den Hungernden mein Brot und den Nackten meine Kleider; wenn ich sah, dass einer aus meinem Volk gestorben war und dass man seinen Leichnam hinter die Stadtmauer von Ninive geworfen hatte, begrub ich ihn."

(vgl. Ex 34,6f; Ps 112,4; Sir 2,11; bes. Sir 50,19: absolutes „der Barmherzige"), ist etwas, das er selbst gnädig gewährt und schenkt – sei in der Schöpfung, dem menschlichen Lebens und der Geschichte Israels (vgl. z. B. Ps 40,11/39,11^{LXX}; 136/135^{LXX}), sei es als eschatologische Gabe, auf die sich die Hoffnung der Menschen richtet (vgl. Jes 54,7f; Mi 7,19f; Sir 4,10). Gottes Königsherrschaft bedeutet Barmherzigkeit und Gerechtigkeit – gerade für die Armen, Entrechteten, Schwachen (vgl. Ps 145; 146,5–9).[11]

In der Forschung wird vor diesem Hintergrund oft eine christologische Deutung für die Charakterisierung der Heilungen und Speisungen Jesu als Taten aus Barmherzigkeit vorgenommen.[12] Sie macht sich an den christologischen Titeln fest, die in vielen der Anrufe an Jesus, er möge Erbarmen haben, zu finden sind („Sohn Davids": Mk 10,47f par Mt 20,30f; Lk 18,38f; Mt 9,27; 15,22; „Herr": Mt 15,22; 17,15; 20,30f; vgl. Mk 5,19; Mt 9,28; „Meister": Lk 17,13). Insbesondere im Matthäusevangelium ist das Mitleid ein Aspekt der Hirtensorge des Messias Jesus für sein Volk (vgl. Mt 9,36; 14,14; 15,32; 20,34). Diese Beobachtung wird mit einem theozentrischen Verständnis von Barmherzigkeit als (eschatologische) Gabe Gottes verknüpft. So lassen sich im Horizont der Basileia-Verkündigung Jesu die Heilungen und Speisungen als Verwirklichungen des Heilswirkens Gottes durch den Messias Jesus deuten.

Gegen eine ethische Deutung muss das freilich nicht ausgespielt werden. Die Wundererzählungen setzen zumindest teilweise Signale, dass vom barmherzigen Handeln Jesu ein Impuls für andere ausgeht. In der markinischen Version der Heilung des blinden Bartimäus (vgl. Mk 10,46–52) weist die Jesus begleitende Volksmenge den Ruf des Blinden nach Erbarmen zunächst ab (vgl. V. 47–48a). Bartimäus schreit jedoch beharrlich weiter und Jesus wendet sich ihm tatsächlich zu (vgl. V. 48b–49a). Diese Zuwendung geschieht vermittelt durch die Volksmenge, die von Jesus aufgefordert wird, Bartimäus herbeizurufen, und die den Blinden nun – ganz entgegen ihrem bisherigen Verhalten – sogar ermutigt (vgl. V. 49b). Im Vordergrund steht sicher der auf Jesus gerichtete Vertrauensglaube des Bartimäus, doch wird auch das Umschwenken der begleitenden Menge in der

---

[11] Vgl. zum Begriffspaar Gerechtigkeit und Barmherzigkeit Janowski, Der barmherzige Richter, 33–91.
[12] Vgl. Köster, Art. σπλάγχνον, 553f; Walter, Art. σπλαγχνίζομαι, 634. Ob sich die Deutung allerdings allein an der Vokabel σπλαγχνίζομαι festmachen lässt, wie Köster das tut, erscheint fraglich. Sie zeigt nicht so eindeutig eine göttliche Qualität an, wie Köster dies annimmt.

Auslegung der Erzählung durchaus narratologisch als Signal verstanden, der Zuwendung Jesu zu den Behinderten, Armen und Bettlern zuzustimmen.[13] Noch deutlicher werden bei Matthäus die Jünger Jesu in dessen Handeln aus Mitleid einbezogen. Am besten erkennbar ist dies in der redaktionell gestalteten Sequenz Mt 9,35–10,15: Jesus zieht umher, verkündet das Evangelium vom Reich und heilt alle Krankheiten und Leiden. Er hat Mitleid mit dem Volk und bezieht daraufhin die Jünger als Mitarbeiter ein. Er sendet sie aus, wie er selbst das nahe Himmelreich zu verkünden, Kranke zu heilen und Dämonen auszutreiben. Ausgehend von diesem Zusammenhang springen weitere Erzählungen ins Auge, die einerseits den Ruf nach Erbarmen oder das Motiv des Mitleids Jesu enthalten und andererseits eine Beteiligung der Jünger Jesu an dessen Wirken erkennen lassen (vgl. Mt 14,14.16; 15,22f; 15,32f; 17,15f). Dass die Jünger barmherzig handeln oder handeln sollen, wird an keiner der Stellen gesagt, aber deutlich sind sie in das Handeln Jesu einbezogen, das durch Barmherzigkeit und Mitleid bestimmt ist.

Die vorausgehenden Überlegungen zeigen Verknüpfungsmöglichkeiten zwischen dem Wunderwirken Jesu und dem Ethos auf der Ebene des überlieferten Jesusbildes. Diese wären im Hinblick auf die verschiedenen Evangelien nochmals klarer zu differenzieren und näher zu untersuchen.[14] Im Sinne der historischen Jesusforschung lässt sich die Frage, ob und in welchem Sinne die Heilungen Jesu als Taten der Barmherzigkeit zu deuten sind, kaum zuverlässig beantworten. Sicherheit ist hier angesichts des Befundes mit einem hohen Vorkommen im Sondergut und in redaktionellen Passagen kaum zu gewinnen. Ein historisches Verständnis etwa der Heilungen Jesu als Taten der Barmherzigkeit im Horizont des nahekommenden Reiches Gottes mag plausibel erscheinen, bleibt jedoch spekulativ.

Wie sieht es nun für ein jesuanisch inspiriertes christliches Ethos aus? Ist Jesus als barmherzig Heilender und Helfender Vorbild für die Christen? Die Wortüberlieferung stellt keine Verbindung zwischen den Heilungen und Speisungen und der Barmherzigkeit her; die Wundererzählungen zeigen insbes. bei Matthäus vorsichtige Impulse hin auf das Handeln der Jünger Jesu, deutliche narratologische Signale auf eine Vorbildlichkeit der Heilungen Jesu aus Barmherzigkeit fehlen aber ebenfalls. Eine klare Vorgabe an ein christliches Ethos der Barmherzigkeit erwächst damit aus der Überlieferung der Heilungen und

---

[13] Vgl. z. B. Dormeyer, Bedingungslose Nachfolge, 367f.
[14] Vgl. z. B. die Überlegungen zur lukanischen Verknüpfung von Sehen und Erbarmen bei Vorholt, Sehen und Erbarmen, 171–178.

Speisungen Jesu nicht. Gleichwohl kann von einem Ethos der Barmherzigkeit Jesu im biblischen Kontext ein starker Handlungsimpuls für die Christen ausgehen und es besteht das Potential, ihn mit Krankenheilungen etc. zu verbinden. Dieses Potential kommt ihnen nicht zuletzt im Horizont eines biblischen und frühjüdischen Ethos der Barmherzigkeit zu. Auf welchen Wegen es im Neuen Testament und im Zuge seiner Rezeption wirksam geworden ist, soll im Folgenden an drei Beispielen gezeigt werden.

4. Die Wunder Jesu als Impuls für das Ethos der Jünger

Jesus erteilt seinen Jüngern den Auftrag zu heilen und/oder Dämonen auszutreiben (und übrigens auch: die Menschen zu speisen; vgl. Mk 6,37 parr). Dieser Auftrag ist in der Jesusüberlieferung fest verankert: in der Redenquelle Q (vgl. Lk 10,9), bei Markus (vgl. Mk 6,7.13), Matthäus (vgl. Mt 10,1.8) und Lukas (vgl. Lk 9,1f.6; 10,9) sowie im Evangelium des Thomas (vgl. EvThom 14,4f). Wahrscheinlich handelt es sich nicht nur eine literarische Inszenierung, wobei dies im Hinblick auf einen möglichen ethischen Impuls beachtlich genug wäre. Enno Popkes macht plausibel, dass die literarisch greifbare Weisung durchaus einer realen Praxis entsprochen haben könnte.[15] Literarisch gibt es im Umfeld des Heilungsauftrages Jesu an die Jünger nun allerdings keine expliziten Bezüge auf das Motiv der Barmherzigkeit. Wir können im Hinblick auf die Weisung Jesu, Kranke zu heilen und/oder Dämonen auszutreiben, zunächst vorsichtig nur so viel sagen: Es gibt auf literarischer wie möglicherweise auch auf historischer Ebene eine von Jesus begründete Kontinuität der Praxis des Heilens und Dämonen Austreibens. Diese Praxis ist im Hinblick auf Jesus selbst fest mit dem Gedanken der Barmherzigkeit verknüpft. So dürfte auch das analoge Handeln der Jünger als ein barmherziges Tun erscheinen.[16]
Der Heilungsauftrag Jesu wird in der Rezeptionsgeschichte der westlichen Kirche allerdings weitgehend verdrängt.[17] Auf dieser Schiene kommt ein von Jesus inspiriertes Barmherzigkeitsethos langfristig nicht zum Tragen – mit Wundern mag sich die Kirche überfordert

---

[15] Vgl. Popkes, Krankenheilungsauftrag.
[16] In den Aposteltakten wird das Motiv der σπλάγχνα einerseits intensiv als theologisches Prädikat verwendet, andererseits auf die Apostel übertragen (Act Joh 24), vgl. Köster, Art. σπλάγχνον, 559.
[17] Zur Rezeption vgl. Luz, Matthäus, 94; Popkes, Krankenheilungsauftrag, 114–138.

gesehen haben. Das ethische Modell ist hier also nicht: Nachahmung Jesu. Im Neuen Testament zeichnen sich andere Modelle ab, wie ein Ethos der Barmherzigkeit gegenüber Kranken und Notleidenden mit Jesus, seinem Wirken und seiner Verkündigung verknüpft wird.

Modell 1: „Seid barmherzig, wie euer himmlischer Vater barmherzig ist" (Lk 6,36)

Dem Motiv der Barmherzigkeit ist in den alttestamentlichen, frühjüdischen und neutestamentlichen Texten immer wieder zu Eigen, dass Barmherzigkeit einerseits Gott und seinem Handeln zuschrieben wird (vgl. im NT Lk 1,50.54.58.72.78; Röm 9,15; 12,1; 2 Kor 1,3; Phil 2,27; Jak 5,11 u. ö.), andererseits von den Menschen ein der Barmherzigkeit Gottes entsprechendes Handeln gefordert wird. „Seid barmherzig, wie euer Vater barmherzig ist!" formuliert in diesem Sinne Lk 6,36 programmatisch. Auch der zentrale Satz des Gleichnisses vom unbarmherzigen Knecht (vgl. Mt 18,23–35) dürfte auf denselben Zusammenhang verweisen, wenn der König zu diesem Knecht sagt „Hättest nicht auch du Erbarmen haben müssen mit deinem Mitknecht, so wie ich Erbarmen hatte mit dir?". Auch in der neutestamentlichen Briefliteratur ist diese innere Logik des biblischen Verständnisses von Barmherzigkeit zu beobachten (vgl. Phil 2,1 im Kontext von V. 1–11; Kol 3,12; Jud 20–23; in den Gerichtsgedanken gewendet Jak 2,13).

In der matthäischen Version der Aussendungsrede taucht dieser Gedanke nun ebenfalls auf. Der Auftrag „Geht und verkündet: Das Himmelreich ist nahegekommen. Heilt Kranke, erweckt Tote, macht Aussätzige rein, treibt Dämonen aus" wird sogleich mit der Begründung versehen: „Geschenkweise habt ihr empfangen, geschenkweise sollt ihr geben." (Mt 10,7f). Die Jünger haben die Basileia umsonst, als Geschenk (δωρεάν) empfangen. Als solche sind sie aufgefordert, sie den Menschen in ihre Städte, Dörfer und Häuser zu bringen (vgl. V. 9–14). So wie ihnen selbst das endzeitliche Heil durch Jesus in dessen Verkündigung, aber auch in den Heilungen, Exorzismen und Totenerweckungen vermittelt und gegeben ist (vgl. Mt 11,2–6; 13,16f), sind sie selbst aufgerufen, zu verkündigen, zu heilen, Dämonen auszutreiben und Tote zu erwecken. Hier wird nicht von Barmherzigkeit gesprochen, aber die grundlegende Logik des biblischen Verständnisses von Barmherzigkeit zur Geltung gebracht.

Modell 2: „Was ihr den geringsten meiner Brüder getan habt, das habt ihr mir getan" (Mt 25,31–46)

In der matthäischen Schilderung des Endgerichtes taucht das Besuchen von Kranken (vgl. V. 36) in einer Reihe von typischen Taten der Barmherzigkeit auf. Ἐπισκέπτεσθαι meint dabei wohl mehr als nur „mal vorbeischauen". Der Aspekt der Fürsorge, des sich Kümmerns um jemanden schwingt mit (vgl. Jak 1,27; Apg 7,23; Hebr 2,6).[18] Das Wortfeld Mitleid/Erbarmen kommt zwar nicht explizit vor, ist in der Sache vor dem Hintergrund des frühjüdischen Barmherzigkeitsethos aber sicher mitzudenken. Das Handeln, das der Evangelist in Mt 25,31–46 beschreibt, ist nichts anderes als das, was die frühjüdische ethische Tradition mit ἐλεημοσύναι, Taten der Barmherzigkeit (vgl. Mt 6,1–4), bezeichnet.[19]

Beachtlich ist nun die identifikatorische Zuspitzung, die Jesus vornimmt: „Was ihr einem dieser meiner geringsten Brüder getan habt, das habt ihr mir getan." Sie wird hinsichtlich der Frage, wer mit den geringsten Brüdern gemeint ist, kontrovers diskutiert. Hier soll der Fokus auf der identifikatorischen Denkfigur liegen, die auch an anderen Stellen im Matthäusevangelium zu finden ist.[20] So übernimmt der Evangelist in Mt 18,5 in gekürzter und konzentrierter Form Mk 9,37: „Und wer ein solches Kind in meinem Namen aufnimmt, nimmt mich auf." Markus führt den Gedanken fort mit „und wer mich aufnimmt, nimmt nicht mich auf, sondern den, der mich gesandt hat". Matthäus reduziert ihn ganz auf die Identifikation Jesu mit den Kleinen (vgl. aber Mt 10,40). Im matthäischen Horizont ist zum Verständnis dieser Identifikation möglicherweise die Assoziation des heilenden Jesus mit dem Gottesknecht relevant (vgl. Mt 8,17; 12,15–21), v. a. in Mt 8,17: „So sollte in Erfüllung gehen, was durch den Propheten Jesaja gesagt ist: Er nahm unsere Schwachheit auf sich, und unsere Krankheiten trug er" (Jes 53,4). Das Heilen Jesu (vgl. Mt 8,16) wird als (stellvertretendes) Auf-sich-Nehmen und Tragen gedeutet.

Das heißt: Aus der Nähe und Zuwendung Jesu zu Kleinen, Schwachen, Kranken wird insbes. bei Matthäus die Identifikation mit ihnen. Er begründet so die Notwendigkeit der barmherzigen Zuwendung zu ihnen. Rezeptionsgeschichtlich kommt dieser Impuls z. B. in der Benediktregel zur Geltung. „1. Die Sorge für die Kranken

---

[18] Vgl. ebd., 84.
[19] Vgl. Heiligenthal, Werke der Barmherzigkeit, 290–292.
[20] Zu deren möglichem traditionsgeschichtlichen Hintergrund vgl. Konradt, Matthäus, 394.

muss vor und über allem stehen: man soll ihnen so dienen, als wären sie wirklich Christus; 2. hat er doch gesagt: ‚Ich war krank, und ihr habt mich besucht', 3. und: ‚Was ihr einem dieser Geringsten getan habt, das habt ihr mir getan.'" (reg. Ben. 36,1–3).[21] Die Wirkung der identifikatorischen Denkfigur bezeugt – jenseits von Heilungen – auch die Martinslegende, wenn in der Nacht nach der berühmten Mantelteilung Christus dem Martin im Traum erscheint und die geteilte Mantelhälfte trägt.[22]

Modell 3: Barmherzigkeit als Tun der ἀγάπη (vgl. Lk 10,25–37)

In der lukanischen Komposition, die das dem Evangelisten von Markus her vorgegebene Gespräch über das Doppelgebot der Liebe um die Erzählung vom Samariter erweitert (vgl. Lk 10,25–37), geschehen zwei für unsere Fragestellung beachtliche Dinge.
Zum einen verknüpft Lukas hier die Forderung der Liebe (ἀγάπη) mit dem Wortfeld um ἔλεος und σπλάγχνα. Liebe als Gottes- und Nächstenliebe ist das Thema des von Markus übernommenen Dialogs (vgl. Mk 12,28–34). Lukas führt ihn in einem Gespräch über die Frage, wer denn der Nächste sei, weiter. Im Zusammenhang dieses Gesprächs erzählt Jesus die Geschichte vom Mann, der unter die Räuber fällt und dessen sich am Ende der Samaritaner annimmt. Dass der Mann aus Samarien Mitleid (vgl. V. 33: das starke Verb σπλαγχνίζεσθαι) mit dem Opfer des Überfalls hat, markiert dabei erzählerisch den entscheidenden Unterschied zu den beiden vorausgehenden Passanten und bringt die Wende im Geschehen. Im Abschluss des rahmenden Gesprächs zwischen Jesus und dem Schriftgelehrten (vgl. V. 36f) wird formuliert, dass der Samariter dem Überfallenen zum Nächsten geworden ist, indem er „Barmherzigkeit getan" hat. Das Tun der Barmherzigkeit erscheint also als Erfüllung des Nächstenliebe-Gebotes, auch wenn ἀγάπη im Schlussdialog nicht noch einmal explizit auftaucht (vgl. auch Lk 6,35f).[23]
Zum zweiten werden – ohne dass dies im Vordergrund steht – das Liebesgebot nach Lev 19,18 und die pflegerische und heilende Zuwendung zu einem Verletzten assoziiert. Das Gleichnis ist zwar Antwort auf die Frage „Wer ist mein Nächster?" und nicht auf „Was ist

---

[21] http://www.stiftmelk.at/frame_regula.htm.
[22] Vgl. Des Sulpicius Severus Schriften über den hl. Martinus, Nr. 3.
[23] Diese Verknüpfung und ihre Wirkung sind nach Zimmermann eine besondere Pointe der Erzählung, vgl. ders., Berührende Liebe, 546f. 548f. Zur Interpretation des Liebesgebotes durch das Samaritergleichnis vgl. auch Söding, Nächstenliebe, 129–144.

Nächstenliebe?", trotzdem bleibt es nicht ohne Wirkung auf die Leserinnen und Leser, dass als Exempel hier die Versorgung eines Verletzten herangezogen wird. Die pflegende Zuwendung wird breit und mit Wissen über antike Medizin dargestellt.[24] Speziell die Versorgung von Kranken erscheint hier also als Konkretion – nicht nur des Krankenheilungsauftrages Jesu, wie Popkes akzentuiert, sondern auch – des Gebotes der Nächstenliebe, das im Kontext der Jesusüberlieferung wie im neutestamentlichen Ethos insgesamt als ethische Weisung eine deutliche zentrale Position innehat als die Barmherzigkeitsforderung.[25]

Den Bogen zu Jesu eigenem Erbarmen und Heilen schlägt Lukas nicht, sondern in gewisser Weise erst die nach-neutestamentliche Rezeption der Texte, die in der allegorischen Deutung den Samariter mit Christus identifiziert: „Er nun war der Samaritan, der herabkam – wer ist es, der ‚vom Himmel herabkam, als der zum Himmel aufstieg, der Menschensohn, der im Himmel ist'? – und der den Halbtoten erblickte, den niemand vordem zu heilen vermochte, wie niemand jene blutflüssige Frau, die ihr ganzes Vermögen für die ärztliche Behandlung aufgewendet hatte. – ‚Und er trat zu ihm hin', d. h. er wurde durch die Annahme unserer leidensfähigen Natur sein Nächster, durch das Erbarmen, das er ihm erwies, sein Bruder" (Ambr. in Luc. VII, 74 [Übers. BKV]; vgl. Clem. Alex. q. d. s. 29).

5. Fazit

Die Aufgabenstellung der vorausgehenden Überlegungen lautete, ausgehend vom Begriff der Barmherzigkeit die Plausibilität einer ethischen Deutung des Wunderwirkens Jesu zu prüfen. In der gegenwärtigen exegetischen Diskussion werden die Heilungen und Exorzismen Jesu häufig im Horizont der nahekommenden Gottesherrschaft gedeutet. Wenn die Wundererzählungen der Evangelien den Ruf nach Erbarmen und das Motiv des Mitleids Jesu enthalten, erscheint dies als mit der basileia-theologischen Deutung vereinbar und theologisch vor dem Hintergrund eines theozentrischen Verständnisses von Barmherzigkeit in der biblischen Tradition durchaus sachgerecht: die Wunder Jesu als Realsymbole der nahekommenden Gottesherrschaft sind Ausdruck der göttlichen Barmherzigkeit, die in Jesus wirksam wird.

---

[24] Betont bei Popkes, Krankenheilungsauftrag, 93–106.
[25] Vgl. dazu umfassend Söding, Nächstenliebe.

Die Fragestellung zielte aber näher hin auf ethische Impulse, die von den Wundern Jesu ausgehen, und darauf, ob sie mit einem ethischen Begriff von Barmherzigkeit verknüpft werden können. Eine solche Ausweitung ist durch den alttestamentlichen und frühjüdischen Kontext gut vorbereitet – einerseits inhaltlich, insofern die Zuwendung zu Notleidenden, Armen, Kranken, Hungernden zum Kern von Barmherzigkeit gehört, andererseits strukturell, da die ethische Forderung nach barmherzigem Handeln theologisch in Gottes (Willen zur) Barmherzigkeit begründet ist. Es liegt also nahe, aus einer zunächst theozentrisch (und christologisch) verstandenen Rede von Erbarmen und Mitleid in den Wundergeschichten ethische Folgerungen abzuleiten.

Narratologisch lässt sich dies möglicherweise in der Bartimäus-Geschichte bei Markus beobachten, v. a. aber im Matthäusevangelium, das einerseits das Motiv des Mitleids Jesu im Kontext der Wundergeschichten intensiv aufgreift und andererseits Jesus aus diesem Mitleid heraus die Jünger in sein Verkündigen, Heilen und Dämonenaustreiben einbinden lässt. Im Kontext der entsprechenden Beauftragung der Jünger wird dann auf die theozentrische Logik der Barmherzigkeit rekurriert, nach der menschliche Barmherzigkeit in der göttlichen gründet: „Umsonst habt ihr empfangen, umsonst sollt ihr geben!" (vgl. Mt 9,35–10,15). Daneben ließen sich zwei weitere Linien aufzeigen, auf denen ein christliches Ethos der Barmherzigkeit mit Jesus und seiner Zuwendung zu Kranken und Notleidenden verknüpft wird. In der einen spitzt sich diese Zuwendung in der Identifikation mit ihnen zu, sodass Handeln an den Kranken zu Handeln an Jesus selbst und als solches motiviert wird (vgl. Mt 25,31–46). In der anderen wird vermittelt durch ein Gleichnis Jesu barmherzige Zuwendung zu Kranken als Beispiel und Konkretion der im jesuanischen Ethos prominenten Maxime der ἀγάπη dargestellt (vgl. Lk 10,25–37).

Sind die Wunder Jesu und der Erzählungen über sie ethisch deutbar? Ich meine ja, gerade wenn ihre theologischen und christologischen Dimensionen ernstgenommen werden.

6. Literatur

Des Sulpicius Severus Schriften über den hl. Martinus (BKV I/20), Kempten/München 1914

Dormeyer, D., Bedingungslose Nachfolge heilt Blindheit (Die Heilung des blinden Bartimäus bei Jericho). Mk 10,46–52 (Lk 18,35–43), in: R.

Zimmermann [u. a.] (Hg.), Kompendium der frühchristlichen Wundererzählungen. Bd. 1, Gütersloh 2013, 359–370
Heiligenthal, R., Werke der Barmherzigkeit oder Almosen? Zur Bedeutung von ἐλεημοσύνη, in: NT 25 (1983), 289–301
Janowski, B., Der barmherzige Richter. Zur Einheit von Gerechtigkeit und Barmherzigkeit im Gottesbild des Alten Orients und des Alten Testaments, in: R. Scoralick (Hg.), Das Drama der Barmherzigkeit Gottes (SBS 183), Stuttgart 2000, 33–91
Kasper, W., Barmherzigkeit. Grundbegriff des Evangeliums – Schlüssel christlichen Lebens, Freiburg i. Br. [u. a.] 2012
Kollmann, B., Neutestamentliche Wundergeschichten. Biblischtheologische Zugänge und Impulse für die Praxis (UT 477), Stuttgart ²2007, 139–182
—, Von der Rehabilitierung mythischen Denkens und der Wiederentdeckung Jesu als Wundertäter. Meilensteine der Wunderdebatte von der Aufklärung bis zur Gegenwart, in: B. Kollmann/R. Zimmermann (Hg.), Hermeneutik der frühchristlichen Wundererzählungen (WUNT I/339), Tübingen 2014, 3–25
Konradt, M., Das Evangelium nach Matthäus (NTD 1), Göttingen 2015
Köster, H., Art. σπλάγχνον κτλ., in: ThWNT VII (1964), 548–559
Luz, U., Das Evangelium nach Matthäus (EKK I/2), Neukirchen-Vluyn ²1996
Popkes, E. E., Der Krankenheilungsauftrag Jesu. Studien zu seiner ursprünglichen Gestalt und seiner frühchristlichen Interpretation (BThSt 96), Neukirchen-Vluyn 2014
Söding, Th., Die Verkündigung Jesu. Ereignis und Erinnerung, Freiburg i. Br. [u. a.] 2011
—, Nächstenliebe. Gottes Gebot als Verheißung und Anspruch, Freiburg i. Br. [u. a.] 2015
Theißen, G., Urchristliche Wundergeschichten. Ein Beitrag zur formgeschichtlichen Erforschung der synoptischen Evangelien (StNT 8), Gütersloh 1974
Vorholt, R., Sehen und Erbarmen. Der Blick Jesu im Spiegel des Lukasevangeliums, in: IKaZ Communio 44 (2015), 171–178
Walter, N., Art. σπλαγχνίζομαι, in: EWNT² III (1992), 633f
Witte, M., Das Ethos der Barmherzigkeit in der frühjüdischen Weisheit der hellenistisch–römischen Zeit, in: ders., Texte und Kontexte des Sirachbuchs (FAT 98), Tübingen 2015, 225–243
Zimmermann, R., Berührende Liebe (Der barmherzige Samariter), Lk 10,30–35, in: ders. [u. a.] (Hg.), Kompendium der Gleichnisse Jesu, Gütersloh ²2015, 538–555

http://www.stiftmelk.at/frame_regula.htm

Carsten Mumbauer

„Macht euch Freunde mit dem ungerechten Mammon" (Lk 16,9)
Gott und das Geld im Spiegel des klugen Verwalters

Der Ruf nach einer Orientierung an ethischen Handlungsmaximen Jesu ist im Christentum allgegenwärtig. Seine Ethik prägt und normiert die Ausrichtung der Christinnen und Christen. Gerade der Umgang mit monetären Ressourcen wird zur Zerreißprobe für die authentische Nachfolge Christi. Dass die Marktwirtschaft immer mehr das alltägliche Leben beeinflusst und nicht mehr wegzudenken ist, gehört zur heutigen Lebenswirklichkeit. Die Angst vor einer erneuten Finanzkrise und dem Kollaps der heimischen Wirtschaft ist real und wirkt für viele wichtiger und bedrohlicher, als die Sorge um eine eschatologische Zukunft. Das Gleichnis vom klugen Verwalter und weitere Texte der Ethik Jesu haben keinesfalls an Aktualität eingebüßt. Vielmehr scheinen sie auch heute noch den Menschen aufzurufen, sich auf die wirklich wichtigen Bereiche des Lebens zu konzentrieren. Der ethische Umgang mit Geld kommt unmittelbar in den Blick, wenn der Mensch selbst zur Ware wird und es um unlautere Bereicherungen auf Kosten Notleidender geht. Die Entwicklung eines eigenen Wirtschaftszweiges durch die Wette auf das Sterben Fremder, wie das zum Teil beim Verkauf von Lebensversicherungen geschieht, kann nicht durch einen klugen Umgang mit den finanziellen Ressourcen begründet werden.[1] Eine exegetische Betrachtung der Perikope des klugen Verwalters mag daher der Fragestellung nachspüren, ob dem Geld *per se* etwas Amoralisches und ethisch Verwerfliches anhaftet.[2] An kaum einer anderen Stelle als in Lk 16,1–9 bleibt eine größere Desorientierung beim Lesenden respektive Hörenden zurück. Die Perikope erinnert in einer knappen Umschreibung eine Narration, die Jesus seinen Jüngern mitteilen wollte. Er erzählt diesen ein Gleichnis, dessen Hauptakteur der Vermögensverwalter eines reichen Mannes mit zweifelhaftem Ruf ist. Die geschäftliche Beziehung der beiden

---

[1] Vgl. Sandel, Was man für Geld nicht kaufen kann, 192ff.
[2] Dem Verfasser ist freilich bewusst, dass die Betrachtung einer einzelnen Perikope auf diesem kurzen Raum lediglich einer ersten Skizze gleichzusetzen ist auf dem langen Weg einer umfassenden Betrachtung einer jesuanischen Geldethik.

findet ein rasches Ende, nachdem der wohlhabende Mann von zweifelhaften Geschäften seines Verwalters erfährt. In der Stunde seiner Entlassung und drohenden Verarmung entschließt sich der Verwalter zu agieren, indem er ein Komplott mit den Schuldnern seines bisherigen Arbeitgebers schmiedet und sich so deren Wohlwollen sichert, um eine Zukunft fern der Armutsgrenze zu erleben. Dieses Verhalten führt zum positiven Summarium Jesu, der seine eigenen Sympathisanten zu einem „klugen" Verhalten nach dem Beispiel des Verwalters anhält. Die Perikope erscheint geradezu widersinnig, wenn der moralisch äußerst zweifelhaft handelnde Verwalter in V. 8 als φρονίμως durch Jesus klassifiziert wird. Ein hermeneutischer Schlüssel liegt sicherlich in dem Apophthegma Jesu im Schlussvers der Perikope. Geradezu drängend steht dort das Jesuslogion: „Macht euch Freunde mithilfe des ungerechten Mammons" (Lk 16,9). Christus ruft in die Verantwortung der Basileia Gottes. Alles soll auf die Errichtung derselbigen hin betrachtet werden. Der Frage nach der Rolle des Umganges mit finanziellen Gütern innerhalb dieses Kontextes, soll mittels einer exegetischen Betrachtung des Gleichnisses vom klugen Verwalter unter wirtschaftsethischen Perspektiven nachgegangen werden.

1. Das Bühnenbild

Der einleitende Vers Lk 16,1 macht deutlich, dass sich Jesus mit dem Gleichnis direkt an seine Jünger wendet. Neben den engsten Vertrauten Christi scheinen auch die Pharisäer weiterhin der Rede Jesu zuzuhören und implizit als Adressaten mitgedacht zu sein (vgl. Lk 16,14f). Das Gleichnis vom klugen aber ungerechten Verwalter mag seinen Entstehungshorizont nicht unmittelbar in einem konkret durch Jesus erfahrenen oder zugetragenen Vorfall haben, wie dies Joachim Jeremias vermutet,[3] noch erscheint es als besonders stimmig, dass es sich bei der Narration um eine direkte Handlungsanweisung für christliche Verwalter handelt.[4] Auch wenn beide Option im Rahmen des Denkbaren liegen, so wäre der erste, von Jeremias eingebrachte Vorschlag, zwar ein deutliches Zeichen für die rhetorische Kunst Jesu ausgezeichnete Gleichnisse zu formulieren, die den Zuhörer direkt in seinem realen Lebensumfeld treffen und deswegen fast als real situierte Gegebenheiten betrachtet werden können. Die Weiterverfolgung des Gedankens führte allerdings zu der Problematik, dass der Kerngedanke

---

[3] Vgl. Jeremias, Die Gleichnisse, 130.
[4] Dieser Gedanke schwingt bei der Darstellung und Einordnung Hans Kleins mit (vgl. Klein, Das Lukasevangelium, 536).

des Gleichnisses nicht wirklich um die Person des Verwalters als reale Person kreist, da Jesus keinerlei Interesse zeigt, die Geschichte des Verwalters und seines Betrugs bis zum Ende zu erzählen. Dies stünde bei einem realen Geschehen aber zu erwarten. Der Alternative, dass das Gleichnis als direkte Handlungsanweisung für christliche Verwalter zu sehen sei, liegt eine argumentative Schwäche in der Begrenzung der universalen Geltung des Gleichnisses zugrunde. Das Gleichnis zielt nicht in erster Linie auf die Tat des Verwalters, sondern der Kern des Noema Jesu ist vielmehr als einen generellen Weckruf und Aufruf an alle Jünger und Anhänger Jesu zu fassen. Die Narration ist unter die Gattung der Gleichnisse zu stellen und als solche, wenn es auf geneigte Zuhörende treffen soll, natürlich immer an konkrete Lebenssituationen gebunden. Jesus weiß durch eine skandalöse Geschichte – und nichts anderes ist diese Perikope vom ungerechten, aber klugen Verwalter – seine Zuhörer zu fesseln und zu konfrontieren. Geld und Geldsorgen sind bis heute ein existenzieller Bestandteil des menschlichen Daseins und diese Existenznot und Alltäglichkeit des Geldes nutzt Jesus, um sein Auditorium zu erreichen. Den Adressaten der Ansprache Jesu müssen körperliche Anstrengung und Geldsorgen zumindest ein Begriff gewesen sein, ansonsten wäre für sie die Sorge des Verwalters, graben, also körperlich schwere Arbeit zu verrichten, oder betteln zu müssen, unverständlich.[5] Bereits im Alten Testament findet sich die Abscheu hervorrufende Vorstellung der Tätigkeit des Bettelns und somit wird auch für die Zuhörerschaft das nachvollziehbare Dilemma erkennbar, in dem sich der Verwalter befindet (vgl. Sir 40,28ff). Das Geld und der Umgang damit spielen noch in einigen anderen Gleichnissen Jesu eine gewisse Rolle, ohne dabei die Sinnhorizonte der Perikopen auszufüllen.[6] Die Ausgangssituation der Perikope Lk 16,1–9 wird in den ersten beiden Versen knapp skizziert. Es fällt der Vorwurf, ob begründet oder nicht, der Verwalter würde den Besitz des Herrn nicht sachgemäß und nutzbringend einsetzen. Woher diese Denunziationen kommen und welchen Wahrheitsgehalt sie besitzen bleibt im Nebulösen. Der πλούσιος, der anscheinend oft außerhalb seines Landbesitzes unterwegs ist und deshalb einen Verwalter einsetzen musste, reagiert mit einer hohen Radikalität. Keine Anhörung des (langjährigen) Mitarbeiters im Sinne eines Dialoges erfolgt. Am Ende steht die Entlassung des Verwalters unter Auflage einer kurzen zeitlichen Frist. Der Fokus liegt nicht auf der Vergangenheit, sondern die folgende Reaktion auf die Gefährdung der sozialen Existenz kommt in den Blick.

---

[5] Vgl. Schottroff, Die Gleichnisse Jesu, 206.
[6] Vgl. Lk 15,1–10; Mt 20,1–16 oder Mt 25,14–30.

2. Der Protagonist

Der οἰκονόμος bildet die Hauptfigur des Gleichnisses. In der soziokulturellen Umwelt des Neuen Testaments ist ein solcher Verwalter keine Seltenheit, sondern bei weitläufigen Besitztümern verteilt auf das Imperium Romanum eher die Regel, da selbst die für die damaligen Verhältnisse ausgezeichnete Infrastruktur angesichts einer weiten Reise als beschwerlich galt. Das Einsetzen eines Verwalters war mit einem großen Vertrauenserweis von Seiten des Grundbesitzers verbunden. Ein solcher Prokurator genießt mannigfaltige Freiheiten und besitzt die eigenständige Handlungsoption, je nach Ertragslage, die Pacht zu erhöhen oder zu senken.[7] Er nimmt damit unmittelbaren Einfluss auf die Gewinnmarge seines Herrn und etwaige Veränderungen der Lebensumstände des Haushaltes des Gutes oder dessen Landpächter. Der Text lässt neben den großen Freiheiten die damit korrelierenden, mangelhaften Kontrollmöglichkeiten über die Dienste des Verwalters erkennen. Der reiche Mann ist anscheinend nicht von selbst zu der Erkenntnis gelangt, dass er angeblich betrogen worden ist, sondern es wurde ihm von außen zugetragen. Ob der Verwalter unrecht gehandelt hat, indem er Gelder veruntreute, und ob der reiche Mann ein Instrument zur Überprüfung der Vorwürfe besitzt, wird nicht geklärt. Welcher Ethnie die Protagonisten des Gleichnisses angehören ist eine weitere Leerstelle der Narration. Aus der Warte der jüdischen Zuhörer liegt die Vermutung nahe, dass es sich zumindest bei dem Verwalter um einen Landsmann gehandelt haben könnte. In der Zeit des antiken Judentums und des Urchristentums war es möglich, dass das Amt des Verwalters sowohl Freie als auch Sklaven ausübten. Der hier dargestellte Verwalter wird wohl der Kategorie eines freien Mannes zuzurechnen sein, da er als Leibeigener sonst als Konsequenz nicht die Entlassung, sondern vielmehr einen Verkauf oder das Verüben niederer Dienste zu befürchten gehabt hätte.[8] Von drohenden Konsequenzen außer der Entlassung, wie beispielsweise einem Gerichtsverfahren oder ähnlichem, ist mit keinem Wort die Rede.[9] Der Verwalter bekommt einen letzten Befehl seines Herrn und wird anschließend entlassen. Die Macht des Reichen kann nicht absolut gedacht werden. Er benötigt seinen ehemaligen Verwalter noch für einen letzten Dienst und ist damit trotz dieser prekären Lage, die durch den Vertrauensbruch dominiert wird, immer noch in einem

---

[7] Vgl. Klein, Das Lukasevangelium, 539.
[8] Vgl. Reinmuth, Der beschuldigte Verwalter, 639.
[9] Vgl. Bovon, Lukas, 75.

Abhängigkeitsverhältnis.[10] Man könnte nun eine moralische Deutung des Charakters des Verwalters durch Jesus erwarten, aber nicht der Charakter ist in diesem Moment für die Geschichte entscheidend, sondern allein das Handeln des Verwalters.[11] Dabei ist natürlich zu beachten, dass das Gleichnis in keinster Weise versucht, eine moralische Wertung der Handlung als solche vorzunehmen. Es wäre absurd und keinesfalls im Sinne der Jesustradition, wenn man annehmen würde, dass Jesus seinen Jüngern, einem Raubritter gleich, das Betrügen und Bestehlen als erstrebenswertes Ziel und Handlungsparole vermitteln würde. Vielmehr ist der Einfallsreichtum und das agile Handeln des Verwalters in dieser tragischen Situation Maßstab und Richtlinie. Der Verwalter sieht ganz realistisch, was ihn in der Zukunft erwartet. Zu schwerer Arbeit, hier wörtlich zum Graben (σκάπτω), ist er nicht geeignet und zu Betteln schämt er sich. Die Einheitsübersetzung betitelt die Perikope mit der Überschrift „Das Gleichnis vom klugen Verwalter". Klug ist er insofern, als dass er seine jetzige Situation nach dem ersten Schock nüchtern einschätzt, um die auf ihn zukommende Zukunft weiß und dementsprechend klug handelt.[12] Seine Zeit beim reichen Mann als Arbeitnehmer ist noch nicht abgelaufen, aber das Ende ist terminiert und absehbar. Es erwartet ihn in sehr naher Zukunft. Es bleibt wenig Zeit, um aus den jetzigen Gegebenheiten noch Nutzen schlagen zu können. Er hat ein neues Ziel vor Augen, die Aufnahme in die Häuser der Schuldner seines Herrn, und handelt, um dieses Ziel zu erreichen, genau so, wie es die zu Beginn der Perikope gegen ihn gerichtete Denunziation ihm vorwirft. Er lässt die Schuldner seines Herrn zu sich rufen – es müssen viele sein – und er verhandelt mit ihnen neu über die eigentlich schon festgelegte Pacht.[13] Die beiden genannten Schuldner stehen paradigmatisch für alle einberufenen Schuldner und die mit ihnen geführten Verhandlungen. Dem einen erlässt er 50 Prozent seiner Pacht, dem anderen 20 Prozent. Um welche Größendimension es sich hierbei handelt, wird deutlich, wenn die genannten Zahlen näher betrachtet werden. Hundert Fässer Öl entsprechen ungefähr dem Ertrag von 140 Ölbäumen und für hundert Säcke Weizen benötigt man circa ein Ackerland von 42 ha.[14] Wertmäßig ausgedrückt entsprechen die erlassenen Schulden in beiden Fällen ungefähr dem Wert von je 500 Denaren, da Öl ein

---

[10] Vgl. ebd., 76.
[11] Vgl. Klein, Das Lukasevangelium, 539.
[12] Vgl. Fitzmyer, Luke, 1098; Schweizer, Lukas, 168.
[13] Vgl. Klein, Das Lukasevangelium, 540.
[14] Vgl. Wiefel, Lukas, 292.

monetär wertvolleres Gut als Getreide ist.[15] Bei der Annahme des Denars als Tageslohn eines Arbeiters, kann bei diesen Summen von einem immensen Wert gesprochen werden, der den Schuldnern erlassen wird und diese sicherlich wohlwollend an den ehemaligen Verwalter bindet. Der Verwalter will sich durch den Schuldenerlass für die Zukunft eine Gastfreundschaft bei den Schuldnern seines ehemaligen Herrn erkaufen. Diese Gastfreundschaft unter Geschäftspartnern geht in der Zeit des Frühjudentums allerdings weit über die bloße Gabe von Naturalien oder Obdach hinaus. Es ist vielmehr ein soziales Netz, in das der Verwalter nun hoffen kann zu fallen und dort aufgenommen zu werden, um eine neue Beschäftigung zu finden.[16] Es liegt im Rahmen des Möglichen, dass der Verwalter sich durch sein agiles Kalkül sogar eine weit bessere Arbeitsbedingung für die Zukunft mit dem Geld des jetzigen Lohnherrens erwirtschaftet. Da nur der Verwalter und der Pächter die Kontrolle über den Schuldschein haben, nutzt er seine noch vorhandene Prokura für den gegenseitigen Vorteil aus. Nur der eigentliche Dienstgeber des Verwalters hat das Nachsehen. Da es keinerlei amtliche Kontrolle oder ähnliches zur Änderung der Verträge bedurfte, sind diese bindend.[17] Diese beiden Beispiele genügen dem Gleichnis, um die Intention narrativ zu entfalten, daher kann die Erzählung hier abrupt enden, ohne über die möglichen Konsequenzen oder das weitere Leben eines der Beteiligten zu berichten.[18]

3. Die Wertung Jesu

Das Gleichnis findet seinen tiefsten Sinngehalt in Jesus selbst. Es geht um die christologische Frage, die hier indirekt angesprochen wird. Jesus ruft zur Umkehr und zum Glauben auf, der in tatkräftigem und entschlossenem Handeln mündet.[19] Eben das wird in V. 8 konsequent weitergedacht, wenn Jesus selbst ein Resümee sowie eine Wertung über den Verwalter abgibt, auch wenn man vielleicht im ersten Moment Walter Schmithals zustimmen möchte, der feststellt: „V. 8 würde man am liebsten gar nicht lesen."[20] Aber der Vers gehört dazu. Der κύριος, welcher

---

[15] Vgl. Jeremias, Die Gleichnisse Jesu, 130.
[16] Vgl. Schottroff, Die Gleichnisse Jesu, 208.
[17] Vgl. Eckey, Das Lukasevangelium, 699.
[18] Vgl. Ernst, Das Evangelium nach Lukas, 465.
[19] Vgl. Söding, Die Verkündigung Jesu, 374f.
[20] Schmithals, Lukas, 168.

den scheinbar skrupellosen Verwalter lobt, kann nach lukanischer Tradition niemand anderes sein als Jesus selbst.[21] Wenn es der vorher genannte reiche Mann wäre, müsste er dann nicht doppelt erbost sein über die Unverfrorenheit seines Verwalters sowie seiner Pächter und über den damit einhergehenden Urkundenbetrug? Man könnte das Problem lösen, indem man das Denken und Handeln des reichen Mannes lediglich als das eines Ökonomen betrachtet, der den Anderen für sein kluges, wirtschaftliches Handeln beglückwünscht und ihm die entsprechende berufliche Ehrerbietung entgegenbringt.[22] Es erscheint allerdings schlüssiger der Auffassung zu folgen, dass der κύριός Jesus selbst ist. Ihm geht es nicht um eine moralische Gewichtung der durchaus auch juristisch falschen Tat des Verwalters, sondern vielmehr um das Sinnbild, welches hinter der Erzählung steckt. Es ist eine Forderung der Stunde an die Jünger und an alle anderen, sich für das Reich Gottes zu entscheiden. Dem Beispiel des Verwalters ist in Bezug auf seine Klugheit, Entschlossenheit und Kühnheit zu folgen.[23] In Anbetracht des εὐαγγέλιον, das Jesus bringt, darf nicht gezögert oder abgewartet werden. Die Zukunft des Reiches Gottes hat bereits im Hier und Jetzt begonnen und fordert zu einer persönlichen Stellungnahme. Insofern werden die Leser und Leserinnen an die Verteidigungsrede Jesu erinnert und an das durchaus drastisch klingende Fazit, das eine definitive Entscheidung eines jeden Einzelnen verlangt: „Wer nicht für mich ist, der ist gegen mich!" (Lk 11,23; Mt 12,30). Es geht für die Jünger, aber auch für die anderen Zuhörer, ums Ganze. Nichts weniger als die ganze Botschaft Christi und das Reich Gottes stehen zur Disposition. Die vollständige Partizipation an der Nachfolge Christi lässt keinen Raum zur Absicherung durch irdischen Reichtum, wie es die Sorge des Verwalters ist. Hier geht es um viel mehr. Nicht das Festmachen an irdische Güter ist das Ziel einer Jüngerschaft Jesu, sondern vielmehr das sich lösen von den Dingen, die sie an die Vergänglichkeit bindet und ihnen die Möglichkeit nimmt, sich ganz auf Jesus, seine Botschaft und Nachfolge einzulassen. Vermögensverzicht darf nicht zum Selbstzweck werden und auch Armut stellt keinen Wert an sich dar, sondern in der Nachfolge Jesu wird der Verzicht als Vertrauen[24] in die Basileia Gottes sichtbar[25],

---

[21] Vgl. Wiefel, Lukas, 294.
[22] Vgl. Bovon, Lukas, 78.
[23] Vgl. Jeremias, Die Gleichnisse Jesu, 131.
[24] Der Verzicht auf materielle Güter wird dann zum äußerlich sichtbaren Akt der innerlichen Umkehr und Hinwendung zu Gott. Der Glaube ermöglicht diesen Schritt, weil er eine neue Hoffnung eröffnet, die etwaige Drangsale überwinden lässt. Vgl. hierzu die Gedanken bei Lang, Jesus der Hund, 143.
[25] Vgl. Berges/Hoppe, Arm und Reich, 71f.76f.

um sich dort immer neu auf denjenigen auszurichten, der die Mitte der Ekklesia markiert.[26] Mittels des Gleichnisses führt Jesus vor Augen, dass die Gegenwart eine Zeit ist, die von eminenter Bedeutung für das Reich Gottes und das Ewige Leben ist. Der Prüfstein dieser Erkenntnis liegt in der Person Jesu selbst. Er ist der Garant für die Wahrheit seiner Botschaft. Anhand seinem Geschick zeigt sich die Vollmacht aus der heraus er agiert. Damit wird innerhalb der Verkündigung eine Linie zwischen Immanenz und Transzendenz gezogen, die ihre Vollendung im Ostergeschehen selbst findet.[27] Der Auferstandene ist kein anderer als der Gekreuzigte. An ihm selbst wird die notwendige Verschränkung von Raum und Zeit deutlich, in deren eschatologische Partizipation die Gläubigen hineingenommen werden. Das irdische Leben Jesu und dasjenige der Gläubigen ist nicht ein Geschehen der Vergangenheit ohne Belang für die Ewigkeit. Insofern ragt das Verhalten auf Erden hinüber in die Transzendenz und erfährt dort eine Gewichtung. Der Verwalter an sich ist kein Vorbild. Er gehört zu den Kindern dieser Welt, die wohl eher auf irdische Maßstäbe setzen und nach diesen streben.[28] Aber wenn schon er ein solch kluges und vorausschauendes Verhalten an den Tag legt, wieviel mehr Klugheit und Weitsicht müssten dann die „Kinder des Lichts" beweisen.[29] Dies mag Erinnerungen an die Wette des französischen Mathematikers und Philosophen Blaise Pascal wecken. Dessen rein rationaler Versuch einer Begründung des „Setzens" auf das kommende Reich Gottes, welches das irdische Reich und seine Verlockungen im Gegensatz dazu als vollkommen nichtig erscheinen lässt und eigentlich nur aufgrund seines jetzigen Einsatzes mit dem möglichen Gewinn des Einzuges in die Herrlichkeit Gottes ein Gewicht erfährt, durchaus Parallelen zum Gleichnis aufscheinen lässt.[30] Die „Kinder des Lichts" sind ähnlich wie in der Wette nach ihrer Entscheidung gefragt, allerdings haben sie einen Lehrer und ein Vorbild: Jesus,

---

[26] Vgl. hierzu nur die erste Vision des Sehers von Patmos, in der er den Menschensohngleichen im Zentrum der Gemeinden, symbolisiert durch die sieben Leuchter, sieht und so Christus als den Fixpunkt ihrer inneren und bleibenden Ausrichtung markiert (vgl. Offb 1,12–20).
[27] Vgl. die grundlegende Studie von Robert Vorholt zu einer neutestamentlich-systematischen Ostertheologie: Das Osterevangelium, bes. 333–336.
[28] Anders sieht dies Nils Neumann, der den Verwalter nicht als Diener des Besitzes klassifiziert, sondern eine Untreue gegenüber dem Geld erkennen mag, um Eingang in die Hausgemeinschaft zu finden. Diese Korrelation von Geldverzicht und Aufnahme kann einen Aspekt für die Nachfolge durchaus beleuchten, die Narration legt allerdings näher, dass der Verwalter auf weitere, sichere Einkommensquellen setzt und dem Geld keine generelle Absage erteilt (vgl. Neumann, 90ff).
[29] Vgl. Schweizer, Lukas, 169.
[30] Vgl. Pascal, Über die Religion, Frg. 233.

welcher ihnen durch seine Botschaft jetzt schon das Reich Gottes anbrechen lässt. „Kinder des Lichts" ist ein fester Terminus, welcher die Gläubigen beschreibt, die im Hier und Jetzt immer auf der Hut vor der drohenden Finsternis, den Verführungen der Welt sein müssen.[31] Wie bei Matthäus die Gläubigen dazu aufgerufen werden die Klugheit der an sich schlechten und nicht vorbildhaften Gestalt der Schlange z. B. zu nehmen (vgl. Mt 10,16), so soll auch hier die Metapher der Kinder dieser Welt genutzt werden und z. B. für die Gläubigen dienen, damit die Tage, die ihnen bleiben, nicht ungenutzt verstreichen. Ob Geld etwas Gutes oder Schlechtes ist, kann in diesem Kontext nicht von der Einstellung der Verwendung getrennt werden. Erst dadurch erfährt es eine moralische Gewichtung. Diese irdische Verwendung des Geldes hat in christlicher Perspektive nicht den Charakter einer Nebensächlichkeit, sondern das Signum der Gegenwart ist für Christus geprägt als „eine entscheidende Zeit und eine Zeit voller Entscheidungen."[32]

4. Fazit

Wenn man die Anfangszeit des Urchristentums betrachtet, dann wird deutlich, wie wichtig die gegenseitige Unterstützung für die ersten Christen ist. Gerade Lukas bringt diesen Aspekt stark zur Geltung, wenn Jesus seine Anhänger auffordert, großzügig Kredite an Bedürftige zu geben, ohne zu erwarten, die Summe wiederzubekommen (vgl. Lk 6,34). Das Gleichnis vom klugen Verwalter als Paradestück für christlich geprägte ökonomisch ausgerichtete Solidarität zu verstehen und eine Distanzierung Jesu und seiner Jünger gegenüber der besser Begüterten anzunehmen, die in „einer anderen Welt, der Welt der Reichen"[33], leben, wie Luise Schottroff dies tut, ist nicht zwingend zutreffend.[34] Ohne Zweifel propagiert Jesus auch ein aktives Handeln in dieser Welt. Das schließt natürlich die Fürsorge für die Armen mit ein, ist aber im Gleichnis eher impliziert, wenn es ekklesiologisch weiter gedacht wird. Die Quintessenz des Gleichnisses ist, dass den Anhängern Christi viel mehr gegeben ist als bloßer materieller Reichtum. Sie haben die Frohe Botschaft empfangen, die den Weg hin zu Gott und dem Ewigen Leben eröffnet. Sie sind als „Kinder des Lichts" das Licht dieser Welt und müssen als Vorbild für die ganze Menschheit dienen, zur größeren Ehre Gottes (vgl. Mt 5,14ff). Das

---

[31] Vgl. Bovon, Lukas, 79.
[32] Puig i Tàrrech, Jesus, 352.
[33] Schottroff, Die Gleichnisse Jesu, 207.
[34] Vgl. ebd., 212.

Zeugnis dieser Botschaft kann kein bloßes Lippenbekenntnis sein, sondern es muss sich auch immer in konkreten Taten manifestieren, sonst bleibt es auf der Ebene mit den heuchlerischen Schriftgelehrten und Pharisäern, die Jesus scharf zurechtweist (vgl. Mk 12,37b–40; Mt 23,1–39). Auffallend ist gerade im Hinblick auf einen Umgang mit Geld, das keinesfalls verachtend oder stigmatisierend darüber im Gleichnis gesprochen wird. Er gehört vielmehr zu den Dingen mit denen zwangsläufig in dieser Welt umgegangen werden muss und auch hierin muss Klugheit und Verantwortungsbewusstsein an den Tag gelegt werden. Das Geld wird hier nicht zu etwas deklariert, dass ein Tabu darstellt, sondern nüchtern als erforderliches Mittel zum Lebenserhalt und zur Basissicherung gesehen, nicht mehr und nicht weniger. Die Schwierigkeit eines Umgangs mit Geld liegt in der Thematik selbst begründet, wenn der Mensch sein Sinnen und Trachten an ökologischen Maßstäben ausrichtet, dann wird Gott beiseitegeschoben und durch das Trugbild Mammon ersetzt. Dass es eine Grundgefahr der menschlichen Existenz ist, dem Geld und einer damit einhergehenden Macht zu erliegen, ist offensichtlich.[35] Wenn der Mensch versucht für sich eigene Lebenssicherheiten zu bauen, dann kann er nur scheitern. Ein noch so großes Vermögen kann das Leben nicht nur um eine Sekunde verlängern. Deshalb sind die Nachfolger Jesu und Anhänger seiner Botschaft aufgerufen entschieden zu leben und sich immer wieder neu zu fragen, was sie von einer noch innigeren Beziehung zu Gott trennt. Dieser Ruf zur Umkehr trifft alle Menschen gleichermaßen. Natürlich ist es unvorstellbar schwer alles aufzugeben und umso mehr, je mehr man besitzt. Aber genau darin liegt der Kern dieser Ethik des Geldes. Ein bloßes Horten von Schätzen um der Schätze willen dient keinem wirklichen Zweck, sondern führt nur in die Abhängigkeit. Abhängigkeit von dem Geld und die Sorge es zu verlieren. Dort trennt das Geld den Menschen von Gott, weil er sich nicht mehr frei machen kann für Gott und seine Angst ihn daran hindert auf Gott zu vertrauen. Das Geld muss im Dienste der Menschen stehen und nicht der Mensch im Dienste des Geldes. Es kann und darf Reiche geben, aber diese müssen sich ihrer Verantwortung bewusst sein und wenn notwendig sich von ihrem Reichtum

---

[35] Die Versuchung der Macht zeigt sich nicht zuletzt in der Versuchung Jesu durch den Satan selbst (vgl. Mt 4,1–11). Der letzte Anlauf des Satans Jesus für sich zu gewinnen, wird mittels der Pracht der gesamten Reiche der Welt gestartet. Die Bedingung für deren Besitz ist klar: Die Anbetung Satans und die Abkehr von Gott. Diese Abkehr von Gott kann auch jeden Menschen bedrohen. Jesus weiß es aus seiner eigenen Erfahrung und die Evangelien schildern es plastisch, auch wenn Jesus dieser Versuchung widersteht.

trennen können. Wenn das Loslassen von materiellen Gütern zur unbewältigbaren Aufgabe wird, dann wird die Forderung nach Armut radikal. Denn nur so kann sich der Mensch wieder frei machen und sich Gott in dieser neugewonnen Freiheit zuwenden. Und auch heute noch ist es für die meisten Menschen nicht möglich, sich leichten Herzens von ihren wahrscheinlich hart erarbeiteten Gütern zu trennen. Wären die Forderungen Jesu unmöglich erfüllbar, dann würde für den Großteil der Menschheit nur Traurigkeit und Hoffnungslosigkeit bleiben. Für Jesus ist es eine anstrebenswerte Norm, seine Vorstellung von einer Ethik des Geldes in die Realität umzusetzen. Er weiß aber auch um die Schwächen der Menschen und Gott zeigt dies in seiner Barmherzigkeit, sich den Menschen nicht zu verschließen, sondern sich ihnen zu öffnen. Diese Barmherzigkeit Gottes soll nun auch z. B. für den Menschen werden. Der Topos der unermesslich barmherzigen Zuwendung Gottes ist ein Spezifikum der lukanischen Gleichnisrede.[36] Dieser Kontext prägt ebenfalls das Gleichnis in Lk 16,1–9 und gibt seiner Deutung ihren Ort. Der ungerechte Mammon soll genutzt werden um Taten der Nächstenliebe zu vollbringen, als Investition „für himmlischen Zins und Zinseszins"[37]. Das Geld, welches man erwirtschaftet hat, ist aus sich heraus nicht etwas Schlechtes, aber auch nicht etwas Gutes. Eine Wertung erfährt es durch den gewählten Einsatz. Wer sein Geld in den Dienst der Menschen stellt, und wenn auch nur zum Teil, der ist auf dem richtigen Weg der Ethik Jesu. Nicht die Größe des Betrages ist entscheidend, sondern die Intention, das wird eindrucksvoll am Beispiel des Opfers der armen Witwe dargestellt, die obwohl sie in der Summe so wenig gegeben hat, doch das größte Opfer gebracht hat (vgl. Mk 12,41–44). Die Gefahr des Konsums als eine Art Droge kann zum Leben dazugehören. Die Krisis liegt im Besitz selbst zu Grunde. Je größer er ist, umso größer kann das Verlangen nach einem noch größeren Besitz werden. Eine Befriedigung der Nachfrage an materiellen Gütern führt anscheinend nicht zwangsweise zu einer Sättigung derselben, sondern ruft immer neue Begierde hervor. Zu dieser Feststellung gelangt nicht ein Theologe, welcher sich der Armut verschrieben hat, sondern der tschechische Ökonom Tomáš Sedláček.[38] Daher spricht Christus die Menschen auch heute noch an, wenn er sie zur Entscheidung aufruft, denn „ihr könnt nicht beiden dienen, Gott und dem Mammon" (Lk

---

[36] Vgl. hierzu nur die Gleichnisse von der freudigen Aufnahme jedes heimgekehrten Sünders (Lk 15,1ff) sowie von der unergründlichen Zuwendung des Vaters in Lk 15,11ff.
[37] Söding, Nächstenliebe, 121.
[38] Vgl. Sedláček, Die Ökonomie, 276.

16,13). Wo das Geld zum Herrn wird und den Menschen versklavt, da wird die Ethik Jesu in ihrer eigenen Radikalität und Aufforderung zur Umkehr konkret und er selbst zum Weg, der zur Wahrheit und zum Leben führt und schlussendlich sein Ziel beim himmlischen Vater hat (vgl. Joh 14,6).

5. Literatur

Berges, U./Hoppe, R., Arm und Reich (NEB.T 10), Würzburg 2009
Bovon, F., Das Evangelium nach Lukas (EKK III/3), Neukirchen-Vluyn 2001
Eckey, W., Das Lukasevangelium. Bd. 2, Neukirchen-Vluyn 2004
Ernst, J., Das Evangelium nach Lukas (RNT), Regensburg 1993
Fitzmyer, J. A., The Gospel According to Luke. Introduction, Translation and Notes (AncB 28a), New York 1985
Jeremias, J., Die Gleichnisse Jesu, Göttingen 1952
Klein, H., Das Lukasevangelium (KEK I/3), Göttingen 2006
Lang, B., Jesus der Hund. Leben und Lehre eines jüdischen Kynikers, München 2010
Neumann, N., Armut und Reichtum im Lukasevangelium und in der kynischen Philosophie, Stuttgart 2010
Pascal, B., Über die Religion, Heidelberg, 1937
Puig i Tàrrech, A., Jesus. Eine Biografie, Paderborn 2011
Reinmuth, E., Der beschuldigte Verwalter, in: R. Zimmermann (Hg.), Kompendium der Gleichnisse Jesu, Gütersloh 2007
Sandel, M. J., Was man für Geld nicht kaufen kann. Die moralischen Grenzen des Marktes, Berlin 2012
Schmithals, W., Das Evangelium nach Lukas, Zürich 1980
Schottroff, L., Die Gleichnisse Jesu, Gütersloh 2010
Schweizer, E., Das Evangelium nach Lukas (NTD 3), Göttingen 1982
Sedláček, T., Die Ökonomie von Gut und Böse, München 2012
Söding, Th., Die Verkündigung Jesu. Ereignis und Erinnerung, Freiburg i. Br. [u. a.] 2012
—, Nächstenliebe. Gottes Gebot als Verheißung und Anspruch, Freiburg i. Br. [u. a.] 2015
Vorholt, R., Das Osterevangelium. Erinnerung und Erzählung (HBS 73), Freiburg i. Br. [u. a.] 2013
Wiefel, W., Das Evangelium nach Lukas (ThHK 3), Berlin 1988

Joachim Wiemeyer

„Gebt dem Kaiser, was dem Kaiser gehört, und Gott, was Gott gehört" (Mt 22,21b)
Sozialethische Überlegungen zur Besteuerung

1. Einleitung

Die neuzeitlichen Revolutionen in den USA 1776 und in Frankreich 1789 wurden durch Steuerkonflikte ausgelöst. So sollten die nordamerikanischen Siedler in den britischen Kolonien zwar an die englische Krone Steuern zahlen, nicht aber Sitze im englischen Parlament in Westminister erhalten und über die Höhe sowie die Verwendung der Steuermittel mitbestimmen können. Der Moralphilosoph und Begründer der Nationalökonomie, Adam Smith (1723–1790), hielt in seinem berühmten Werk über den „Wohlstand der Nationen"[1] ebenfalls aus dem Jahr 1776 die Forderung der amerikanischen Siedler für berechtigt und war sogar der Auffassung, wenn die englischen Kolonien mehr Steuern als das Mutterland zahlen, der Sitz des Parlaments nach Nordamerika verlegt werden müsse.

In Frankreich veranlasste die marode Situation der Staatsfinanzen und die Notwendigkeit von Steuererhöhungen König Ludwig XVI. nach mehr als 100 Jahren wieder die Nationalversammlung einzuberufen. Damit löste er eine unbeabsichtigte Dynamik aus, die letztlich zu seinem Sturz und seiner Hinrichtung führte. Einer der wesentlichen Grundsätze der beiden Revolutionen, die im Laufe der Zeit zur Parlamentarisierung in vielen Ländern führte, war der Grundsatz „no taxation without representation". Während sich im weltlichen Bereich diese Forderung nach Mitentscheidung und Transparenz über die Verwendung der Steuermittel durchgesetzt hat, muss man für den Bereich der katholischen Kirche in Deutschland konstatieren, dass, bis in die Gegenwart hinein, hier Defizite bestehen.[2]

In der theologischen Diskussion wird selten hervorgehoben, dass Steuern nicht nur bei den welthistorischen Ereignissen der französischen und amerikanischen Revolution eine wichtige Rolle gespielt haben, sondern in zentralen Texten des Neuen Testaments, die mit

---

[1] Smith, Der Wohlstand der Nationen.
[2] Vgl. Wiemeyer (Koordination), Kirche und Geld.

Weihnachten und Karwoche das Kirchenjahr prägen, nämlich bei der Geburt Jesu und bei seiner Verurteilung zur Kreuzigung. Im Folgenden wird zunächst auf die Frage von Steuern im Neuen Testament eingegangen. Im Anschluss daran werden aktuelle sozialethische Überlegungen zur Besteuerung angestellt.

2. Das Steuersystem zur Zeit Jesu

In Gebieten, die wie in Palästina zur Lebenszeit Jesu, unter römischer Fremdherrschaft standen, erhob die römische Besatzungsmacht Steuern, die nach Rom abgeführt werden mussten.[3] Es war eine wichtige Aufgabe des jeweiligen Statthalters für die Einziehung der Steuern zu sorgen. Dabei gab es keine direkte römische Steuerbehörde, sondern der römische Staat verpachtete Regionen an private Unternehmer, die häufig dann wieder Unterpächter hatten, die bei den einzelnen Personen die Steuern eintreiben mussten. Diese privaten Unternehmer hatten zwar römische Vorgaben über die Höhe der einzuziehenden Steuern, wozu auch eine Kopfsteuer für jeden gehörte. Sie bemühten sich aber, möglichst viel aus der Bevölkerung herauszupressen.

In deutschsprachigen Bibelübersetzungen werden die Steuererheber bzw. -eintreiber üblicherweise mit „Zöllner"[4] übersetzt. Hingegen ist es im Englischen üblich, sie nicht mit „customer", sondern als „tax-collectors"[5] zu bezeichnen. Wenn man dem Englischen folgte, würde viel häufiger, z. B. in der Liturgie von „Steuer" gehört, bzw. in der Bibel gelesen werden. Deshalb wird im Folgenden auch nicht das geläufige Wort der deutschen Bibelübersetzungen „Zöllner", sondern „Steuereintreiber" benutzt. Dies hat im Gegensatz zu „Steuererheber" einen negativen Beigeschmack, ähnlich wie es wohl für „Zöllner" zurzeit Jesu galt, wenn Zöllner mit Dirnen und Sündern in einem Atemzug (vgl. Mt 9,12) genannt werden. Die Steuereintreiber sind übrigens der am häufigsten erwähnte Beruf im Neuen Testament, nicht etwa Fischer.

Die drückende Steuerlast in römischen Kolonien hatte zur Folge, dass es einerseits Proteste und Aufstände gegen die Steuerlast gab. In Palästina kamen bei Protestbewegungen wie den jüdischen Zeloten noch religiöse Gründe hinzu, weil mit der Abbildung des Kaisers auf der Münze zur Steuerzahlung, der sich als Gott verehren ließ, eine

---

[3] Vgl. Pausch, Steuern in der Bibel; Stenger, Gebt dem Kaiser.
[4] Vgl. Herrenbrück, Art. Zöllner, 1487f.
[5] Vgl. Macoby, How Unclean Were Tax-Collectors?, 60–63.

religiöse motivierte Ablehnung verbunden war. Der Aufstand 66–70 n. Chr. begann mit einer Verweigerung der Steuerzahlung.[6]
Neben der römischen Besteuerung gab es für Juden noch eine Tempelsteuer. Diese führte zu erheblichen Einnahmen und einer Vermögensansammlung im Tempel, sodass der Tempelschatz aus Gold- und Silbermünzen auch mehrfach von Fremdherrschern (z. B. 66 n. Chr., um die Steuerzahlung der Provinz nach Rom trotz des Steuerboykotts sicherzustellen)[7] angeeignet wurde.

3. Steuern im Neuen Testament

In Lk 2,1f sind es die „Steuerlisten", die die römische Besatzungsmacht erstellen lässt, die die Ursache dafür darstellen, dass Jesu nicht am Wohnort seiner Eltern in Nazareth geboren wird, sondern in Bethlehem. Wegen des aus steuerlichen Gründen durchgeführten „Census" also findet die Geburt nicht in einem festen Haus, sondern bloß in einem Stall statt.
Im Lukasevangelium (vgl. 3,12f) beginnt das öffentliche Auftreten Jesu mit der Taufe des Johannes. Zu ihm heißt dort, dass Johannes viele Sünder mit seinen Bußpredigten anzog, darunter auch Soldaten und „Steuereintreiber". Letzte ermahnte er, nicht mehr zu verlangen, als ihnen zusteht.
In zwei wichtigen Bekehrungsgeschichten spielen Steuereintreiber eine wichtige Rolle. Dies gilt zum einen für die Berufung des Apostels Matthäus (vgl. Mt 9,9). Zum anderen gilt dies für die Bekehrung von Zachäus (vgl. Lk 19,1–10), der selbst ein Steuergebiet gepachtet hatte und andere Steuereintreiber beschäftigte (der oberste der Steuereintreiber). Dass Jesus mit Steuereintreibern verkehrte, sich von ihnen einladen ließ und mit ihnen Mahlgemeinschaft hielt, wurde ihm von rechtgläubigen Juden vorgehalten.
Da die jüdischen Gegner Jesus eine Falle stellen wollten (vgl. Mk 12,13–17 par), wurde er gefragt, ob es erlaubt sei, dem Kaiser Steuern zu zahlen. Wenn Jesus geantwortet hätte, es sei erlaubt, dann hätte er sich bei den strenggläubigen Juden diskreditiert, weil er sich damit auf die Seite der verhassten römischen Besatzungsmacht gestellt hätte. Wenn er die Steuerzahlung ablehnt, musste er in den Augen der Römer ein „Steuerrebell" und Aufrührer sein. Indem Jesus die Gegenseite auffordert, ihm eine Steuermünze zu reichen, diskreditiert er allerdings die anwesenden strenggläubigen Juden, weil sie in ihrem Besitz

---
[6] Vgl. Stenger, Gebt dem Kaiser, 72f.
[7] Vgl. ebd.

eigentlich gar keine Steuermünze mit dem Bild des Kaisers haben dürften. Mit seiner Aussage „So gebt dem Kaiser, was dem Kaiser gehört, und Gott, was Gott gehört" entzieht er sich der gestellten Falle. Als gehorsamer Jude zahlt Jesus die Tempelsteuer (vgl. Mt 17,24f). Indem Jesus die Geldwechsler und Händler aus dem Tempel (vgl. Mt 21,12f) treibt, tritt er der Kommerzialisierung des Tempels entgegen, ggf. handelt es sich um eine grundsätzliche Kritik am Opferkult des Tempels.[8]
Als Jesus verhaftet wird vom hohen Rat der Juden und dem Hohenpriester Pilatus vorgeführt wird, heißt die Anklage, Jesus habe gefordert, dem Kaiser keine Steuern (vgl. Lk, 23,2) zu zahlen. Eine Steuerverweigerung in einer Provinz ist für einen römischen Statthalter ein großes Problem, hat er doch die Aufgabe Ruhe und Ordnung in der Provinz zu sichern und wesentlich auch die Steuereintreibung für Rom zu ermöglichen. Ein Steuerprotest wäre also für ihn verhängnisvoll. Daher ist es für einen Statthalter wie Pilatus wichtig, eine mögliche Steuerverweigerung bereits im Ansatz zu unterbinden. Der Beschluss zur Kreuzigung Jesu geht auch darauf zurück.
In den übrigen Schriften des Neuen Testaments werden Steuern noch in dem wichtigsten Brief des Apostels Paulus, dem Römer-Brief, eine Rolle. In Röm 13, wo Paulus das Verhältnis zum Staat behandelt, spricht er auch. die Pflicht zur Steuerzahlung als zentrale Loyalitätsobliegenheit gegenüber dem Staat an (vgl. V. 6f).

4. Zwischenfazit

Für die Sozialethik stellt sich die Frage, ob das Neue Testament hinsichtlich moderner Besteuerungsfragen eine Relevanz hat. Denn es gibt den grundlegenden Unterschied, dass weder eine Besatzungsmacht aus einer Provinz Steuern für die Herrschaftszentrale erhebt, in Deutschland noch im Rest Europas oder weltweit existiert. Auch erfolgt die Steuererhebung in der Regel durch staatliche Behörde und stellt kein Weg für Unternehmer zur Gewinnerzielung dar. Eine sozialethische Problematik könnte darin liegen, ob es Konstellationen gibt, in denen ausländische Mächte sich mit Hilfe einheimischer Kollaborateure die Ressourcen fremder Länder aneignen. Im Kontext der in der lateinamerikanischen Theologie der Befreiung[9] diskutierten Dependenztheorie ist dies behauptet worden. In lateinamerikanischen Staaten würde es einheimische Kräfte in der Politik

---

[8] So die Auffassung bei dems., 182–184.
[9] Vgl. Wiemeyer, Zum Verhältnis, 253–267.

geben, die etwa mit transnationalen Konzernen zusammenarbeiten und diesen sichere Gewinne garantieren, ohne dass die Mehrheit der einheimischen Bevölkerung profitiert (Zentrum-Peripherie-These). Ein zweiter Ansatzpunkt könnte darin liegen, dass sich die Sozialethik überhaupt Fragen der Besteuerung als zentralen gesellschaftlichen Gerechtigkeitsfragen annimmt. In der Christlichen Sozialethik gibt es dazu in den letzten Jahren wenige Auseinandersetzungen.[10] Dies ist dadurch bedingt, dass es sich bei Steuern um hochkomplexe Materien handelt. Für Steuern ist ein Spezialwissen erforderlich. Selbst, wenn aber genaue Kenntnisse über die Steuergesetzgebung bestehen, gibt es eine weitere Schwierigkeit. So ist zu fragen, ob diejenige, die die Steuern zahlen, tatsächlich auch die Steuerlasten tragen oder ob sie an andere weitergewälzt werden können.
Diese Trennung von Steuerzahlung und Steuerlasttragung kann man am Beispiel eines brasilianischen Fußballstars erläutern, der aus verschiedenen europäischen Ligen ein Angebot erhält. Wenn der Brasilianer gut beraten ist, wird er den spanischen, französischen, italienischen, englischen und deutschen Interessenten sagen, dass ihn das Bruttogehalt nicht interessiert, sondern nur das Nettogehalt. Wenn also in einem europäischen Land die Steuersätze höher als in anderen Ländern sind, muss der Verein, indirekt eben die Zuschauer im Stadion oder die Fernsehzuschauer, mehr bezahlen. Nur auf dem Papier zahlt also der Spieler seine Steuern selbst, tatsächlich werden sie von den Fans getragen. Solche Überwälzungsmöglichkeiten hängen von konkreten Marktlagen ab. Wenn bei einem angespannten Wohnungsmarkt Steuern für Haus- und Grundbesitzer erhöht werden, werden diese versuchen, sie an die Mieter weiterzugeben. Wenn es aber erhebliche Leerstände gibt, werden sie dazu nicht in der Lage sein.
Die gesetzlich beabsichtigte Sicht zur Zahlung von Steuern kann aber nicht nur wegen Überwälzungsmöglichkeiten von der tatsächlichen Trägerschaft abweichen, auch kann es wegen legalen Umgehungsmöglichkeiten, bei Lücken in der Erfassung steuerpflichtiger Einkommen oder zu einer unzureichenden Steuerverwaltung (z. B. bei der Betriebsprüfung) zu Abweichungen kommen.[11] Solche für die Beurteilung der Gerechtigkeit eines Steuersystems relevanten Sachverhalte sind aber nur schwer zu ermitteln und selbst unter Fachleuten umstritten. Trotzdem sollen im Folgenden einige sozialethische Überlegungen zur Besteuerung angestellt werden.

---

[10] Vgl. den Überblicksartikel von Fisch, Die gleiche Besteuerung, 97–107.
[11] Vgl. zu solchen Problemen Schöbel, Ermittlung, 111–121.

5. Sozialethische Überlegungen zu Besteuerung

Steuern können verschiedenen Zwecken dienen: der Finanzierung der allgemeinen Staatsaufgaben, spezieller Staatsaufgaben (Finanzierung von Verkehrswegen durch KFZ- und Mineralölsteuern), der Eindämmung unerwünschter Aktivitäten (Alkohol- und Tabaksteuern) sowie im Gegenzug zu staatlichen Transferzahlungen zu der Umverteilung von Einkommen und Vermögen (durch Einkommens-, Erbschafts- und ggf. Vermögenssteuer). Im Folgenden wird auf diese Umverteilungsdimension eingegangen, weil hier die öffentliche Aufmerksamkeit liegt. Vor allem seit der Studie des Franzosen Piketty[12] gewinnt diese Fragestellung an öffentlicher Aufmerksamkeit und wird zunehmend in den Medien diskutiert.[13]
Im Neuen Testament setzt Jesus, etwa in der Begegnung mit dem reichen Jüngling (vgl. Mk 10,17–27), auf die freiwillige Bereitschaft zur Umverteilung. Im modernen Staatswesen will man sich auf freiwillige Umverteilungen, die etwa mit den Stiftungen in den USA eine große Tradition hat, nicht verlassen, sondern will eine zwangsweise Umverteilung über Steuern durchführen. Indem man reichen Personen aber die Möglichkeit der steuerlichen Absetzbarkeit von Spenden und der Errichtung von Stiftungen ermöglicht, eröffnet man ihnen auch in der Gestaltung der Sozialpflichtigkeit ihres Einkommens oder Vermögens einen Spielraum.

6. Zur Entstehung von Reichtum

Bevor man Überlegungen darüber anstellt, wie Vermögen und darauf beruhende hohe Einkommen umverteilt werden können, ist zunächst die Entstehung von Vermögen zu bedenken. Denn wenn eine ethisch problematische Vermögensentstehung vermieden werden kann, besteht weniger Bedarf der nachträglichen Umverteilung. Dazu muss man sich zunächst ansehen, welche Formen der Entstehung großer Vermögen es gibt:
Die erste traditionelle Möglichkeit besteht in Feudalgesellschaften, die strukturell durch die Verbindung von politischer und ökonomischer Macht gekennzeichnet sind. Dort wird die politische Macht mit dem ökonomischen Reichtum zusammen vererbt. Restbestände dieser Verbindung findet man in westlichen Industrieländern noch in Monarchien (v. a. wenn sie mit Steuerprivilegien verbunden sind). Dieses

---

[12] Vgl. Piketty, Das Kapital.
[13] Vgl. etwa die Serie in der FAZ 2016 zu „arm und reich".

Phänomen hat aktuell hohe Bedeutung in Ölländern am Persischen Golf.
Eine zweite Möglichkeit besteht darin, dass aktuelle politische Herrscher den Besitz der politischen Macht nicht als Dienst am Gemeinwohl, sondern als Instrument zur persönlichen Bereicherung betrachten. Solche Herrscher klammern sich lange Jahre an die politische Macht und versuchen diese wie den dadurch erworbenen Reichtum auch auf ihre Familie zu übertragen. Beispiel hierfür sind Ölländer wie Angola. Dort soll die Tochter Isabel dos Santos des langjährigen Staatspräsidenten inzwischen zur reichsten Frau Afrikas aufgestiegen sein.
Die dritte Möglichkeit besteht in radikalen gesellschaftlichen Umbruchprozessen wie nach der Transformation des Sozialismus (ehemalige Sowjetunion), in denen in Verbindung mit Politikern und/oder Bürokraten entweder selbst oder von diesen begünstigten Personen aus der Privatisierung von Staatseigentum massive Vorteile ziehen konnten (sog. Oligarchen). Dabei kann Korruption eine wichtige Rolle spielen.
Die vierte Möglichkeit besteht darin, dass man in grundsätzlich demokratischen Rechtsstaaten mit Privateigentum und Wettbewerb extra hohe Gewinne erzielen kann, durch Monopolbildung und Kartellierung zu Lasten von Abnehmern und Konsumenten, zu Lasten von Arbeitnehmern, durch Drücken der Löhne oder anderen Arbeitsbedingungen oder auf Kosten der natürlichen Umwelt sowie durch Steuervermeidung oder gravierende Steuerreduzierung, obwohl man die Vorteile eines funktionierenden Staates (wie Schutz seines Privateigentums, Rechtssicherheit im Geschäftsverkehr, Infrastruktur, Bildungssystem etc.) nutzt.
Die fünfte Möglichkeit besteht in innovativen Arbeitsleistungen, unternehmerischer Erfindungsgabe etc., indem man Märkte grundlegend umwälzt oder ganz neue Märkte schafft. Während bei Unternehmen, die von einem Unternehmer zu Milliarden-Vermögen anwachsen, sich immer die Problematik zeigt, wie bei einer Teamleistung der Ertrag auf die einzelnen Teammitglieder verteilt wird, gibt es auch Fälle, wie bei der früheren Sozialhilfeempfängerin Joanne K. Rowling *(Harry Potter)*, dass große Vermögen[14] praktisch auch aus der Arbeitsleistung einer Person erwachsen können.
Die sechste Möglichkeit besteht in einer Erbschaft.
Wenn diese sechs Möglichkeiten betrachtet werden, ist festzuhalten, dass in einem demokratischen Rechtsstaat feudale Strukturen keinen

---

[14] Forbes zählte sie bereits zu den Dollar-Milliardären, was Rowling bestritt.

Platz haben, ebenso wie die Verbindung von Politik und Reichtum. Die Verhinderung von Monopolgewinne sowie der Schutz von Arbeitnehmerrechten und der Umwelt gehören auch dazu. Außerdem hat der demokratische Staat die Besteuerungshoheit.

Probleme können sich also erstens dadurch ergeben, dass Länder keine demokratischen Rechtsstaaten sind, sodass sie in solche umgewandelt werden müssen. Zweitens kann innerhalb demokratischer Rechtsstaaten der Vorrang der Politik vor der Wirtschaft nicht umfassend durchgesetzt sein. Drittens besteht die Möglichkeit, dass es auch zwischen demokratischen Rechtsstaaten dazu kommt, dass sie, in einem Wettbewerb um mobile Faktoren, diesen ungerechtfertigte Vorteile verschaffen und diese im Vergleich zu Einheimischen bevorzugen. Diese Strategie können aber immer nur Kleinstaaten verfolgen: „Durch die Integration und den Freihandel mit den Nachbarn reich werden und ihnen gleichzeitig ihr Steueraufkommen abzuzapfen, ist nichts anderes als schierer Diebstahl."[15] Es handelt sich nicht um eine Strategie, die universalisierbar ist, weil Deutschland durch einen Verzicht auf eine Besteuerung von Unternehmensgewinnen und Finanzanlagen nicht so viele Arbeitsplätze schaffen könnte, dass der Ausfall kompensiert wird. Dies gilt aber für Luxemburg u.ä. Länder.

Aus ethischer Sicht ist es wesentlich, dass Reichtum durch innovative Marktleistungen entstehen, indem Güter und Dienste angeboten werden, die von einer Vielzahl von Menschen dadurch geschätzt werden, dass sie deren freiwillige, individuelle Zahlungsbereitschaft auslösen. Wenn Eigentum legal erworben wurde, ist es ein legitimes Interesse von Menschen dieses auch an Familienmitglieder und andere weiter zu vererben.

7. Zur Besteuerung von hohen Einkommen und Vermögen

Auch im christlichen Kontext, v. a. in den USA, gibt es extreme wirtschaftsliberale Strömungen, die im Rückbezug auf die biblischen Schriften für einen liberalen Minimalstaat mit einer geringen Besteuerung eintreten.[16] Nach den Schriften des Alten Testaments ist die Abgabe des Zehnten (vgl. Dtn 14,22) vorgesehen. Von diesen christlich-wirtschaftsliberalen Kreisen wird daher eine Staatstätigkeit, die über eine Besteuerung von 10 % hinausgeht, als problematisch angesehen. In der katholischen Sozialethik macht man sich diese Position

---

[15] Piketty, Das Kapital, 707.
[16] Vgl. North, Die freie Marktwirtschaft, 29–74.

nicht zu Eigen, weil man den ganz anderen gesellschaftlichen Kontext heutiger Wirtschafts- und Sozialstrukturen in Rechnung stellt. Die Bürger können auf demokratischen Weg beschließen, dass sie größere Teile ihres Einkommens an den Staat abtreten, damit dieses zum Wohl der Bürger (öffentliche Güter) verwandt und besser als durch individuelle Käufe ausgegeben wird. Um den Gedanken an einem konkreten Beispiel zu verdeutlichen: So wäre es in Deutschland (Ruhrgebiet) nicht denkbar, dass der Verkehrsfluss auf Autobahnen noch weiter durch eine Vielzahl von Mautstellen unterbrochen würde. Es ist grundsätzlich einsichtig, dass Bürger gemeinsam beschließen einen Teil ihres Einkommens über Steuern gemeinsam für gemeinschaftliche Aufgaben (Straßenbau) zu verwenden.

Nun gibt es Bürger (Unternehmen), die sich (teilweise) der Steuerpflicht entziehen. Dabei sind verschiedene Konstellationen zu unterscheiden:

Man ist grundsätzlich für Inhalt und Umfang der Staatsausgaben, entzieht sich aber seines Finanzierungsbeitrages. In solchen Fällen ist ein unmoralisches Verhalten offenkundig.

Man lehnt den Umfang oder bestimmte Arten der Staatsausgaben ab, und verweigert deshalb seine Zahlung. Dieses kann ein hoch moralisches Anliegen sein, wenn man sich etwa nicht an der Finanzierung eines Krieges beteiligen will. Dann kann Steuerverweigerung ein Akt „zivilen Ungehorsams" sein,[17] der dann aber öffentlich zu machen ist, und nicht durch heimliche Steuerhinterziehung erfolgen darf. Zudem sollte man im politischen Diskurs andere Bürger von seiner Überzeugung gewinnen, sodass die Staatsausgaben verändert werden.

Man ist der Auffassung, dass Politiker und staatliche Bürokratie die Mittel nicht sachgerecht verwenden, sie entweder für eigene Zwecke nutzen bzw. ineffizient einsetzen und verschwenden. Auch hier ist durch den demokratischen Prozess auf die Einführung von Kontrollmechanismen hin- und auf die öffentliche Meinung entsprechend einzuwirken (z. B. Bund der Steuerzahler).

Bei Umverteilungsmaßnahmen des Staates durch progressive Einkommenssteuer ist man der Auffassung, dass man selbst als Leistungserbringer durch Steuern zu sehr belastet wird, während Personen, die aus den Steuermitteln Transfers erhalten, aber prinzipiell in der Lage wären, ein eigenes Einkommen zu erzielen, durch unnötige oder zu hohe Transferzahlungen begünstigt werden.

---

[17] Die Steuerverweigerung 1982 durch Erzbischof Hunthausen (Seattle 1975–1991, geb. 1921 letzter lebender US-Bischof der am Zweiten Vatikanum teilnahm) war ein solcher in der breiten Öffentlichkeit bekannter Fall. Aufgrund seiner politisch wie binnenkirchlich kritischen Haltung erhielt 1985 vom Vatikan einen Bischofskoadjutor und wurde mit 70 Jahren vorzeitig in den Ruhestand versetzt.

Eine Vermögenssteuer wird abgelehnt, weil Vermögen aus bereits versteuerten Einkommen entstanden ist. Ebenso wurde ein Vermögen, das vererbt wird, von dem Erblasser bereits versteuert. Aus sozialethischer Sicht[18] sind daher vier Aspekte zu diskutieren: Begründet ein Vermögen eine eigenständige ökonomische Leistungsfähigkeit, sodass die Verfügung über ein Vermögen eine Zusatzbesteuerung zu Einkommen aus Arbeit legitimiert? Ist eine Erbschaftssteuer legitim? Kann eine progressive Einkommenssteuer gerechtfertigt sein? Wie sind Transferzahlungen an Personen, die kein eigenes Einkommen erzielen und nicht über Vermögen verfügen, zu bemessen?

In der Gegenwart ist es so, dass Einkommen aus Geldvermögen (Aktien, Dividenden) oberhalb von 801 Euro mit 25 % zuzüglich Solidaritätszuschlag und ggf. Kirchensteuer belastet werden, hingegen höhere Arbeitseinkommen mit 42 %, bei der Reichensteuer mit 45 % (ab 250.000 Ledige, 500.000 Euro Verheiratete) auch jeweils zuzüglich Solidaritätszuschlag und ggf. Kirchensteuer. Das gegenwärtige Problem des deutschen Steuersystems besteht also darin, dass „arbeitsloses Einkommen" steuerlich besser behandelt wird als Arbeitseinkommen. Eingeführt wurde diese Regelung, um die Abwanderung von Kapital ins Ausland zu bremsen. Denn Finanzkapital ist mobiler als Arbeit. Indem in der Gegenwart zunehmend zwischen Staaten ein Informationsaustauch vereinbart wird, fällt dieses Argument weg. Daher ist zumindest eine Gleichbehandlung von Arbeits- und Kapitaleinkommen sinnvoll, sodass Bezieher von höheren Kapitaleinkommen, nicht mehr den niedrigen Steuersatz von 25 %, sondern ihren persönlichen Steuersatz zahlen sollten.

Da Einkommen aus Vermögen in der Regel weniger Anstrengungen bedarf als Einkommen aus Arbeit ist es sinnvoll, dieses sogar etwas höher als gleichhohes Einkommen aus Arbeit zu versteuern. Dies könnte dadurch geschehen, dass sehr hohe Vermögen mit einer Vermögenssteuer belastet werden. Dagegen könnte eingewandt werden, dass man Arbeitseinkommen aufsplitten könnte, indem man einen Teil des Arbeitseinkommens oberhalb des niedrigen Einkommens für ungelernte Arbeit als Verzinsung von „Humankapital" ansieht. Wenn z. B. zwei Personen einen identischen Betrag erben, die eine Person das Geld am Kapitalmarkt anlegt, die andere Person dafür eine sehr teure, privat zu bezahlende Ausbildung absolviert, müsste der Kapitalinvestor Vermögenssteuern entrichten, während derjenige, der seine Qualifikation durch Bildung erhöht hat, auf das vermehrter Humankapital nicht. Zu diesem Gerechtigkeitsproblem

---

[18] Die nachfolgenden Überlegungen lehnen sich an meinen Beitrag „Grenzen der Ungleichheit" an.

ist aber anzumerken, dass Humankapital (z. B. durch Krankheit) verletzlicher und risikobehafteter ist, weil man sein Humankapital nicht zur Risikoabsicherung streuen kann und Humankapital in der Regel in eine Verwendung (ein Arbeitsplatz) eingesetzt werden kann, während größere Vermögen in Immobilien, Aktien, festverzinsliche Papiere im In- wie Ausland gestreut werden können. Daher erscheint eine Differenzierung von Investitionen zwischen Human- und Sachkapital als gerechtfertigt.

Ähnlich wie bei einer Vermögenssteuer wird bei der Erbschaftssteuer kritisiert, dass das Erbvermögen bereits aus versteuerten Einkommen entstanden ist. Dagegen ist aber einzuwenden, dass hier weniger die Perspektive des Erblassers als vielmehr die Perspektive des Erbempfängers in den Blick zu nehmen ist. Wenn zwei Personen 100.000 Euro Einkommen haben, eine der beiden Personen aber weitere 100.000 Euro durch eine Erbschaft erhält, ist die zweite Person sicherlich wirtschaftlich leistungsfähiger als die erste Person. Dafür, nicht einfach die Erbschaft in die Einkommenssteuer eines Jahres einzubeziehen, spricht, dass eine Person in der Regel nicht jedes Jahr erbt, sondern dies sehr selten vorkommt, sodass hier niedrigere Steuersätze anzusetzen sind.

Dies spricht ebenso für eine gesonderte Erbschaftssteuer wie die Tatsache, dass man durch unterschiedlich hohe Freibeträge für verschiedene Gruppen von Erben (Ehepartner, Kinder, Enkel; außenstehende Personen) differenzieren kann, um z. B. eine wirtschaftliche Absicherung von Ehepartnern und Kindern sicherzustellen oder zu verhindern, dass man allein wegen der Zahlung einer Erbschaftssteuer gezwungen ist, ein eigenes Haus oder eine eigene Wohnung, in der man möglicherweise jahrzehntelang wohnt, aufzugeben oder ein Familienunternehmen zu veräußern.

Für eine Vermögenssteuer und eine Erbschaftssteuer spricht auch, dass in der Vergangenheit bestimmte Einkommen oder Wertzuwächse bisher steuerlich noch gar nicht erfasst wurden, weil sie legal steuerfrei waren oder aber die Steuererfassung unvollkommen war. Eine Vermögens- und Erbschaftssteuer ermöglicht damit nachträglich zumindest gewisse Korrekturen. Legal steuerfrei sind u. a. Lottogewinne, Preise, v. a. aber Veräußerungsgewinne aus dem Verkauf von Immobilien nach einer Haltefrist von zehn Jahren.

Eine progressive Einkommenssteuer, indem mit wachsenden Einkommen ein immer höherer Anteil als Steuer abgegeben werden muss, wird keineswegs einhellig gebilligt. Der Ökonomienobelpreisträger Friedrich A. von Hayek (1889–1992) lehnt eine solche Steuerprogression ab.[19] In

---

[19] Vgl. von Hayek, Die Verfassung, 387–408; ders., Recht.

einer Demokratie könnte eine relativ arme Mehrheit beschließen, die relativ reiche Minderheit progressiv zu besteuern. Dies hätte negative Entwicklungen, weil dann eine ineffiziente Staatstätigkeit zu weit ausgedehnt würde. Zum anderen könnte die wirtschaftliche Dynamik einer marktwirtschaftlichen Ordnung, die ein dezentraler Such- und Lernprozess ist, behindert werden. Zum einen könnten innovative Unternehmer aus ihren Gewinnen zu wenig nach der Steuer zurückerhalten, sodass sie zu wenig investieren und das Wachstum gehemmt würde. Zum anderen erfüllen reiche Personen auch in ihrem Konsumverhalten eine gesellschaftlich nützliche Funktion. Sie erwerben neue, und damit zuerst sehr teure Produkte – in der Gegenwart wäre an Elektroautos zu denken. Indem sie die Nützlichkeit und Funktionsfähigkeit der Produkte ausprobieren, testen sie diese. Falls sie sinnvoll sind, kommen solche am Anfang teuren Produkte bald in eine billigere Massenproduktion, die dann breiten Bevölkerungskreisen zugänglich wird. Die Tatsache, dass reichere Personen einige Jahre vor ärmeren Personen Konsumgüter erwerben können, stellt für Hayek kein Problem „sozialer Gerechtigkeit" dar. Vielmehr führen öffentliche Diskussionen über „soziale Gerechtigkeit" eher in die Irre.

Demgegenüber ist aber festzuhalten, dass sich Einkommen nie allein der Leistung einer einzelnen Person verdanken. Manche Menschen mögen hohe Begabungen in bestimmten Bereichen haben, sie lassen sich aber unter bestimmten gesellschaftlichen Verhältnissen nicht entfalten (durch Training und Ausbildung) oder es gibt für diese nur unter bestimmten gesellschaftlichen Konstellation eine Nachfrage. Weil die Gesellschaft, z. B. durch kostenlose Bildung und Ausbildung, durch die Infrastruktur, durch den rechtsstaatlichen Schutz von Eigentum, durch eine allgemeine gute Entwicklung erst hohe Einkommen ermöglicht, ist ein gesellschaftlicher Zugriff auf hohe Einkommen legitim. Auch kann die Höhe der Einkommen auch von Bedingungen (angeborene Begabungen, gute Gesundheit), glückliche Umstände in bestimmten Marktkonstellationen oder Änderung gesellschaftlicher Verhältnisse (z. B. hat der Fall der Berliner Mauer und der Fall der innerdeutschen Grenzen auf den Wert von Grundstücken Einfluss, ohne dass die begünstigten Grundstückseigentümer dafür eine Leistung erbracht hatten). Daher erscheint eine progressive Besteuerung legitim.

Umgekehrt muss eine solche Besteuerung Grenzen haben, weil auch jemand der eine angeborene Begabung als Sportler, Künstler etc. hat, diese erst durch hartes Training und langjähriges Üben entfalten muss. Manche, die eine identische Begabung haben, bringen die notwendige Disziplin nicht auf. Da man Begabungen von Menschen nicht kennt,

und wenn man sie kennt diese nicht zwingen kann, diese auch einzusetzen und zu entfalten, ist es im Sinne der Gesellschaft sinnvoll, auch durch ökonomische Anreize (Chance zu einem überdurchschnittlichen Einkommen) solche Leistungen hervorzubringen.
Vermögens-, Erbschafts- und progressive Einkommenssteuern werden dazu genutzt, Umverteilungsmaßnahmen durchzuführen, also an Personen ohne Einkommen oder nur geringen Einkommen unterhalb des jeweiligen Existenzminimums Zahlungen zu leisten. Dass Existenzminimum hat sich jeweils der ökonomischen Entwicklung anzupassen und steigt mit zunehmenden Wohlstand mit. Dass von Kritikern einer relativen Armutsgrenze vorgetragene Argument, dass wenn das Einkommen aller verdoppelt würde, es genauso viele Arme wie vorher gibt, ist verfehlt. Vielmehr zielt eine relative Armutsquote in der Gesellschaft sachgerecht darauf ab, die soziale Ungleichheit in der Gesellschaft auf jeder Höhe des Durchschnittseinkommens zu begrenzen. Dafür spricht auch, die Chancen nachfolgender Genrationen nicht zu ungleich werden zu lassen.
Wo genau Steuersätze für eine Erbschaftssteuer, eine Vermögenssteuer, eine progressive Einkommenssteuer liegen sollten, wie hoch die Freibeträge sind, wie hoch die relative Armutsquote sein sollte, hängt zum einen von empirischen Bedingungen, etwa den Folgen einer scharfen Progression auf die Leistungsbereitschaft, wie von hohen Transferzahlungen auf den Arbeitsanreiz ab. Diese Gesichtspunkte sind in den politischen Entscheidungen in Parlamenten zu berücksichtigen. Dort sind die genauen Beträge festzusetzen, wobei aus sozialethischer Hinsicht ein breiter Ermessensspielraum besteht.

8. Fazit

Seit in der Menschheitsgeschichte komplexere Sozialstrukturen mit einer Verstädterung und der Herausbildung größerer Räume als Staatsgebilde entstanden sind, spielen Steuern eine Rolle, setzt doch eine eigenständige Staatätigkeit mit entsprechenden Personal an Staatsdienern (Verwaltungsbeamte, Berufssoldaten) die notwendigen Einnahmen voraus. Darauf zu verzichten, Steuern zu erheben, können sich in der Gegenwart nur Kleinststaaten und Ölförderstaaten erlauben, in denen die Öleinnahmen so hoch sind, dass sie zur Staatsfinanzierung ausreichen. Zwischen Steuern und der politischen Ordnung eines Staates bestehen enge Zusammenhänge, weil sie das Verhältnis zwischen Bürger und Staat prägen. Deshalb gibt es zwischen Steuern und der modernen Demokratie einen engen Zusammenhang. Insofern stellen Steuern eigentlich ein zentrales Thema der Sozialethik dar.

Die Geschichte Palästinas unter römischen Fremdherrschaft, davon zeugen die Schriften des Neuen Testaments, waren stark durch die von den Römern auferlegte Steuerlast geprägt. Indem sowohl bei der Geburt Jesu, in seiner Verkündigung des Reiches Gottes und dem Ruf nach Umkehr, der sich auch an „Steuereintreiber" richtet, und beim Todesurteil durch Pilatus der Vorwurf der Steuerrebellion eine Rolle spielte, sind Steuern in die christliche Heilsgeschichte involviert.

9. Literatur

Fisch, A., Die gleiche Besteuerung aller nach Leistungsfähigkeit und ihre Grenzen – kirchliche Reflexionen über Steuergerechtigkeit, in: J. Alt/P. Zoll (Hg.), Wer hat, dem wird gegeben? Besteuerung von Reichtum: Argumente, Probleme, Alternativen, Würzburg 2016, 97–107

Herrenbrück, Walter, Art. Zöllner, in LThK^3 10 (2001), 1487f

Macoby, H., How Unclean Were Tax-Collectors?, in: BTB 31 (2001), 60–63

North, G., Die freie Marktwirtschaft, in: R. Clouse (Hg.), Armut und Reichtum. Die Wirtschaftssysteme aus christlicher Sicht, Marburg 1988, 29–74

Pausch, A./Pausch, J., Steuern in der Bibel, Frankfurt a. M. 1986

Piketty, T., Das Kapital im 21. Jahrhundert, München ^{2}2014

Schöbel, E., Ermittlung großer Einkommen – Herausforderungen für die Finanzämter bei der Ermittlung von Einkommen von Superreichen, in: J. Alt/P. Zoll (Hg.), Wer hat, dem wird gegeben? Besteuerung von Reichtum: Argumente, Probleme, Alternativen, Würzburg 2016, 111–121

Smith, A., Der Wohlstand der Nationen. eine Untersuchung seiner Natur und seiner Ursachen, München ^{11}2006

Stenger, W., „Gebt dem Kaiser, was des Kaisers ist [...]!" Eine sozialgeschichtliche Untersuchung zur Besteuerung Palästinas in neutestamentlicher Zeit (BBB 68), Frankfurt a. M. 1988

von Hayek, F. A., Die Verfassung der Freiheit, Tübingen 1971

—, Recht, Gesetzgebung und Freiheit, Tübingen 2003 (Nachdruck 2013)

Wiemeyer, J., Zum Verhältnis von Dependenztheorie und Befreiungstheologie, in: JCSW 28 (1987), 253–267

Wiemeyer, J. (Koordination), Amosinternational 2/2015 (Thema: Kirche und Geld)

—, Grenzen der Ungleichheit – Progressive Besteuerung aus vertragstheoretischer Sicht, in: J. Alt/P. Zoll (Hg.), Wer hat, dem wird gegeben? Besteuerung von Reichtum: Argumente, Probleme, Alternativen, Würzburg 2016, 57–66

BILDUNG

Julian R. Backes

Die Nazoräerschule
Bildung und Identität bei Lukas

1. Bekehrung heißt Belehrung

Das Christentum ist zu allen Zeiten seiner Geschichte eine Bildungsreligion.[1] Bildung gehört zum Glauben, weil die christliche Glaubensgemeinschaft um ihrer Heilssendung willen auf dem Weg zu den Völkern in verschiedenen Kulturräumen „bis ans Ende der Welt" (Apg 1,8) interaktionsfähig sein muss.[2] Für das neutestamentliche Bildungsverständnis sind in erster Linie die christologische Erschließung der Religion Israels (vgl. Joh 2,19–22; 1 Thess 5,21),[3] die Unterscheidung zwischen offenem Polytheismus und verborgenem Monotheismus (vgl. Apg 17,23; 1 Thess 1,9) sowie die Wandlung der eigenen Person durch die *imitatio Christi* (vgl. Röm 8,4.11; Eph 5,1f) konstitutiv.[4]

Der Glaube gehört zur Bildung, weil es ohne einen geklärten Gottesbezug nicht mehr Rationalität, sondern mehr Halbbildung und weniger Humanität gibt.[5] Die Frage nach dem Verhältnis von Religion und Vernunft findet im Neuen Testament in der paulinischen Dialektik von Torheit und Weisheit (vgl. 1 Kor 2,1–16) ein lautes Echo: Die Mysterien des Lebens Jesu sind eine Revolution der Liebe Gottes. Die Erneuerung des Glaubens und Denkens postuliert eine Erneuerung des Bildungsverständnisses. Weil es einen einzigen Gott gibt, der alle Menschen geschaffen hat, einen Herrn, der für alle gestorben ist, und einen Heiligen Geist, der allen beisteht, setzt die Kirche auf Bildung für alle (vgl. Eph 2,19; 4,4–6; 1 Thess 5,5–8).[6]

---

[1] Vgl. für das Neue Testament und seine Zeit Söding, Das Christentum als Bildungsreligion. Die Vorarbeiten zu diesem Buch haben den Impuls für die vorliegende theologische Skizze gegeben.
[2] Vgl. Backhaus, Religion als Reise, 7–10.
[3] Vgl. zum weisheitlichen Erziehungsmodell Israels Delkurt, Erziehung nach dem Alten Testament.
[4] Vgl. Söding, Neues Denken, 20–26.
[5] Vgl. Benedikt XVI., Apud Collegium a Bernardinis, 730.
[6] Vgl. Söding, Neues Denken, 9–11.16; ferner Turley, Paideia Kyriou.

Glaube und Bildung gehen christlich verstanden im Miteinander von Gnade und Freiheit ein reziprokes Verhältnis ein. Die Bedeutung von Bildung wird durch die Freiheit des Glaubens relativiert und so zugleich akzentuiert, da Bildung durch den Glauben darauf ausgerichtet ist, das Geschenk des Lebens auf dem Weg der Gottes- und Nächstenliebe zur Verwirklichung der persönlichen Berufung zu führen. Der Glaube setzt Umkehr (μετάνοια) voraus: Er macht nachdenklich, lässt weiter- und umdenken. Bekehrung ist immer Belehrung: eine, die nicht überredet, sondern überzeugt und Freiheit nicht einschränkt, sondern erst ermöglicht.[7] Das Programmwort der frühchristlichen Bildungsoffensive formuliert der Apostel Paulus in Röm 12,2:

> „Passt euch nicht dieser Welt an, sondern wandelt euch durch neues Denken, damit ihr beurteilt, was der Wille Gottes ist: das Gute und Wohlgefällige und Vollkommene."

Wie sich bereits in frühester Zeit einerseits das Selbstverständnis des Christentums als „Aufklärung [des Menschen] über sinnkonstitutive Unverfügbarkeit"[8] artikuliert und sich andererseits – von theologischen Reflexionen zu politischen Reflexen – dieses Selbstverständnis auf die Außenwahrnehmung der Kirche auswirkt,[9] bezeugt v. a. die Apostelgeschichte und in ihr die „Paulusgeschichte", die den Weg der christlichen Glaubensgemeinschaft zu einer öffentlichen Religion nachzeichnet,[10] die auf ihre Weise in das Bildungswesen und den Bildungsdiskurs ihrer Umwelt einsteigt.

2. Jesus als Korrelationsdidaktiker

Die Apostelgeschichte hat im kanonisch untrennbar mit ihr verbundenen Evangelium nach Lukas eine Vorgeschichte. Der Evangelist – selbst ein Mann von hoher Bildung – lässt in seiner Theologie und Historiographie keinen Zweifel daran, dass Jesus der Sohn Gottes ist – und nicht etwa nur ein Lehrer. Wenn schon, dann ist er *der* Lehrer:[11] Jesus ist als Schüler bereits Lehrer, wenn er als Zwölfjähriger

---

[7] Vgl. Söding, Neues Denken, 27–30.
[8] Rentsch, Religiöse Vernunft, 258.
[9] Vgl. zu historischen Aspekten den Überblick bei Schnelle, Das frühe Christentum und die Bildung.
[10] Vgl. Söding, Aufbruch ins Weite, 26f.
[11] Im Evangelium nach Lukas wird Jesus vergleichsweise häufig als διδάσκαλος (vgl. Lk 7,40; 8,49; 9,38; 10,25; 11,45; 12,13; 18,18; 19,39; 20,21.28.39; 21,7; 22,11) und gelegentlich – im Neuen Testament nur dort – als ἐπιστάτης (vgl.

im Tempel zu Jerusalem den Schriftexperten zuhört, sie befragt und zum allgemeinen Erstaunen ihre Fragen beantworten kann (vgl. Lk 2,41–52; Ps 119 [118],99). Jesus ist der Lehrer der Liebe, wenn er im Gleichnis vom barmherzigen Samariter illustriert, wer der Nächste ist, damit jeder, der hinhört und sich einem Hilfesuchenden zuwendet, in ihm Gott und in der Hingabe sich selbst neu entdecken kann (vgl. Lk 10,25–37). Jesus ist der Lehrer des Gebets, wenn er seine Schüler im Vaterunser sprachfähig für die Gottesliebe macht – nicht um ihnen „mehr Text" an die Hand zu geben, sondern um sie im Gegenteil zur einfachen Schönheit des Evangeliums zu führen (vgl. Lk 11,1–4).

Nicht nur, aber gerade auch im Spiegel lukanischer Erinnerungen ist das Lehren für Jesus typisch,[12] um das Verstehen im Glauben zu fördern. Lukas zeichnet – wie vor ihm Paulus – ein Bild von Jesus als Lehrer der göttlichen Weisheit.[13] Während Paulus in seinen apostolischen Schriften die Weisheit Jesu darin sieht, dass Gott durch ihn die Weisheit der Welt zur Torheit gemacht hat und die Torheit Gottes weiser ist als jede menschliche Weisheit (vgl. 1 Kor 1,18–25), rekapituliert Lukas für seine Leser die Methodik Jesu, Korrelationen zwischen den Menschen und Gott, zwischen Natur und Gnade sowie zwischen Gesetz und Evangelium herzustellen (vgl. Lk 11,31).[14]

Die christologische Dimension dieser Didaktik speist sich aus der Sendung Jesu, in das Geheimnis der Gottesherrschaft einzuführen. Das mittels dieser Didaktik beigebrachte Curriculum ist theozentrisch, wie das ganze Christusgeschehen in der Reflexion des lukanischen Doppelwerks theozentrisch ist.[15] Lernziel ist die Annahme Gottes in der Botschaft des Evangeliums und in der Person Jesu. Im Vordergrund steht die *fides quae*. Nach dem Bekenntnis (vgl. Lk 8,15; 24,25–27) ist es v. a. das Vertrauen (vgl. Lk 1,37; 17,6), das Jesus seinen Schülern vermitteln will; denn nur diejenigen, die radikales Vertrauen erlernt haben, können am Credo auch dann festhalten, wenn Zeiten der Anfechtung und Ungewissheit angebrochen sind (vgl. perspektivisch Apg 14,22; 20,17–38).

Lk 5,5; 8,24.45; 9,33.49; 17,13) bezeichnet; die griechischen Transliterationen ῥαββί und ῥαββουνί kommen bei Lukas nicht vor.
[12] Vgl. Söding, Der Lehrer Gottes.
[13] Vgl. März, Jesus als „Lehrer" und „Heiler"; zur genuin paulinischen Linie im Neuen Testament vgl. Söding, Mündiger Glaube.
[14] Vgl. ders., Das Christentum als Bildungsreligion, 99.
[15] Vgl. Prieur, Die Verkündigung der Gottesherrschaft, 160f.

Die ekklesiologische Dimension der Didaktik Jesu entfaltet sich identitätsstiftend durch eine schrittweise Einübung in das Geheimnis der Königsherrschaft Gottes, damit im Näheverhältnis der Berufung, in der Bewegungsdynamik der Weggemeinschaft[16] und im Freiraum der Sendung aus Schülern einmal Lehrer und aus Kleingläubigen einmal Mitarbeiter Gottes werden (vgl. 1 Thess 3,2) – im Morgenlicht des Ostersonntags und *in via crucis*.

3. Paulus als Reformpädagoge

In der Apostelgeschichte stellt Lukas allen voran Paulus – wie zuvor Jesus im ersten Teil seines Opus – als Lehrer dar.[17] In Apg 9,1–18 wird von der Bekehrung bzw. Berufung des Paulus erzählt; zwei Verse weiter heißt es schon: „Und sogleich verkündigte er in den Synagogen Jesus, dass dieser der Sohn Gottes ist" (Apg 9,20). Hier wird ein literarisches und theologisches Profil angelegt. Dieses Profil des Paulus wird durch seine Ausbildung konturiert,[18] durch seine Berufstätigkeit kontextualisiert und durch seine Missionstätigkeit aufgrund singulärer Sendung manifestiert.

Entscheidend für Paulus ist nach seiner Berufung durch den Herrn die Begegnung mit Barnabas: Joseph mit dem Beinamen Barnabas (nach Apg 4,36 ein Ausweis dafür, dass er es versteht zu ermutigen) ist ein Levit und Diasporajude, also jemand, der von Haus aus sowohl auf Juden als auch auf Griechen zugehen kann.[19] Auch wenn Paulus die besondere Gnade zuteil wird, – zumindest im Spektrum öffentlicher Offenbarung – gewissermaßen der letzte direkte Schüler Jesu zu sein, so ist es doch Barnabas, der sich des Paulus annimmt, ihn zu den Aposteln führt und mit ihm auf Missionsreise gehen wird – mit jemandem, der auf krumme Wege abgebogen war und dem er nun Anerkennung schenkt und Brücken baut (vgl. Apg 9,26–31).

In Apg 11,24–26 wird berichtet, dass Paulus und Barnabas in Antiochia ein Jahr lang viele Menschen belehren (vgl. auch Apg 13,1). Wo genau, wird nicht gesagt; die Synagoge wäre eine naheliegende Kandidatin, nicht zuletzt auch für die Unterkunft der beiden. Die Fremdbezeichnung Χριστιανοί ist zu diesem Zeitpunkt womöglich noch kein Ausweis einer schicksalhaften Wegtrennung, sondern

---

[16] Vgl. etwa anhand der Emmausepisode Morgan, Encountering Images of Spiritual Transformation, 117–122.
[17] Vgl. Heininger, Einmal Tarsus und zurück.
[18] Vgl. Vegge, Paulus und das antike Schulwesen.
[19] Vgl. Kowalski, Joseph Barnabas, 79.

vielmehr der Nachweis guter Lehre: einer verständlichen und überzeugenden messianischen Theologie (d. h. Christologie), sodass sich diese Bezeichnung eher aus der wahrnehmbaren Menge von Überzeugten und wohl auch aus dem einen oder anderen Konflikt ergibt – aber trotzdem und gerade deswegen in letztlich ungebrochenem Bezug zur Synagoge, und zwar nicht nur zu den sog. gottesfürchtigen Heiden in deren Umfeld, sondern zur jüdischen Gemeinde selbst (vgl. Apg 11,20: καί). Die Bezeichnung ἐκκλησία in Apg 11,26 könnte demnach an dieser Stelle als inklusiver Terminus mit einigen Gläubigen der antiochenischen Synagoge als Teilmenge verstanden werden. Dass Lukas der ursprüngliche Wortsinn gegenwärtig ist, er also die meint, die einem Ruf folgen, zeigt Apg 19,32.39, wo ἐκκλησία eine tumultartige, eventuell auch spontane politische Versammlung bezeichnet.

Das Selbstverständnis der Christusgläubigen in der Apostelgeschichte lässt sich weniger institutionell einholen – nichtsdestominder sind *identity markers* zahlreich und aussagekräftig –[20] als vielmehr im Glaubensmotiv und von diesem ausgehend: Zur Darstellung der machtvollen Ausbreitung des Evangeliums betont Lukas in erster Linie den im Kern als Bekehrung und Annahme des bezeugten Wortes verstandenen Glauben, welcher zum Eintritt in die Jünger- bzw. Schülergemeinschaft führt (vgl. Apg 11,26), die wesentlich Glaubensgemeinschaft ist.[21] Nach der Bekehrung als Weg zum wahren Ich bzw. zum wahren Wir fokussiert der lukanische Paulus im Umgang mit den Gemeinden besonders die Festigkeit im Glauben, welche die qualifizierte Weitergabe der frohen Botschaft sicherstellen soll (vgl. Apg 14,22; 16,5; 20,17–38). In dem starken Akzent auf der *fides quae* denkt Lukas „Glaube" und „Evangelium" gleichsam als Synonyme: Der einzelne Gläubige wird in eine missionarische Existenz gestellt, die ihn gleichermaßen an die Kirche und an die Welt bindet; als Hörer und Botschafter des Wortes begreift er seine missionarische Existenz – wie schon im ersten Teil des lukanischen Doppelwerks – als Lern- und Lehrexistenz. Das Evangelium ist zu den Völkern durchgedrungen, weil sich diese Existenz als glaubwürdig erwiesen hat: im Zeugnis bis zum Blutzeugnis (einschließlich der Fürbitte für die Feinde), aber auch in der Intensität des Gemeinschaftslebens (einschließlich der *caritas*).

Lukas nennt zwei Eigenschaften im Kontext der Lehrtätigkeit: Der Lehrer ist ein „guter Mann" (Apg 11,24), d. h. gerecht, und „voll

---

[20] Vgl. Trebilco, Self-designations and Group Identity.
[21] Vgl. Apg 4,32; 11,21; 15,5; 18,27; 22,19.

Heiligen Geistes und Glaubens" (ebd.);[22] im Mittelpunkt der Lehre steht also nicht der Lehrer, seine persönliche Gerechtigkeit, sein Beispiel, sondern Christus als Typus des Lehrers, dem der Lehrer im Glauben und im Heiligen Geist verbunden ist. Dazu passt die passivische Formulierung in Apg 11,24: Lukas nennt Barnabas, spielt aber so auch Paulus als Mitmissionar und – dann *passivum divinum* – Gott als Handelnde, als erfolgreich Lehrende ein. Gute „Religionslehre" geschieht nach dieser Actaperikope nicht allein, sondern in kollegialen Bezügen;[23] überdies nicht allein in immanenten Kausalitäten, sondern in Offenheit für das Mittun Gottes (vgl. Apg 11,23). Diese Kommunikationszusammenhänge sind grundlegend für die paulinische Mission und werden – insbesondere vor dem Hintergrund des Begleitungsaspekts, d. h. einer gelegentlichen Nachschulung bzw. beständigen Fortbildung im Anschluss an die Erstevangelisierung – in der Apostelgeschichte v. a. in den Konsolidierungsbestrebungen im Rahmen der dritten Missionsreise gespiegelt und in den Apostelbriefen als Sprachgeschehen in der Dreidimensionalität[24] der Gesprächspartner Gott, Apostel und Kirche ausgelotet.

An Apg 11,24–26 schließen sich weitere Lehrszenen an, darunter auch Berichte von Misserfolgen (vgl. exemplarisch Apg 17,16–34). Nach Apg 19,9f mietet Paulus in Ephesus für sein „reformpädagogisches" Apostolat zur Verkündigung der Christusbotschaft sogar einen Lehrsaal (wiedergegeben mit dem Hapaxlegomenon σχολή). Bevor die Apostelgeschichte nach drei Missionsreisen, einem Konzil und der Gefangenschaft des Paulus schließlich mit einer Ausblende auf den lehrenden Apostel endet, der wie ein wahrer Philosoph – oder besser – wie ein wahrer Theologe, ein wahrer Apostel freimütig (mit παρρησία) in Rom von Jesus Christus spricht (vgl. Apg 28,31), fallen zwei für das identitätsstiftende Bildungsmodell der Apostelgeschichte zentrale[25] Begriffe: ὁδός und αἵρεσις.

---

[22] Diese Beschreibung begegnet zuerst – in umgekehrter Reihenfolge der Attribute – in Bezug auf den Blutzeugen Stephanus (vgl. Apg 6,5).

[23] Dass Paulus und Barnabas nach dem Apostelkonzil getrennte Wege gehen (vgl. Apg 15,36–41), spricht nicht gegen die Fähigkeit der beiden zur Kollegialität (mit Silas und Johannes Markus wählen beide ja neue Gefährten hinzu), sondern macht deutlich, dass sich kein Schüler in seiner Rolle dauerhaft einrichten kann.

[24] Vgl. Hoegen-Rohls, Zwischen Augenblickskorrespondenz und Ewigkeitstexten, 116.

[25] Vgl. Schnelle, Das frühe Christentum und die Bildung, 133f, wonach sich das Bildungsverständnis der Apostelgeschichte in diesen Begriffen verdichtet.

Die Nazoräerschule

4. Der neue Weg

Lukas bezeichnet die Jesusbewegung in Apg 19,23 – und in ähnlichem Zusammenhang auch an anderer Stelle – als „Weg" (ὁδός), oft wiedergegeben als „neuer Weg": so die Lutherbibel von 1984 und die Einheitsübersetzung von 1980, letztere allerdings mit eingeklammertem Adjektiv. Mittlerweile hat sich hier das Blatt gewendet: Die Lutherbibel von 2017 beschränkt sich nun auf den „Weg", während die Einheitsübersetzung von 2016 erläuternd vom „Weg Jesu" spricht. Die Zusätze ergeben sich daher, dass mit ὁδός die neubundliche Bewegung charakterisiert werden, aber dem nicht christusgläubigen Israel nicht abgesprochen werden soll, auf einem von Gott begründeten Heilsweg zu stehen und zu gehen.

Im Israel des Altertums sind Wege schmale Pfade, die sich allenfalls zu zweit nebeneinander, sonst hintereinander beschreiten lassen; von dorther sind die semantischen Gehalte von „Nachfolge" und „Gemeinschaft" dem Wegmotiv inhärent. Das physische Gehen wird zum Sinnbild für den Lebens- und Glaubensweg *coram Deo*. In der Heiligen Schrift begegnet die Metapher in Tun-Ergehen-Zusammenhängen (vgl. 1 Kön 2,2; Ps 1,6), in Gestalt einer Zwei-Wege-Lehre (vgl. Mt 7,13f; Lk 13,24; Spr 4,18f; Jer 21,8), als Selbstprädikation Jesu (vgl. Joh 14,6)[26] sowie nicht zuletzt als *identity marker* der frühen Kirche, mit dem im Neuen Testament nur die Apostelgeschichte aufwarten kann.

Im Kontext von Apg 19,23 steht der Aufruhr der Schmiede am Artemistempel in Ephesus, die durch die paulinische Verkündigung ihr Geschäft bedroht sehen. Der „Weg" dürfte eine frühe Selbstbezeichnung der Christusgläubigen sein;[27] dafür spricht, dass Lukas den Begriff prinzipiell als bekannt vorauszusetzen scheint. Anders als im qumranischen Sprachgebrauch dient er nicht der Abgrenzung (vom etablierten Judentum),[28] sondern der Selbstvergewisserung im Angesicht von Polemik.

Im Hintergrund dieses Bildes steht das Exodusnarrativ. Zentral ist eine heilsgeschichtliche Perspektive, die sich konkretisiert im antwortenden Zugehen der Menschen auf den rettenden Gott – was geübt sein will. Dabei ist der „Weg" nicht nur eine Beschreibung von Form und Methode, sondern zuvorderst Substanz: die Lehre selbst, d. h. das Gebot Christi und ein Leben nach dieser Lehre (vgl.

---

[26] Vgl. Lang, Weg, 1068f.
[27] Vgl. Trebilco, Self-designations and Group Identity, 248f.
[28] Vgl. 1 QS 9,17.19; 10,20f; CD 1,13; 2,6.

Jak 5,20),[29] und mehr noch: eine Lern- und Lehrexistenz in Beziehung und Weggemeinschaft, die Himmel und Erde verbindet – besonders auch liturgisch in der vergegenwärtigenden Erinnerung des göttlichen Heilshandelns.[30] Dass Lukas die Wegmetapher sympathisch ist, kann nicht überraschen, insofern sein Werk ein einziger Reisebericht von Nazareth über Bethlehem und Jerusalem nach Rom ist – mit unzähligen Nebenwegen.[31] Im Benedictus, am Beginn seines Evangeliums,[32] präsentiert Lukas den „Weg des Friedens" (vgl. Lk 1,79) als die Fährte, die schon vor Jesu Geburt begonnen hat (vgl. Sir 39,24; Jes 58,2), die Jesus selbst ebnet und auf der alle zum Ziel kommen, die berufen sind und den Geist empfangen haben, denn der Sohn ist der unmittelbare Weg zum Vater (vgl. Hebr 9,8). In der Apostelgeschichte finden sich weitere Formulierungen, die diese christliche Selbstcharakterisierung eschatologisch bzw. soteriologisch dimensionieren: „Weg des Heils" (Apg 16,17), „Weg des Herrn" (Apg 18,25) und „Weg [Gottes]" (Apg 18,26).[33]

Was ist neu am „Weg"? Der Monotheismus ist es nur aus Sicht derer, die bisher der politischen Theologie paganer Staatsreligion loyal waren, aber nicht für Christen mit jüdischem Hintergrund. Die Position des Paulus, wonach Götter nicht handgemacht sein können (vgl. Apg 19,26), findet sich in Ps 115 (113),4–9 in schmerzlicher und kaum mehr überbotener Ausführlichkeit:

> [4]„Ihre Götzen sind Silber und Gold, ein Werk von Menschenhänden. [5] Einen Mund haben sie, reden aber nicht. Augen haben sie, sehen aber nicht. [6] Ohren haben sie, hören aber nicht. Eine Nase haben sie, riechen aber nicht. [7] Sie haben Hände, tasten aber nicht; Füße, gehen aber nicht. Keinen Laut geben sie mit ihrer Kehle. [8] Ihnen gleich sollen die werden, die sie machten, ein jeder, der auf sie vertraut. [9] Israel, vertraue auf den Herrn! [...]"

Die ersten Gebote des Dekalogs sind Basis jüdischer Theologie und zugleich Fremdkörper im griechischen und römischen Denken. Die Grenzen hellenistischer Toleranz liegen dort, wo religiöse Konventionen infrage gestellt werden. Paulus wird den paganen Kulten als

---

[29] Vgl. Völkel, ὁδός, 1203. Bemerkenswert ist der Erzählzusammenhang von ὁδός und διδαχή in Apg 13,10.12.
[30] Die Verbindung von „Weg" und Jünger- bzw. Schülerschaft ist im ältesten Evangelium grundgelegt (vgl. erstmals Mk 2,23).
[31] Vgl. Geiger, Der Weg als roter Faden durch Lk-Apg.
[32] Vgl. auch die Schriftzitate in Lk 3,4 („Weg des Herrn" nach Jes 40,3) und Lk 7,27 („Weg" nach Ex 23,20 und/oder Mal 3,1) sowie die Formulierung „Weg Gottes" in Lk 20,21.
[33] Vgl. darüber hinaus das Wortvorkommen in Apg 9,2; 19,9; 22,4; 24,14.22.

solchen womöglich keine nähere Aufmerksamkeit beigemessen haben. Er versteht die Kirche dezidiert als eschatologische Heilsgemeinschaft mit „Glaube, Liebe und Hoffnung [...] als die Gegenwart der Zukunft in der Gemeinde"[34]. Gegenüber der Welt favorisiert er eine zurückhaltende und gegenüber ihrer sozialen Ordnung eine anerkennende Haltung einzunehmen (vgl. 1 Thess 4,11f). Ein offensiver Konflikt mit dem Polytheismus ist damit einerseits kontraindiziert; andererseits ist anzunehmen, dass die situativen Probleme, die neutestamentliche Texte z. T. voraussetzen (vgl. bereits 1 Thess 1,6; 2,14–16; 3,2–5), in engem Zusammenhang mit dem Universalismus des christlichen Glaubens stehen, der ausschließlich den Kyrios Gott und deviante religiöse Praxis Idolatrie nennt. Vor dem Hintergrund etwa von Apg 17,1–10 sind anhaltende Streitigkeiten mit jeweils ortsansässigen Juden über die Wahrheit des Evangeliums ebenfalls anzunehmen.

Das Neue am Christentum ist Christus und – was die Außenwahrnehmung anbetrifft – wohl in erster Linie der Missionsbefehl nach Mt 28,16–20 (vgl. V. 19f: „Geht nun, macht alle Völker zu Schülern, tauft sie [...] und lehrt sie alles [...]"), also die *actio ad extra*.[35] Es ist die öffentliche Lehre, die existenzielle Begegnung mit Fremden und mit Offenherzigen im eigenen Volk, die das Christentum als neu erscheinen lässt, im Ganzen gesehen gleichermaßen interessant macht, lächerlich und lästig – Osterevangelium und Monotheismus auf dem Marktplatz; öffentliche Religion und neues Denken, angelegt auf Debatte, Zeugnis, Überzeugung und darauf, durch die Bekehrung zu Gott echte Freiheit zu ermöglichen. Der „neue Weg" als Lebensmodell ist ein Synonym für die Nachfolge desjenigen, der selbst auch öffentlich gewirkt hat – besonders an denen, die am Wegrand stehen. Neue Wege können zu alten Zielen führen, Jerusalem hat Tore – auch und erst recht das himmlische (vgl. Offb 21,12).

Wenn es einen neuen Weg gibt, muss es auch einen alten geben. Es schwingt die Frage mit, wie Lukas eigentlich auf das antike Judentum blickt: In seinem Evangelium portraitiert er Israel als Heimat Jesu und der ersten Christen sowie als Ausgangsort der Evangelisierung. Bereits die Kindheitsgeschichte erscheint in farbenfroher jüdischer Kolorierung. Die spätere Konfliktgeschichte mit Vertretern des Judentums ergibt sich aus der Messianität Jesu. In der Apostelgeschichte präsentiert Lukas die Mission der Urkirche als zweigleisige Fortführung der Mission Jesu (vgl. Lk 24,46f), insofern sie

---

[34] Reinmuth, 1 Thess, 109.
[35] Zum „Weg" als Initiation vgl. Marguerat, Lukas, 354f.

bei jüdischen Adressaten den Monotheismus Israels und den Glauben an den auferstandenen Christus untrennbar miteinander verknüpft (vgl. Apg 3,13) und insofern sie bei paganen Adressaten den Geist des von Jesus praktizierten Judentums vermittelt (vgl. Apg 17,16–34); in beiden Fällen wird die Taufe zum Zeichen der Wiedergeburt aus dem Schoß des Judentums (vgl. Apg 2,38.41). Der lukanische Paulus ist das Idealbild eines Juden aus der Diaspora, der den Christusglauben nicht als Widerspruch zum „alten Weg", sondern als dessen Konsequenz erkennt und durchdenkt. Die bleibende Distanz der meisten Juden zum christlichen Evangelium hat Lukas – im Unterschied zu Paulus (vgl. Röm 9–11) – nicht positiv erschlossen (vgl. Apg 28,16–28); gleichwohl konzediert er, dass Jesus den bußfertigen Juden in der Endzeit ein zweites Mal als Messias begegnen wird (vgl. Lk 13,31–35).[36]

5. Die Schule Jesu

Lukas überliefert zu ὁδός auch einen Gegenbegriff: αἵρεσις – häufig übersetzt als „Sekte", von Udo Schnelle hingegen als „Schule"[37]. Im Neuen Testament kommt er neunmal vor,[38] meistens in der Apostelgeschichte,[39] wo er grundsätzlich Parteiungen innerhalb des Judentums meint.
Nach Apg 24,5–7 wird der Apostel Paulus in Caesarea Maritima vor dem Statthalter Felix, dem Hohenpriester Hananias und einigen Ältesten vom Anwalt Tertullus – wahrscheinlich einem hellenistischen Juden – als „Anführer der Schule der Nazoräer" (V. 5) bezeichnet sowie als überregionaler Rädelsführer und Unruhestifter angeklagt, der versucht habe, den Tempel zu entweihen (worauf für Bürger Roms die Todesstrafe durch Enthauptung steht). Der Begriff αἵρεσις könnte im Hinblick auf die römische Seite gezielt gewählt worden sein – gemäß seiner Bedeutung im außerbiblischen Griechisch als selbständige Schulrichtung –, um die Jesusbewegung aufgrund ihrer umstrittenen Missionstätigkeit als nicht bzw. nicht mehr jüdisch zu etikettieren, womit sie nicht bzw. nicht mehr als *religio licita* gelten könnte – insbesondere nicht im Konfliktfall mit der Staatsmacht, der mit dem Vorwurf des *crimen maiestatis* in Apg

---

[36] Vgl. Söding, Nahe Distanzen.
[37] Schnelle, Das frühe Christentum und die Bildung, 133.
[38] Vgl. Apg 5,17; 15,5; 24,5.14; 26,5; 28,22; 1 Kor 11,19; Gal 5,20; 2 Petr 2,1.
[39] In Apg 5,17 steht er für die Sadduzäer, in 15,5 und 26,5 für die Pharisäer, in 24,5.14 und 28,22 für das Christentum.

17,6f jedoch bereits vorgezeichnet ist (insofern die christliche Gemeinde Jesus als König verehre). Es würde umgekehrt keinen Sinn ergeben, wenn die Rhetorik des Tertullus darauf abzielen oder zumindest implizieren sollte, die Gruppe der Christusgläubigen gleichsam legitimieren zu wollen, indem sie in eine Reihe mit den Pharisäern u. a. gestellt würde (vgl. Apg 23,6–10).[40] Eine jüdische Parteiung als Bedrohung für das Gemeinwesen ließe sich nur dann ohne jede Gefahr für die eigenen religionspolitischen Privilegien anklagen, wenn es gelänge, sich trennscharf von ihr abzugrenzen (vgl. Joh 11,48). So oder so geht die Rechnung vorerst nicht auf, da Felix „genauere Kenntnis" (Apg 24,22) über den „Weg" hat, was Tertullus wiederum nicht unbedingt wissen muss (vgl. Apg 23,35),[41] und sich vertagt.

Paulus jedenfalls besteht energisch darauf – natürlich aus weit mehr als nur aus Kalkül –, mit beiden Beinen auf dem Boden des Judentums zu stehen und ein frommer, praktizierender Jude zu sein, einzig – wie er sagt – der Auferstehungsbotschaft wegen werde er angeklagt (vgl. Apg 24,10–21). Sie ist im paulinischen Denken zum Kriterium zwischen Glaube und Unglaube geworden (vgl. 1 Kor 15,14). Von daher erklärt sich, warum Silas und Paulus laut lukanischer Erinnerung den Kerkermeister in Philippi auffordern: „Glaube an den Kyrios Jesus!" (Apg 16,31) – weil dieser Glaube gleichbedeutend ist mit dem „Glauben an Gott" (Apg 16,34).

Was *er* unter αἵρεσις versteht, macht Paulus in Gal 5,19–21 vor dem Hintergrund von 1 Kor 11,17–19 deutlich: Als Werk des Fleisches ist αἵρεσις (vgl. Gal 5,20) nicht „bloß" innerkirchlicher Separatismus (σχίσμα), sondern als dessen Folge die eschatologisch qualifizierte Abwendung von Gott.[42] Die Trennung von ihm resultiert aus der Trennung von der Kirche, umgekehrt ist die Kirche als Heiligkeitssphäre Gottes in der Welt der Ort, an dem sein Volk die Gemeinschaft mit ihm vollzieht. Der αἵρεσις geht schlechte, d. h. falsche und verderbliche Lehre voraus, die nur unzureichend mit der Schrift sowie der Überlieferung Jesu und der Apostel verbunden ist (vgl. in späteren Briefen Tit 3,10; 2 Joh 10; 2 Petr 2,1). Als Ersttradent legt Paulus besonders großes Augenmerk darauf, zu einer tiefen Aneignung der Schrift im Licht von Weihnachtsstern und Ostersonne anzuleiten (vgl. Röm 15,4; 2 Tim 3,16). Da die Identitätsfin-

---

[40] Darauf verweist – in der diese Verse betreffend tendenziell wortkargen Kommentarlandschaft – Kurz, Acts of the Apostles, 344.
[41] Vgl. Morgan, Encountering Images of Spiritual Transformation, 172f.
[42] Vgl. Nordholt, αἱρέομαι, 387.

dung der jungen Kirche noch nicht abgeschlossen ist, ist es von übergeordneter Bedeutung, die Kontinuität und Legitimität der christlichen Lehre in der Praxis zu fundieren. Für Paulus ist klar, dass das Volk Gottes aufgrund seines universalen Charakters radikal verschieden ist von allem, was man αἵρεσις nennen könnte. Tertullus verbindet αἵρεσις mit einem zweiten *identity marker*: Ναζωραῖος. Die Pluralform in Apg 24,5 meint kollektiv die Christusgläubigen, die wegen ihres Glaubens an den Gottessohn aus Nazareth kontrafaktisch sozusagen zu seinen Heimatgenossen erklärt werden. Im Neuen Testament fällt Ναζωραῖος dreizehnmal, immer – außer an besagter Stelle – im Singular und in Bezug auf Jesus, das erste Mal in Mt 2,23.[43] Dort liegt zwar – entgegen der prophetisch pointierten Narration – kein direktes Zitat aus dem Alten Testament vor, gleichwohl kann eine theologisch begründete philologische Variation bzw. ein philologisch anschlussfähiger theologischer Rückgriff angenommen werden – was bedeuten würde, dass sich die beiden Nomina für die Herkunftsbezeichnung Jesu (Ναζωραῖος und Ναζαρηνός) trotz ihrer synonymen Verwendung (v. a. bei Lukas) nicht auf den schieren morphologischen Unterschied reduzieren ließen, aramäisch oder griechisch imprägniert zu sein.[44] Ναζωραῖος ist ein alttestamentliches Verheißungswort, wenn man es auf die Geburtsgeschichte des Richters Simson bezieht: Ein Engel kündigt ihn als gottgeweihten Nasiräer (ναζιραῖος) an – vom Mutterleib bis (so ergänzt seine Mutter) zum Tod zur Rettung Israels (vgl. Ri 13,5–7[LXX]; 16,17[LXX]). Gegen diese Rezeptionslinie spricht zwar die ausbleibende Abstinenz Jesu vom Alkohol (vgl. Mt 11,19; Lk 7,34), gleichwohl lässt sich das Motiv auch vertieft als christologische Transformation denken, da niemand mehr als Jesus vom Mutterleib an Gott geweiht ist.[45] Ναζωραῖος wird darüber hinaus als Anlehnung an das Prophetenwort Jes 11,1 aus der *Biblia Hebraica* diskutiert:

---

[43] Die aramäische Wortbildung Ναζωραῖος begegnet dem Leser in den Evangelien nach Matthäus (vgl. Mt 2,23; 26,71) und Johannes (vgl. Joh 18,5.7; 19,19) sowie in der Apostelgeschichte (vgl. Apg 2,22; 3,6; 4,10; 6,14; 22,8; 24,5; 26,9). Die griechische Wortbildung Ναζαρηνός kommt im Evangelium nach Markus vor (vgl. Mk 1,24; 10,47; 14,67; 16,6). Lukas gebraucht in seinem Evangelium – je nachdem, ob er seine Quellen verarbeitet oder seine Theologie autarker entfaltet – beide Bezeichnungen (vgl. Lk 4,34; 18,37; 24,19). Für Mk 10,47 und Lk 24,19 sind davon abweichend Lesarten mit Ναζωραῖος überliefert.
[44] Zu Ναζαρηνός als bloßer Herkunftsangabe gesellt sich überdies die Apposition ἀπὸ Ναζαρέθ bzw. ἀπὸ Ναζαρέτ (vgl. Mt 21,11; Joh 1,45; Apg 10,38).
[45] Vgl. Benedikt XVI., Die Kindheitsgeschichten, 123.

Die Nazoräerschule

„Und ein Trieb wird hervorgehen aus dem Stumpf Isais und ein Spross [נצר] aus seinen Wurzeln wird Frucht bringen."

Da Matthäus die messianischen Leitverse Jes 7,14 (über die Jungfrau, die gebären wird) und Jes 9,1 (über das Kind als Licht in der Finsternis) in sein Kindheitsevangelium einspielt (vgl. Mt 1,23; 2,2; 4,16), ist der Bezug auf Jes 11,1 (über den Spross aus dem Baumstumpf, über dem der Heilige Geist steht) schlüssig. Diese Verheißung reicht über König David bis zu dessen Vater Isai zurück, d. h. nach dem Strafgericht über die Nachkommen Davids und über das ganze Volk wird aus derselben Familie ein neuer König erwartet, der den Willen Gottes erfüllt und dem Volk Rettung verschafft. Der treue Gott Israels setzt einen neuen Anfang, den nur er ermöglichen kann, nämlich Wachstum aus einem abgestorben erscheinenden Stumpf – so wie er auch zum Ende der matthäischen Genealogie in die Geschichte eingreift (vgl. Mt 1,17f.23). Auf der Kreuzesinschrift (vgl. Joh 19,19: „Jesus, der Nazoräer – König der Juden") strömen dann beide Deutungen ineinander: Ναζωραῖος wird von einer Herkunfts- zur zentralen Identitätsbezeichnung; Jesus ist der Spross aus dem toten Stumpf, der vollkommen Gottgeweihte – vom Mutterleib bis zu seinem Tod, der ewiges Leben bedeutet.[46] In der Vorausschau auf Apg 24,5 lässt sich von Matthäus her, dessen Evangelium als das „kirchliche" gilt, eine ekklesiologische Linie ziehen: Jesus kommt aus Nazareth ins „Galiläa der Heiden" (Mt 4,15; vgl. Jes 8,23), von wo die Mission „bis ans Ende der Welt" (Apg 1,8) ihren Ausgangspunkt nehmen wird. Später ist in Syrien, der mutmaßlichen Heimat des Evangelisten Matthäus, Ναζωραῖος zur gebräuchlichen (Selbst-)Bezeichnung der Christusgläubigen geworden. Hört man in Ναζωραῖος die hebräische Wurzel נצר nachklingen, tritt das semantische Feld rund um die Bewahrung der Gebote hinzu. Die „Nazoräer" sind demnach Observanten der Lehre des „Nazoräers", Gottgeweihte nach seinem Beispiel (vgl. Paulus nach Apg 21,24 und 24,18) – so wie sie als „Christen" mit ihm als dem „Christus" verbunden sind.

Als Spiegelung einer konkreten ekklesiologischen Selbstvergewisserung sowie eines konkreten ekklesiologischen Selbstvollzugs ist die Fremdbezeichnung αἵρεσις bzw. τῶν Ναζωραίων αἵρεσις ein durchaus naheliegendes religionspolitisches *wording*. Zwar darf behauptet werden, dass die römische Staatsmacht, an deren Adresse Tertullus argumentiert, weniger an Integration bzw. einem Dialog mit der ἐκκλησία als ὁδός als vielmehr am rechtlichen Zugriff auf

---

[46] Vgl. ebd., 124f.

die ὁδός infolge ihrer Bewertung als aufrührerische αἵρεσις interessiert ist, so wie die jüdischen Religionsführer analog an der Bekämpfung einer vermeintlichen „geistigen Seuche" (Apg 24,5) interessiert sind, die sich mehr und mehr verbreitet (vgl. Apg 28,22). Zugleich sind die rhetorischen Kontrastbegriffe ὁδός und αἵρεσις insofern auch religionsphänomenologische Komplementärbegriffe, als sie beide das frühe Christentum als Bildungsreligion verstehen: Ὁδός holt als Terminus für „Lehre" in der Binnenperspektive den prozessualen Charakter der Schüler- und Lehrerexistenz des ganz in der Nachfolge Jesu Lebenden ein, wohingegen αἵρεσις in der Außenperspektive als Terminus für „Schule"[47] – mit Jesus als „Schulgründer" und Paulus als „Schulleiter" (Apg 24,5: πρωτοστάτης) – die apostolische Struktur der Glaubensgemeinschaft auf dem Radar hat (vgl. Apg 1,21f; 2,42; 24,5.14) und die christliche Heilsuniversalität als theologisches Proprium der ἐκκλησία, das im Modus öffentlicher Lehre erscheint, ins Wort bringt.

6. Belehrung heißt Begleitung

Die didaktische Christologie, die Lukas in seinem Evangelium entwirft und die von der Schule machenden Aneignung des Wortes Gottes in der bewegenden und bildenden Begegnung mit Jesus handelt, wird in der Apostelgeschichte durch das anschlussfähige Modell einer didaktischen Ekklesiologie programmatisch verstetigt. Es wird im identitätsstiftenden Schlüsselbegriff ὁδός und in dessen Kontrast- bzw. Komplementärbegriff αἵρεσις greifbar sowie an entscheidender Stelle von charismatischen Gestalten wie dem Apostel Paulus verkörpert, die lehrend weitergeben, was auch sie lernend empfangen haben (vgl. 1 Kor 12,28; 15,3) und die Eingliederung in die Schule Jesu, in seine Nachfolge, als den unmittelbaren Weg Gottes, den neuen Weg, den Weg des Heils für alle durch eine treue und lebendige Gottesbeziehung bereiten und begleiten (vgl. Phil 3,17).

---

[47] Dass αἵρεσις in der frühchristlichen Literatur nicht positiv besetzt wird und deswegen als ekklesiologischer *identity marker* ausscheidet – anders als σχολή es wohl täte (hier fehlt aber die biblische Profilierung) und man es für Ναζωραῖος bis zum heutigen Tag regional konstatieren kann –, steht auf einem anderen Blatt.

7. Literatur

Backhaus, K., Religion als Reise. Intertextuelle Lektüren in Antike und Christentum (Tria Corda 8), Tübingen 2014
Benedikt XVI., Jesus von Nazareth. Prolog: Die Kindheitsgeschichten, Freiburg i. Br. [u. a.] 2012
—, Lutetiae Parisiorum Summus Pontifex viros Culturae deditos convenit apud Collegium a Bernardinis, in: AAS 100 (2008), 721–730
Delkurt, H., Erziehung nach dem Alten Testament, in: JBTh 17 (2002), 227–253
Geiger, G., Der Weg als roter Faden durch Lk-Apg, in: J. Verheyden (Hg.), The Unity of Luke-Acts (BETL 142), Löwen 1999, 663–673
Heininger, B., Einmal Tarsus und zurück (Apg 9,30; 11,25–26). Paulus als Lehrer nach der Apostelgeschichte, in: MThZ 49 (1998), 125–143
Hoegen-Rohls, Ch., Zwischen Augenblickskorrespondenz und Ewigkeitstexten. Eine Einführung in die paulinische Epistolographie (BThSt 135), Neukirchen-Vluyn 2013
Kowalski, B., Joseph Barnabas. Coach für Paulus, in: Kirche werden durch Aufbruch und Wagnis. Erzählfiguren in der Apostelgeschichte als Handlungsmodelle – Katechetische Arbeitshilfen (Feiern mit der Bibel 34), in: dies./R. Müller-Fieberg, Stuttgart 2013, 78–89
Kurz, W. S., Acts of the Apostles (Catholic Commentary on Sacred Scripture), Grand Rapids 2013
Lang, B., Art. Weg, in: NBL 3 (2001), 1068f
März, C.-P., Jesus als „Lehrer" und „Heiler". Anmerkungen zum Jesusbild der Lukasschriften, in: L. Hauser [u. a.], Jesus als Bote des Heils. Heilsverkündigung und Heilserfahrung in frühchristlicher Zeit (SBB 60, zugl. FS D. Dormeyer), Stuttgart 2008, 152–165
Marguerat, D., Lukas, der erste christliche Historiker. Eine Studie zur Apostelgeschichte (AThANT 92), Zürich 2011
Morgan, J. M., Encountering Images of Spiritual Transformation. The Thoroughfare Motif within the Plot of Luke-Acts, Eugene 2013
Nordholt, G., Art. αἱρέομαι, in: TBLNT[3] (2014), 385–388
Prieur, A., Die Verkündigung der Gottesherrschaft. Exegetische Studien zum lukanischen Verständnis von βασιλεία τοῦ θεοῦ (WUNT II/89), Tübingen 1996
Reinmuth, E., Der erste Brief an die Thessalonicher, in: ders. [u. a.], Die Briefe an die Philipper, Thessalonicher und an Philemon (NTD VIII/2), Göttingen 1998, 105–156
Rentsch, Th., Religiöse Vernunft: Kritik und Rekonstruktion. Systematische Religionsphilosophie als kritische Hermeneutik, in: H.-J. Höhn (Hg.), Krise der Immanenz. Religion an den Grenzen der Moderne, Frankfurt a. M. 1996, 235–262
Schnelle, U., Das frühe Christentum und die Bildung, in: NTS 61 (2015), 113–143
Söding, Th., Aufbruch ins Weite. Der Weg des Evangeliums in die Öffentlichkeit nach der Apostelgeschichte, in: J. Rist/Ch. Breitsameter (Hg.),

Kirche und Staat. Geschichte und Gegenwart eines spannungsreichen Verhältnisses (Theologie in Kontakt. NF 2), Münster 2015, 11–28

—, Das Christentum als Bildungsreligion. Der Impuls des Neuen Testaments, Freiburg i. Br. [u. a.] 2016

—, Der Lehrer Gottes. Didaktische Portraits Jesu in den Evangelien, in: ODIV (Hg.), Mut zur Freiheit. 58. Jahrestagung der Vereinigung katholischer Schulen in Ordenstradition, Bonn 2014, 10–19

—, Mündiger Glaube. Wege religiöser Bildung bei Paulus und in seiner Schule, in: U. Kropač/Th. Pittrof (Hg.), Bildung und Univers(al)ität (Forum K'Universale Eichstätt 3), St. Ottilien 2015, 205–237

—, Nahe Distanzen. Einige Bemerkungen zum Verhältnis von Judentum und Christentum in der Antike, in: R. Gross (Hg.), Im Licht der Menora. Jüdisches Leben in der römischen Provinz. Eine Ausstellung des Jüdischen Museums Frankfurt in Kooperation mit der Römisch-Germanischen Kommission in Frankfurt am Main, Frankfurt a. M./New York 2014, 349–359

—, Neues Denken. Das Urchristentum als Bildungsreligion (Universitätsreden 30), Bochum 2010

Trebilco, P., Self-designations and Group Identity in the New Testament, Cambridge 2012

Turley, S. R., Paideia Kyriou. Biblical and Patristic Models for an Integrated Christian Curriculum, in: JRCE 18 (2009), 125–139

Vegge, T., Paulus und das antike Schulwesen. Schule und Bildung des Paulus (BZNW 134), Berlin/New York 2006

Völkel, M., Art. ὁδός, in: EWNT³ (2011), 1200–1204

Bernhard Grümme

Von Jesu Didaktik lernen?
Überlegungen zum Stellenwert von Didaktik und religiöser Erfahrung im Religionsunterricht

Exegese und Religionspädagogik stehen in einem durchaus ambivalenten Verhältnis. Zwar haben Ansätze der Bibeldidaktik religionspädagogisch immer einen großen Stellenwert gehabt. Auch gibt es viele beeindruckende bibeldidaktische und bibeltheologische Neuaufbrüche, die den Transformationsprozessen von Religion und Religiosität in der Spätmoderne gerecht werden wollen. Andererseits jedoch räumt Thomas Söding ein „Desinteresse der Exegese"[1] am Religionsunterricht (RU) ein. Das liege entweder daran, dass sich Exegese oft als kaum didaktisch ambitionierte Religionswissenschaft oder als theologische Grundlagenforschung verstehe, die Religionspädagogik lediglich als Anwendungswissenschaft begreife. Dies aber unterschätze auch zum Nachteil der Exegese sowohl den praktischen Rang der Exegese in Gemeindekatechese und RU wie die intelligible Kraft religionsunterrichtlicher und katechetischer Prozesse. Deshalb ist es religionspädagogisch sehr zu begrüßen, dass mit Thomas Söding seinerseits ein prominenter Exeget dem Feld von Bildung geradezu integralen Rang einräumt. Das Charakteristische seines Zugangs ist freilich seine dezidiert theologisch geprägte Exegese, die sich von religionswissenschaftlichen und religionstheologischen Positionen in der gegenwärtigen Exegese profiliert abhebt. Insofern spricht er von einer „theologischen Bildungstheorie"[2], die erst die der Bibel inhärente Didaktik und auch die „Didaktik Jesu"[3] angemessen theologisch wie religionspädagogisch profiliert.
Es ist nun aber diese bestimmte theologische Profilierung, die die Religionspädagogik massiv herausfordert. Sie müsste über ihren eigenen theologischen Status nachdenken und darin v. a. darüber, welchen Rang sie religiösen und glaubenshaltigen Erfahrungen im didaktischen Kommunikationszusammenhang einräumt. Ohne kontextuelle Differenzierungsmöglichkeiten zu bestreiten, liegt es auf der

---

[1] Söding, Öffentliche Lehre, 161.
[2] Ebd., 165.
[3] Ebd., 155.

Hand, dass sich hier ein rein religionskundlicher Zugang bereits im Ansatz disqualifiziert, weil er die Gegenwart von Religion rein kognitivistisch fasst und damit mit der Erfahrungsdimension eine zentrale Komponente für deren Verständnis ausschließt. Söding verwahrt sich zwar dezidiert gegen eine einlinige „Kopie oder Adaption didaktischer Techniken, die den Schrifttexten eingeschrieben sind"[4]. Er opponiert einer unpädagogischen und subjektlosen Indoktrinationspädagogik wie einer Instruktionstheologie als deren offenbarungstheologischem Pendant.[5] Die Skizzen seiner theologischen Bildungstheorie zeichnen die Umrisse eines von der kommunikationstheoretischen Offenbarungstheologie des II. Vatikanums her theologisch wie pneumatologisch begründeten und durchwebten pädagogischen und didaktischen Feldes, in dem der von Gottes Geist unüberbietbar beschenkte und von ihm her belehrte Jesus als Lehrer und Exeget Gottes Schülerinnen und Schüler lehrend in seine Nachfolge ruft, die ihrerseits zu Lehrern des Glaubens werden. Eine solche bildungstheoretische Mystagogie des Glaubenlernens kann auf das Johannesevangelium als hermeneutischem Grundgerüst zurückgreifen, „indem es den Hl. Geist als Parakleten vor Augen führt, den Jesus selbst in seiner Abschiedsrede verheißen habe. Er wird einerseits – retrospektiv – die Erinnerung an Jesus wachhalten und andererseits – prospektiv – in alle Wahrheit einführen, deren volle Dimensionen in dieser Welt schlechterdings nicht zu ermessen sind"[6]. Insofern sich nun der RU, ohne „irgendeinem Zwang" aufzubauen, sich diesen Impulsen öffnet, „ist eine Dynamik des Bildungswegs begründet, die bei allen Schülerinnen und Schülern ihr eigenes Tempo und ihre eigene Intensität hat. Ein Ausstieg muss jederzeit möglich sein [...]. Aber ebenso gut müsste ein Fortschreiten möglich gemacht werden, über dessen Gründe unter denselben Bedingungen gleichfalls zu reden oder aber diskret zu schweigen ist. [...] Die Lehrerinnen und Lehrer sind diejenigen, die mit ihrer didaktischen Kompetenz der Schülerinnen und Schüler fördern sollten, ihren eigenen Weg zu finden. Je tiefer sie selbst im Glauben verwurzelt sind, desto freier sind sie in ihrem pädagogischen Handeln. Je klarer sie sich selbst als Schülerinnen und Schüler Jesu verstehen, desto besser können sie die Lehre Jesu vertreten. Der mystagogische Weg der Religionspädagogik ist ein Weg zur Begegnung mit Gott, der zur Entdeckung der eigenen Subjektivität führt: auf der Seite der Lehrenden wie der Lernenden"[7].

---

[4] Ebd., 164f.
[5] Vgl. ebd., 149ff.
[6] Ebd., 166.
[7] Ebd., 167f.

Auch wenn Söding die Unterscheidung von Katechese und RU formal aufrechterhält, lassen doch solche Ausführungen deren Grenzen zueinander porös werden. RU wird stark vernetzt gesehen mit Kirche, Liturgie und Katechese.[8] Er ist nicht der Ort der Katechese, wohl der Mystagogie und Theologie. So beeindruckend diese Positionierung, so gravierend indessen die Anfragen: Mutet Söding dem RU damit nicht zu viel zu, bürdet er ihm nicht etwas auf, was dieser im Kontext von Pluralisierung und Säkularisierung nicht leisten kann – und vielleicht angesichts seiner höchst heterogenen Schülerschaft nicht leisten darf? Wo bleibt die Eigenlogik des Didaktischen? Oder offeriert Söding der Religionspädagogik einen Weckruf aus der unseligen Tendenz des RU zur Versachkundlichung, wie empirische Untersuchungen nachweisen konnten?[9] Bietet er eine heilsame wie aufrüttelnde Erinnerung an das, was fehlt?
Um in dieser komplexen Problemlage weiter zu kommen, bietet es sich an, beide Fragen zu behandeln: die der Didaktik und die nach dem Stellenwert von glaubensrelevanten religiösen Erfahrungen im RU. Die unter höchst verdienstvoller Weise von Söding selber in verschiedenen Dimensionen vorangetriebene Auseinandersetzung um den RU als Ort der Theologie schwingt in der Vielzahl ihre Zwischentöne als Hintergrundmusik mit.[10]

1. Gebrochene Unmittelbarkeit. Annäherungen an religionsdidaktische Prozesse

Was passiert, wenn Inhalte der Glaubenstradition, was passiert, wenn biblische Traditionen in die Schule kommen? Schule ist nicht das Leben, auch wenn wir dort für das Leben lernen. Schule bietet einen Schonraum, in dem gesellschaftliche Konflikte und zu vermittelnde Wirklichkeit nicht direkt in den Unterricht einfließen. Die didaktische Analyse Klafkis lässt den Unterrichtsprozess als Interaktionsprozess verstehen, in dem Inhalte und Lernende sich füreinander kritisch, wahrnehmend und urteilend erschließen. Es ist ein didaktisch geplanter, durchgeführter und reflektierter Interaktionsprozess, „in dem Lernende sich mit Unterstützung von Lehrenden zunehmend selbständiger Erkenntnisse und Erkenntnisformen, Urteils-, Wertungs- und Handlungsfähigkeiten zur reflexiven und aktiven Auseinandersetzung mit ihrer historisch-gesellschaftlichen

---

[8] Vgl. ebd., 168.
[9] Vgl. Englert [u. a.], Innenansichten des Religionsunterrichts, 136–220.
[10] Vgl. Mette/Sellmann (Hg.), Religionsunterricht als Ort der Theologie.

Wirklichkeit aneignen sollen; das schließt ein, daß sie in diesem Prozess auch die Fähigkeit zu weiterem Lernen gewinnen. Aber auch die Lehrenden vollziehen in so verstandenen Prozessen durch die Interaktion mit den Lernenden immer wieder eigene Lernprozesse"[11]. Das Spezifische der Didaktik liegt darin, die Gegenstände und Inhalte des Unterrichts in diesen Unterricht selber hineinzubringen, aber auf eine ganz charakteristische Weise. Damit „etwas durch Unterricht und eine an diesen anschließende Einführung in gesellschaftliche Handlungsfelder erlernt und tradiert werden kann, muss das, was tradiert werden soll, einer pädagogischen Transformation unterzogen werden"[12]. Solche Transformationen „suchen das zu Transformierende an die Lernfähigkeit der Heranwachsenden anschlussfähig zu machen, indem sie es in einem für Lernende erfahrbaren, ihrem Denken ausgesetzten sowie Mitwirkungs- oder Partizipationsmöglichkeiten eröffnenden Sachverhalt überführen will"[13]. Inhalte sind also nur in didaktischer Transformation im Unterricht gegenwärtig. Erst diese didaktisch begründete Eigenlogik macht den Unterricht zum Unterricht. Sie lässt aus Unterrichtsgegenständen Themen werden.

Will RU tatsächlich didaktisch verantwortbarer Unterricht sein, muss auch er sich dieser didaktischen Eigenlogik stellen. Das didaktische Dreieck von Schüler, Lehrer und Inhalt gilt auch für ihn. Es wird als bibeldidaktisches Dreieck, als Korrelationsdidaktik und Elementarisierungsdidaktik in religionspädagogische Prozesse hinein übersetzt.[14] Für Verfechter eines konfessionellen katholischen RU ist die strikt katholische Prägung dieser Trias von Inhalt, Lehrer und Lernenden spezifizierend. Sabine Pemsel-Maier hat diesen Prozess exemplarisch im Umgang mit der Systematischen Theologie in einem didaktischen Dreischritt verdeutlicht. Zunächst müsse eine im Hinblick auf den Inhalt, die Lerngruppe und den didaktische Prozess abgestimmte elementarisierende und gewichtende „Auswahl" getroffen werden. Nicht die Logik der Inhalte, sondern die im Hinblick auf religiöse Bildung ausgerichtete Didaktik ist entscheidend. Neben der Auswahl ist das Moment der „Konturierung" elementar, geht es in ihm doch um die korrelativ bestimmte Zuspitzung der Inhalte. Kritisch wie produktiv sind diese ins Gespräch zu bringen mit den Erfahrungen. Lern- und Verstehensvo-

---

[11] Klafki, Die bildungstheoretische Didaktik, 15.
[12] Benner, Bildung und Religion, 115.
[13] Ebd., 115.
[14] Vgl. Schambeck, Vom Containerbegriff, 71–74.

raussetzungen und Orientierungsbedürfnissen der Lernenden, wobei diese Erfahrungen durchaus milieuspezifisch zu konkretisieren sind. Schließlich ist mit diesen Momenten die „Transformation" verbunden: „Theologische Inhalte werden verändert, neu strukturiert, neue Akzente gesetzt, alte fallengelassen, Argumentationsmuster der Tradition als nicht mehr verständlich dekonstruiert und durch neue ersetzt"[15].

Inhalte der biblischen und kirchlichen Tradition, Ergebnisse der Exegese wie der Systematischen Theologie sind folglich nie direkt, sondern nur in didaktisch begründeten Transformationsprozessen im Unterricht einzubringen, ohne die Logik von Unterricht zu unterlaufen. Dies gilt ebenso für eine der Bibel abgelesene Didaktik oder für eine Didaktik Jesu.[16] Heißt dies dann vielleicht sogar, dass durch diese Transformation Schule und v. a. der RU zu einer von religiöser Erfahrung entleerten Praxis werden? Schleiermacher hatte ja eine strikte Trennung von subjektiver und objektiver Religion vorgenommen und die subjektive erfahrungsbezogene Innenseite strikt von der objektiven, stark kognitiv als Gegenstand des Wissens konturierten Außenseite unterschieden. Wahre Religion als „Geschmack fürs Unendliche"[17] sei das für die Subjekte innerlich erfahrbare „Bewußtsein schlechthinniger Abhängigkeit"[18]. Dieses sei aber nicht zu lehren. „Darum ist jedem, der die Religion so ansieht, Unterricht in ihr ein abgeschmacktes und sinnleeres Wort"[19]. Dem muss weiter nachgegangen werden.

2. RU als Moratorium des Lebensernstes? Religion im Unterricht

Unter Zuspitzung der didaktischen Transformierungslogik und in Abwandlung der Schleiermacher'schen Religionstheologie spricht Bernhard Dressler der Schule eine Unmittelbarkeit zu lebensweltlichen Vollzügen ab. Schule sei im Wesentlichen durch das „Moratorium des Lebensernstes"[20] gekennzeichnet. Religion in der Schule direkt erfahrbar werden zu lassen würde einem pädagogischen „My-

---

[15] Pemsel-Maier, Ein religionspädagogisches Plädoyer, 35.
[16] Vgl. Porzelt, „Wer wechselt, wandelt sich".
[17] Schleiermacher, Über die Religion, 47; vgl. Tomberg, Eingeschränkt schulfähig?, 21–34.
[18] Schleiermacher, Der christliche Glaube, 28.
[19] Ders., Über die Religion, 131.
[20] Dressler, Bildung – Religion – Kompetenz, 263.

thos der Authentizität" entspringen. „Unter den Bedingungen schulischen Unterrichts, der aus prinzipiellen systemischen Gründen ein artifizieller Lernraum ist und mit dem wirklichen Leben selbst nicht identisch sein kann und darf, ist Authentizität immer nur in inszenarischer Gebrochenheit denkbar"[21]. Daher sei Religion, wie Dressler damit maßgebend die Debatten um eine performative Religionspädagogik prägt, einerseits aus der erfahrungsgeleiteten Binnenperspektive als „Proberealität"[22] in der Schule zu zeigen und zugleich in einer reflexiven Außenperspektive zu reflektieren.

Was ist von diesem Konzept zu halten? Im Gegensatz zur Gemeindekatechese fehlt dem schulischen RU die für „katechetische Lernprozesse konstitutive Einheit von Lernort und Lebensort"[23]. Diese Unterscheidung ist hier gewahrt, wird aber bis in eine kulturalistische Zuspitzung der religiösen Praxis hinein vorangetrieben. Religiöse Praxis wird „als kulturelle Praxis gekennzeichnet und die Glaubensproblematik damit ausgeklammert"[24]. Dass sich im RU selber bereits Prozesse religiöser Erfahrung anbahnen können, dass hier auch die Subjekte konfrontiert werden mit der Sprache fremder Tradition, wird kategorial abgeblendet, wenn in der semiotischen Perspektive bei Dressler und Thomas Klie im RU in einer inszenierten Lerngelegenheit „Lernende und Lehrende in ein spielkonstitutives ‚Als ob'" eintreten und dieses Probehandeln als „probeweises Handeln mit kleinen Energiemengen" verstanden wird.[25] Wenn es um eine handlungsorientierte Erfahrung der inneren Logik der christlichen Religion geht, dann wäre doch zu fragen, ob nicht ein solcher Probeaufenthalt in religiöser Semantik und religiösem Ritual, so lange er nicht mit existentiellem Ernst betrieben wird, die innere Logik der jüdisch-christlichen Tradition mit ihrem unbedingten Wahrheitsanspruch und der unbedingten Zusage von Befreiung gerade verfehlt, auch wenn dies sicherlich den Vorteil birgt, einer Folklorisierung und einer indiskreten, respektlosen Ingebrauchnahme liturgischer Vollzüge zu wehren, wie dies im Nachspielen von jüdischen Passahmahlfeiern im RU besonders üble Auswüchse angenommen hat.[26]

---

[21] Ders., Interreligiöses Lernen, 117.
[22] Ders., Darstellung und Mitteilung, 19.
[23] Simon, „Katechetische Dimension", 149.
[24] Tomberg, Eingeschränkt schulfähig?, 27.
[25] Klie, Zeichen und Spiel, 451.428.
[26] Vgl. Bähr, Zwischenräume, 83.

3. RU als Ort existentiell-spiritueller und ekklesiologischer Praxis?

Demgegenüber wollen die deutschen Bischöfe die Gegenwart des Religiösen im RU jenseits einer katechetischen Engführung betonen. Ohne ein performatives Hineinbegeben in die Vollzugsformen des Glaubens, ohne ein „Probieren", sei die innere Logik des Christentums weder angemessen noch nachhaltig zu vermitteln.[27] Die Bischöfe setzen hier Wissen, Reflexion und Erfahrung in enge Wechselwirkung. In Fortführung der im Katechesepapier unternommenen Unterscheidung von Katechese und RU konturiert dieses Bischofspapier freilich den RU, indem es streng zwischen pädagogischen Ritualen, der didaktischen Erschließung religiöser Praxis im RU und der authentischen liturgisch-katechetischen Praxis differenziert, mit der der RU allenfalls an außerunterrichtlichen Lernorten vertraut machen dürfe.[28] Damit aber bleiben sie deutlich zurückhaltender als Albert Biesinger oder Markus Tomberg.

Biesinger votiert für eine „religiöse Praxis"[29] im RU. Er plädiert entschieden für eine „Realisierung der Gottesbeziehung"[30] im RU, für die „Erschließung der Gottesbeziehung unter dem Anspruch des kirchlichen Glaubens"[31]. Der Anbahnung einer begründeten Urteilsfähigkeit im Synodenpapier zum RU stellt Biesinger einen RU entgegen, der seine letzte Sinnspitze darin findet, Kommunikationsraum und Anleitung zu sein, „selbst mit Gott und zu Gott zu sprechen"[32].

Ähnlich argumentiert Tomberg vor dem Hintergrund einer konstruktivistisch gelesenen Freiheitstheologie, die ihn den RU „in formaler wie inhaltlicher Hinsicht zum *locus theologicus* zeitgenössischer Auslegung kirchlicher Tradition" macht „und soweit sich Kirche als Kommunikationsort von Freiheiten im Geiste Jesu beschreiben lässt, damit eben auch zu einem ekklesialen Ort. Das zwar nicht im Sinne der verfassten Kirche, wohl aber im Sinne eines von ihr beschriebenen und sich vorausgesetzten Ortes: Das nach christlicher Überzeugung jeder Mensch, der tun will, was die Kirche tut, ohne selbst getauft oder im bekenntnishaften Sinne ‚gläubig' zu sein, im Notfall die Taufe spenden darf (CIC can. 861§2), zeigt, dass eine ‚schwache

---

[27] Vgl. Der Religionsunterricht vor neuen Herausforderungen, 24.
[28] Vgl. ebd., 25f.
[29] Biesinger, Was gewinnen Schülerinnen, 425.
[30] Ders., Entschiedene Option, 284.
[31] Ders., Religionsunterricht im Spannungsfeld, 251.
[32] Ders., Entschiedene Option, 284.

Lesart' von Glaube sinnvoll möglich ist"[33]. RU ist damit für Tomberg ein *locus theologicus proprius*, nicht lediglich ein *locus alienus*.[34] Im RU „realisiert sich kirchliche Gottesrede mit religionspädagogisch vermittelter Rückwirkung auf Theologie und Kirche, aber auch mit religionsdidaktisch zu reflektierender Auswirkung auf das Leben der beteiligten Mitglieder der Lerngruppe. Der RU ist *locus theologicus*: Hier geschieht Glaubensüberlieferung, er ist Ernstfall theologischer Vermittlung"[35].

Auch wenn Biesinger und Tomberg die Gottesvorstellungen der konkreten Schülerinnen und Schüler didaktisch und nicht allein theologisch berücksichtigt wissen wollen, so fällt doch die Akzentverlagerung auf. Es geht weniger um eine Profilierung des RU, die für bildungstheoretische Legitimationen anschlussfähig, sondern um eine theologische Begründung. Damit werden nicht allein die Grenzen zwischen Katechese und RU porös, wie dies durch die ekklesiologische Einbindung des RU bei Tomberg besonders auffällt. Religiöses Lernen droht weniger didaktisch als katechetisch konzipiert zu werden.

Kann aber der RU mit der ihm eigenen, kontextuell nochmals sehr unterschiedlich ausfallenden religiösen Heterogenität der Schülerschaft überhaupt ein Ort der Theologie genannt werden? Diese Frage ist höchst brisant, jedenfalls dort, wo Theologie nicht wie etwa im Umfeld des Wissenschaftsrats auf einem sehr basalen Niveau als das „formale Gebundensein an ein „Bekenntnis" als ein ausformulierbares System von tragenden Überzeugungen einer bestimmten religiösen Gemeinschaft" verstanden wird.[36] Glaube ist die gottgeschenkte, gläubige Annahme der göttlichen Selbstoffenbarung in Jesus Christus in Geschichte und Gesellschaft, weshalb dieser in katholischer Perspektive kirchlichen Charakter trägt. Theologie ist der Vollzug, unter dem Eindruck der vorhergehenden Offenbarung Gottes dem Glauben nachzudenken und ihn für sich und vor anderen zu verantworten. Darum ist der „Glaube im Sinne persönlichen Gläubigseins als selbstverständliche Voraussetzung des Theologietreibens anzusehen"[37]. Theologie prägt damit das unauflösbare Ineinander von Glauben, Gläubigsein und Wissenschaftlichkeit.

So gesehen kann der RU im engen Sinne kein Ort der Theologie und kein Vollzugsort des Glaubens sein. Ähnlich wie im Programm

---

[33] Tomberg, Eingeschränkt schulfähig?, 33.
[34] Vgl. Knapp, Das Wort Gottes, 33–51.
[35] Tomberg, RU als Praxis der Freiheit, 131.
[36] Knoll, Spiritualität, 450f.
[37] Seckler, Theologie als Glaubenswissenschaft, 145.

der Kinder- und Jugendtheologie arbeitet diese Behauptung mit theologischen Unterstellungen, die der Lebenswelt und den Selbstdefinitionen der Schülerschaft nicht gerecht wird. Hier drohen heteronome Vereinnahmungstendenzen. Ein auf diese Weise jenseits bildungstheoretischer Legitimationsfiguren angesiedelter RU würde in seiner Position im Kanon der anderen Schulfächer massiv geschwächt.[38] Dieser droht zu einer Sonderwelt zu werden, in dem die Lebensrelevanz des Glaubens und die Glaubensrelevanz des Lebens in ihrem kritisch-konstruktiven Verhältnis und damit die bildungstheoretische Verankerung des RU nicht deutlich genug werden kann. Gleichwohl ist der RU geprägt von Übersetzungsprozessen im Hinblick auf die Lebensdeutungen der Schülerinnen und Schüler und im Hinblick auf die einzuspielende Tradition des Glaubens. „Das ist genuin theologisches Geschäft, das im Religionsunterricht zu leisten ist. Insofern ereignet sich im Religionsunterricht m. E. auch Theologie"[39]. Schambeck differenziert folgerichtig zwischen einer glaubensbasierten „Theologie" und einer „theologischen Arbeit" in Übersetzungsprozessen, durch die Theologie „auch ‚auf neue Füße gestellt' wird". Zwar ist RU deshalb kein *locus theologicus*, wohl aber ein Andersort der Theologie, ein Ort des „Theologisierens", der von außen fremdprophetisch Impulse für Kirche und Theologie einbringen könne.[40] Daraus ergeben sich nun Perspektiven für die Präsenz des Religiösen im RU.

4. Mystagogische Performanz. Zur Präsenz von Religion im RU

Der gegenwärtige RU hat sich der Tatsache zu stellen, dass in ihm viele Schülerinnen und Schüler erstmals Formen expliziter christlicher Religion begegnen, und muss dies als kontextuelle Herausforderung seiner diakonischen Ausrichtung annehmen. Insofern es ihm immer auch um die Ermöglichung von Religion und Glaube geht, darf er Religion nicht nur religionskundlich präsentieren. RU muss christliche Religion möglichst konkret in ihrer authentischen Semantik präsentieren, um den Schülerinnen und Schülern durch den Nachvollzug ihrer inneren Logik eine begründete Stellungnahme zu dieser Religion zu ermöglichen. Gerade in der performativen Vergegenwärtigung von Religion im Ineinander von Erfahrung und Re-

---

[38] Vgl. Grümme, Öffentliche Religionspädagogik, 261–277.
[39] Schambeck, Theologisieren, 280.
[40] Ebd., 281.

flexion kann ein RU sich als Beitrag zum schulischen Bildungsauftrag verstehen. Es geht dabei eben nicht darum, den RU sozusagen als Lösungspotential der Problemdesiderate anderer Fächer zu verstehen. Es geht darum, seinen im schulischen Fächerkanon unverwechselbaren Beitrag zur Generierung von religiöser Kompetenz zu leisten.[41]
Vor diesem Hintergrund lassen sich nun der Begriff des Probehandelns, die Präsenz von Religion im RU und dessen Qualifizierung als Ort der Theologie präziser benennen. Probehandeln existentiell-spiritualisierend zu fassen birgt nicht weniger Probleme wie ein spielerisch-inszenatorisches Probehandeln. Wie wir gesehen haben, droht die erste Konturierung des Probehandelns die Differenz von Lernort und Lebensort zu hintergehen, während die zweite die inhaltliche Bestimmtheit, Wahrheit und unbedingte Ernsthaftigkeit religionsunterrichtlicher Prozesse untergräbt. Rudolf Englert hat auf die unverlierbare Relevanz der Tradition gerade in der Posttraditionalität aufmerksam gemacht, dabei jedoch festgehalten, dass Tradition in diesem Kontext nur auf nicht-traditionale Weise bewahrt werden und Religion nur in didaktischer Transformation eingespielt werden kann. Ein dementsprechender RU hätte Tradition als Einladung zur Sprache zu bringen, die christliche Tradition „zu prüfen und auszuprobieren"[42]. Posttraditionaler RU sei als Eröffnung eines Weges zu verstehen, die Welt im Horizont des Glaubens zu sehen. RU sei also als Sehschule zu konzipieren.[43] Insofern spricht Jan Woppowa von einer „Schulreligion", die „der persönlichen Orientierung und religiösen Positionierung der Schülerinnen und Schüler" dient.[44] Als solcher aber ist er durchaus ein theologierelevanter Ort, allerdings eben als *locus theologicus alienus*. Denn dieser ist ein Ort, „an dem die Schülerinnen und Schüler die religiöse Tradition auf dem Hintergrund ihrer (geschichtlich-biographischen) Erfahrungen und im Lichte der Vernunft auslegen – und dabei zu unter Umständen theologisch eigenständigen und vielleicht sogar innovativen Entdeckungen gelangen"[45].
Gleichwohl müssten noch stärker die erfahrungsbezogenen Komponenten in diesem performativen Probehandeln herausgearbeitet wer-

---

[41] Vgl. Hemel, Religiöse Kompetenz, 12–19.
[42] Englert, Auf einmal, 76.
[43] Vgl. ders., Wie lehren wir Religion, 366–375; Mette, Religionsunterricht, 80–90.
[44] Woppowa, Impulse, 443.
[45] Englert, Wenn die Theologie in die Schule geht, 100f.

den, um den Wahrheitsanspruch und die existentielle Ernsthaftigkeit dieses performativen Handelns tiefer zu verankern. Deshalb wäre dieser Ansatz durch ein Konzept mystagogischen Lernens näher zu qualifizieren, das ich mystagogische Performanz nennen möchte. Im Wissen darum, dass mystagogische Momente im gegenwärtigen Kontext in der öffentlichen Schule „höchstens angelegt werden"[46] können, könnte dieses Konzept Wege eröffnen, in denen die Schülerinnen und Schüler im Lichte ihrer Erfahrungen in einer Theorie-Praxis-Dialektik mit religiösen Symbolen, Semantiken und Praxen konfrontiert werden. Eine mystagogische Performanz sichert dabei die Erfahrungsgeleitetheit der Aneignungsprozesse. Sie markiert den Ernst performativen Tuns, indem sie den RU als Sehschule auf Erfahrung gründet. Es geht um Sensibilisierung, um das Wahrnehmen, um das Öffnen, aber immer auch um das Reflektieren und Gestalten eigener und fremder Erfahrungen von dem, was uns unbedingt angeht. Eine mystagogische Performanz hält sich dabei offen für das bleibend Unverfügbare, von denen das Glaubenlernen zehrt.[47] Es hält so Partizipation und Differenz, Erfahrung und Reflexion, Angebot und Freiheit zusammen. So könnte die mystagogische Performanz ein bildungstheoretischer Beitrag dazu sein, Tradition einzubringen als Möglichkeit der Orientierung, als Impuls einer über liturgische Akzente hinaus immer auch geschichtlich-gesellschaftlich sensiblen Praxis und damit als Anbahnung einer kritischen Reflexion der „unsichtbaren Religion" (Thomas Luckmann) mit ihren säkularen Liturgien. Hier läge damit auch ihre ideologiekritische Spitze.

5. Ertrag und Perspektiven

Ein solcher RU mystagogischer Performanz weiß über die grundlegende Anerkennung des gnadenhaften Geschenktseins des Glaubens hinaus darum, dass er das, was in familiärer religiöser Sozialisation nicht grundgelegt wurde, niemals selber zu leisten vermag. Aber in dem Maße, in dem er die Schülerinnen und Schüler zu erfahrungsbezogenen Aneignungsprozessen und einer kritischen Hermeneutik von Tradition befähigt, in dem Maße löst er jenes Postulat an Tradierung der christlichen Botschaft unter den Bedingungen der posttraditionalen pluralen Gesellschaft ein, das auch Thomas Söding als zentrales Element des RU in der Schule so nachdrücklich betont.

---

[46] Schambeck, Mystagogisches Lernen, 384.
[47] Vgl. Grümme, Vom Anderen eröffnete Erfahrung, 67–86.

Für diesen Weckruf ist die Religionspädagogik dankbar. Daran hat sie sich angesichts der nicht zuletzt durch die in das Feld religiöser Bildung hineinkommenden Flüchtlinge dramatisch steigenden Heterogenitäten bleibend abzuarbeiten. Sie hätte dabei allerdings in einem noch stärkeren Maße die Herausforderung anzunehmen, die darin besteht, die kommunikativ-universale Logik der biblischen Tradition mit der Logik des didaktischen Feldes konstruktiv wie kritisch zusammenzuhalten. Möglicherweise würde die Religionspädagogik genau darin auch ihrerseits das Gespräch mit der Exegese befruchten.

6. Literatur

Bähr, D., Zwischenräume. Ästhetische Praxis in der Religionspädagogik, Münster 2001

Benner, D., Bildung und Religion. Nur einem bildsamen Wesen kann ein Gott sich offenbaren, Paderborn 2014

Biesinger, A., Was gewinnen Schülerinnen und Schüler durch den Religionsunterricht, in: KatBl 6 (2001), 423–426

—, Entschiedene Option für das Paradigma Gottesbeziehung, in: KatBl 4 (2002), 283–285

—, Religionsunterricht im Spannungsfeld, in: R. Ehmann [u. a.] (Hg.), Religionsunterricht der Zukunft, Freiburg i. Br. [u. a.] 1998, 251–256

Der Religionsunterricht vor neuen Herausforderungen, hg. v. Sekretariat der Deutschen Bischofskonferenz (DtBis 80), Bonn 2005

Dressler, B., Darstellung und Mitteilung. Religionsdidaktik nach dem Traditionsabbruch, in: rhs 1 (2002), 11–19

—, Interreligiöses Lernen – Alter Wein in neuen Schläuchen?, in: ZPT 55 (2003), 113–124

—, Bildung – Religion – Kompetenz, in: ZPT 56 (2004), 258–263

Englert, R., Auf einmal gar nicht mehr von gestern. Überlegungen zum religionspädagogischen Gebrauch von Tradition, in: M. Bahr [u. a.] (Hg.), Subjektwerdung und religiöses Lernen. Für eine Religionspädagogik, die den Menschen ernst nimmt, München 2005, 64–77

—, Wenn die Theologie in die Schule geht. Inkulturationserfahrungen, die zu denken und zu lernen geben (QD 247), in: N. Mette/M. Sellmann (Hg.), Religionsunterricht als Ort der Theologie, Freiburg i. Br. [u. a.] 2012, 92–105

—, [u. a.], Innenansichten des Religionsunterrichts. Fallbeispiele, Analysen, Konsequenzen, München 2014

—, Wie lehren wir Religion – unter den Bedingungen des Zerfalls ihrer vertrauten Gestalt, in: KatBl 5 (2005), 366–375

Grümme, B., Vom Anderen eröffnete Erfahrung. Der alteritätstheoretische Erfahrungsbegriff als Beitrag zur Debatte um die Pluralismusfähigkeit der Religionsdidaktik, in: RpB 53 (2004), 67–86

—, Öffentliche Religionspädagogik. Religiöse Bildung in pluralen Lebenswelten, Stuttgart 2016

Hemel, U., Religiöse Kompetenz als Ziel und Ausgangspunkt des Religionsunterrichts an berufsbildenden Schulen, in: rabs 24 (1992), 12–19

Klie, T., Zeichen und Spiel. Semiotische und spieltheoretische Rekonstruktion der Pastoraltheologie, Gütersloh 2003

Knapp, M., Das Wort Gottes, seine Überlieferung und Erkenntnis. Die Lehre von den loci theologici, in: N. Mette/M. Sellmann (Hg.), Religionsunterricht als Ort der Theologie (QD 247), Freiburg i. Br. [u. a.] 2012, 33–51

Knoll, A., Spiritualität, die sich verstehen will. Überlegungen zur Theologie als Glaubenswissenschaft, in: G. Bausenhart [u. a.] (Hg.), Zukunft aus der Geschichte Gottes, Freiburg i. Br. [u. a.] 2014, 449–478

Mette, N./Sellmann, M. (Hg.), Religionsunterricht als Ort der Theologie (QD 247), Freiburg i. Br. [u. a.] 2012

Mette, N., Religionsunterricht als Ort der Theologie, in: RpB 73 (2015), 80–90

Pemsel-Maier, S., Ein religionspädagogisches Plädoyer für die vernachlässigte Arbeit an den Inhalten, in: S. Pemsel-Maier/M. Schambeck (Hg.), Keine Angst vor Inhalten! Systematisch-theologische Themen religionsdidaktisch erschließen, Freiburg i. Br. [u. a.] 2015, 21–39

Porzelt, B., „Wer wechselt, wandelt sich." Schulische Transformation des Religiösen im Spiegel einer Lehrererzählung, in: RpB 58 (2007), 53–60

Schambeck M., Mystagogisches Lernen, in: G. Hilger [u. a.] (Hg.), Religionsdidaktik. Ein Leitfaden für Studium Ausbildung und Beruf, München 2001, 373–384

—, Was das Theologisieren mit Kindern über das Geschäft der (Praktischen) Theologie und das Verständnis des Religionsunterrichts verrät. Bausteine einer Wissenschaftstheorie, in: N. Mette/M. Sellmann (Hg.), Religionsunterricht als Ort der Theologie (QD 247), Freiburg i. Br. [u. a.] 2012, 265–283

—, Vom Containerbegriff „Korrelation" zum Planungsinstrument für Unterricht – Zu einer Operationalisierung von Korrelationsprozessen, in: S. Pemsel-Maier/M. Schambeck (Hg.), Keine Angst vor Inhalten! Systematisch-theologische Themen religionsdidaktisch erschließen, Freiburg i. Br. [u. a.] 2015, 67–89

Schleiermacher, F., Der christliche Glaube. Nach den Grundsätzen der evangelischen Kirche im Zusammenhange dargestellt, Berlin 1960

—, Über die Religion. Reden an die Gebildeten unter ihren Verächtern, Zürich 2012

Seckler, M., Theologie als Glaubenswissenschaft, in: HFTh 4 (2000), 132–184

Simon, W., „Katechetische Dimension" des Religionsunterrichts?, in: KatBl 2 (2005), 147–150

Söding, Th., Öffentliche Lehre. Orte der Theologie im Horizont des Johannesevangeliums, in: N. Mette/M. Sellmann (Hg.), Religionsunterricht als Ort der Theologie (QD 247), Freiburg i. Br. [u. a.] 2012, 138–172

Tomberg, M., RU als Praxis der Freiheit. Überlegungen zu einer religionsdidaktisch orientierten Theorie gläubigen Handelns, Berlin/New York 2010

—, Eingeschränkt schulfähig? Didaktische Transformationen religiösen Wissens, in: Jahrbuch für konstruktivistische Religionsdidaktik 6 (2015), 21–34

Wolfgang, K., Die bildungstheoretische Didaktik im Rahmen kritisch-konstruktiver Erziehungswissenschaft, in: H. Gudjons/R. Winkel (Hg.), Didaktische Theorien, Hamburg 1997

Woppowa, J., Impulse für einen konfessionell-kooperativen RU, in: KatBl 140 (2015), 442–447

Bernhard Linke

Religion ohne Verbindlichkeit?
Zur Entwicklung religiöser Diskurse im antiken Griechenland

Das klassische Griechenland hat im 5. und 4. Jh. v. Chr. eine enorme Menge an literarischen Kulturgütern hinterlassen. Dabei wurde immer wieder die politische, die historische, aber auch die kosmologische Dimension der menschlichen Existenz beleuchtet. Namen wie Platon, Aristoteles, Euripides, Herodot und Thukydides haben sich tief in die kulturelle Identität Europas eingegraben. Die überreiche Literatur, die philosophischen Schulen und die Geschichtsschreibung sind zum festen Bestandteil eines kulturellen Erbes geworden, das bis heute einen prägenden Einfluss ausübt.[1] Diese bleibende Bedeutung der philosophischen Welterklärung im klassischen Griechenland ist so selbstverständlich, dass ein Phänomen leicht übersehen werden kann: Religiöse Texte im Sinne des Wortes gibt es im klassischen Griechenland kaum, vielleicht gar nicht. Die religiösen Spezialisten hatten selbst in der hochliteraren Gesellschaft des klassischen Athens kein Bedürfnis ihre Interpretation religiöser Phänomene und Strukturen zu verfassen und damit zu verstetigen. Inmitten einer öffentlich prominent positionierten Diskussionskultur über alle wesentlichen Fragen des Menschen und der Gesellschaft fällt das laute Schweigen der sakralen Würdenträger auf. Niemand verfasste einen Text über den Sinn der Kulte. Über das Wirken der Götter in der Gesellschaft sprechen Philosophen, aber nicht Priester. Dabei drängen sich grundlegende Fragen zur griechischen Religion geradezu auf:[2] Welche Natur haben die verehrten Gottheiten? Nimmt man die Mythen und die bildlichen Darstellungen der Götter ernst und betrachtet sie als Personen, die zu willkürlichen Handlungen fähig sind, oder aber ist das alles nur allegorisch zu verstehen und die Götter waren vielmehr Mächte, die in der Natur nach grundlegenden Gesetzen handeln, sodass die menschengestaltige

---

[1] Zur neueren Forschung zur griechischen Literaturgeschichte vgl. Hose/Schenker (Hg.), A Companion to Greek Literature.
[2] Zur Forschungslage zur griechischen Religion vgl. Linke, Antike Religion.

Darstellungen nur einer besseren Verständlichkeit dienten.³ Gab es eine grundlegende Unterscheidung zwischen den olympischen Gottheiten und den chthonischen Gottheiten, den eher anonymen sakralen Mächten, die eng mit der Erde verbunden werden.⁴ Wie konnte es ernsthaft sein, dass beim zentralen Opferritual eine Hierarchie der Fleischverteilung unter den Teilnehmern hergestellt wurde, die Götter aber in jedem Fall den wertlosesten Teil erhielten, den kein Teilnehmer haben mochte, die Knochen und das Fett?⁵ Diese Liste an Fragen ließe sich beliebig verlängern und man käme doch immer wieder zu dem Schluss, dass die sakralen Würdenträger sich dazu nicht äußerten. Mythos, Literatur und Philosophie bleiben unsere Quellen für die Deutung religiöser Strukturen. Das Wenige, was wir über die Priester und deren Wissen und Interpretationen besitzen, stammt in großen Teilen von dem Bildungsbürger Pausanias, der in der hohen Kaiserzeit einen gehobenen Reiseführer für das zeitgenössische Griechenland verfasst hat und dafür auch vor Ort die Priester befragt hat. Seine Schilderungen geben einen Einblick in die Vielfältigkeit des sakralen Lebens und der rituellen Realität im antiken Griechenland.

So drängt sich geradezu das Bild einer Gesellschaft auf, die ihre traditionelle Religion nicht weiter reflektiert und sich stattdessen in literarischen und philosophischen Kontexten hochkomplexen Kosmologien widmet, die die Deutung der Welt mit sinngebenden Handlungshorizonten verbindet und damit eine intellektuelle Leistung vollbracht hat, die zeitübergreifend ist.

Aus dieser Konstellation entstand die in der Moderne oft geäußerte Einschätzung, dass die Philosophie zum Substitut der alten religiösen Deutungen des Polytheismus wurde. Gestützt werden diese Annahmen durch religionskritische Aussagen von griechischen Intellektuellen wie Xenophanes mit seiner berühmten Ablehnung der menschengestaltigen Gottheiten: Hätten Rinder und Pferde Götter, würden sie wie Rinder und Pferde aussehen.⁶

---

³ Zur modernen Diskussion über die sakrale „Substanz" der griechischen Gottheiten vgl. Burkert, Griechische Religion, der von persönlichen Gottheiten ausgeht, die willkürlich handeln können, und Vernant, Mythos und Gesellschaft, sowie Bruit Zaidman/Schmitt Pantel, Die Religion der Griechen, die von einem System göttlicher Mächte ausgehen, bei dem jede Gottheit nur Teil eines großen Ganzen ist.
⁴ Vgl. Scullion, Olympian and Chthonian, 75–119; Schlesier, Olympische Religion, 21–32.
⁵ Vgl. Vernant/Detienne (Hg.), Cuisine du sacrifice en pays Grec, 183–214.
⁶ Frag. 15: Diels/Kranz (Hg.), Die Fragmente der Vorsokratiker; zur Religionskritik vgl. auch Frag. 4 und 5.

Insgesamt hätten wir es dann mit einer Konstellation in Griechenland zu tun, die nicht unähnlich dem Konzept der „unsichtbaren Religion" wäre, das Thomas Luckmann in den 70er Jahren für die modernen Gesellschaften entwickelt hat.[7] Die Suche nach Antworten auf elementare Fragen löse sich – so die Analyse von Luckmann – von den Vorgaben kollektiver Institutionen und diffundiere in die Privatheit individueller Überlegungen und Überzeugungen.

Teilweise wird diese vermutete Überwindung des primitiven Polytheismus durch die philosophische Reflexion geradezu als die kulturelle Kernleistung der Griechen betrachtet. So schreibt der prominente Philologe Bruno Snell: „Jeder Primitive hält sich für gebunden an die Götter und ist noch nicht erwacht zum Bewußtsein eigener Freiheit. Die Griechen haben diese Gebundenheit durchbrochen und dadurch unsere abendländische Kultur gestiftet."[8]

Der grundlegende Beitrag der griechischen Kultur für die Entwicklung der europäischen Zivilisation hätte also in einer zunehmenden Distanzierung zunächst zu den urwüchsigen Formen der Naturreligion und dann sogar zu den weiterentwickelten Spielarten des Polytheismus bestanden, bis sich schließlich die Gesellschaft in ihren wesentlichen Bestandteilen gänzlich von den Zwängen primitiven Denkens befreien konnte.[9] Diese Auffassung bleibt bis heute sehr einflussreich und findet sogar wieder Eingang in aktuelle und einflussreiche Konzeptionen für die Vermittlung der griechischen Kultur im Schulunterricht.[10] Aus dieser Sicht mag die alte Religion als existentielle Leitidee vielleicht noch einer intellektuell wenig anspruchsvollen Bevölkerungsmasse genügt haben, für die intellektuellen Schichten aber, die die gesellschaftliche Entwicklung primär beförderten, hätte sie längst ihre Relevanz verloren.

Dieses alte Entwicklungsmodell, bei dem die griechische Religion zu einem wenig bedeutsamen Teilbereich des kulturellen Lebens herabsinkt, erfuhr zu Recht in der neueren Forschung eine intensive Kritik. So wird mit Nachdruck darauf hingewiesen, dass sich das Postulat einer zunehmenden Distanz breiter Bevölkerungsteile zu ihrem religiösen Weltbild bei genauerer Analyse nicht aus dem Quellenmaterial

---

[7] Luckmann, Die unsichtbare Religion.
[8] Snell, Die Entdeckung des Geistes, 36.
[9] Vgl. z. B. Beloch, Griechische Geschichte, 144–180; Meyer, Geschichte des Altertums, 548–553; Berve, Griechische Geschichte, 93–96; Bengtson, Griechische Geschichte, 69f.
[10] Vgl. Heil, Vorantike und Antike Welt, 99–117, der die Kulturentwicklung im frühen Griechenland ausführlich mit dem evolutionären Dreischritt: Religion – Philosophie – Wissenschaft thematisiert.

belegen lässt.[11] Im Gegenteil, alle Indizien deuten darauf hin, dass die Religion ihre fundamentale Bedeutung als Orientierungssystem für die Menschen behielt: „The shift from Archaic to Classical is then not a repudiation of the religious role of the state nor a movement to eliminate religious structures nor to confine religion to private or politically insignificant matters. The polis remains a society in which the Sacred has a central role, in some respects perhaps an even more vital role than before."[12] Die Religion bildete nicht nur die Basis kollektiver Organisation, sondern umschloss den ganzen Lebenszyklus der Menschen und strukturierte ihre Lebenswelt: Von der Geburt bis zum Tod, von der Orientierung im Raum bis zur Einteilung der Zeit. So trug die Religion in den griechischen Poleis wesentlich zur Stabilisierung des sozialen Lebens bei und war mit ihm auf das engste verwoben.[13] Die Teilnahme an den Opferritualen der Polis symbolisierte die Zugehörigkeit zur politischen Gemeinschaft und diente damit der Selbstvergewisserung der sozialen Identität.

Die Richtigkeit der Riten für das Erreichen einer geglückten sakralen Kommunikation mit den göttlichen Kräften wurde trotz der philosophischen Reflexionen auch in der Oberschicht akzeptiert, auch wenn es keine „theologische" Begründung dafür gab. Insgesamt orientierten sich die Menschen an den Maßstäben des richtigen Handelns, einer Orthopraxie, und nicht an denjenigen einer richtigen Lehre, einer Orthodoxie.[14]

Wie kam es nun zu der bemerkenswerten Konstellation, dass in einer Gesellschaft, die von ungewöhnlichen hohen Literalität geprägt war, die sakralen Würdenträger zu religiösen Fragen fast keine schriftlichen Zeugnisse hinterlassen haben? Warum entwickelte sich in Teilen der Philosophie eine so ablehnende Haltung gegenüber einer religiösen Interpretation der Welt, die sichtlich in weiten Teilen der Gesellschaft tief verwurzelt war. Für diese Phänomene soll im zweiten Teil der Ausführungen eine Erklärungsperspektive gegeben werden, die hier jedoch nur thesenhaften Charakter kann.

---

[11] Vgl. Connor, „Sacred" and „Secular", 161–188.
[12] Ebd., 184.
[13] Vgl. Cole, Civic Cult, 292–325; de Polignac, Repenser la „cité"?, 7–19; ders., Influence extérieure ou évolution interne? L'innovation cultuelle en Grèce géométrique et archaïque, in: Kopcke/Tokumaru (Hg.), Greece between East and West, 114–127; Sourvinou-Inwood, What is Polis Religion?, 295–322; dies., Further Aspects of Polis Religion, 259–274; Davies, Religion and the State, 368–388; Jost, Aspects de la vie religieuse, 147–186.
[14] Für die römische Kultur haben Monika Linder und John Scheid dafür den prägnanten Ausdruck „Quand c'est faire" – „Wenn Glauben handeln bedeutet" geprägt (vgl. dies., Quand croire c'est faire, 47–62).

Religion ohne Verbindlichkeit?

Für die Positionierung der religiösen Sphäre im archaischen und klassischen Griechenland war die besondere Entwicklung der politischen Kultur von fundamentaler Bedeutung. Zwischen 800 und 600 v. Chr. entstanden dort republikanische Gemeinwesen, die eine komplexe politische Öffentlichkeit ausbildeten.[15] Ämter auf der Basis von Rotationsprinzipien wurden eingeführt und die Bürger in Versammlungen zumindest passiv an der Normengestaltung für das gesellschaftliche Leben beteiligt. Dies war eine bemerkenswerte Innovation, die es in dieser Form in keiner anderen Kulturregion auf der Entwicklungsebene der frühen Staaten gab.

Basis für diesen ungewöhnlichen Sonderweg im frühen Griechenland war offensichtlich die Tatsache, dass kein Angehöriger der Führungsschicht das Machtpotential besaß, seine Herrschaftsansprüche exklusiv durchzusetzen und eine Monarchie zu errichten. So entstanden plurale gesellschaftliche Ordnungen. Ein wichtiger Bestandteil dieser Konstellation war die komplexe Beziehung, die die griechischen Poleis zu ihrer Religion entwickelten.[16] Wäre es einzelnen Mitgliedern der Oberschicht gelungen, eine exklusive Beziehung zu wichtigen sakralen Mächten aufzubauen, hätten sie den politischen Diskussionsprozess mit dem Verweis auf einen höheren göttlichen Willen suspendieren können. Dies hätte zu einer starken Basis für eigene Herrschaftsansprüche werden können.

Die Ausgangslage dafür war gar nicht so ungünstig. Die Pflege der wichtigsten Kulte war ursprünglich einzelnen Priestergeschlechtern, *gene*, anvertraut aus deren Reihen die sakralen Würdenträger exklusiv bestimmt wurden.[17] Hier zeigen sich die Konturen eines hohen religiösen Legitimationspotentials für einen erheblichen gesellschaftlichen Einfluss. Zudem entwickelte die griechische Religion mit der Vorstellung von Zeus eine für polytheistische Weltbilder ungewöhnlich starke Gottheit, die die anderen Gottheiten zu dominieren drohte.[18] Auch dies wäre ein guter Ansatzpunkt für den Aufbau einer sakral begründeten Dominanz einzelner Personen bzw. Gruppen in der Gesellschaft gewesen.

---

[15] Zur frühgriechischen Gesellschaftsentwicklung vgl. jetzt Stein-Hölkeskamp, Das archaische Griechenland; ferner Osborne, Greece in the Making; Hall, A History of the Archaic Greek World.
[16] Vgl. Linke, Religion und Herrschaft, 1–37.
[17] Umfassend zu den *gene* Bourriot, Recherches sur la nature du genos.
[18] Zur dominanten Position von Zeus vgl. Lloyd-Jones, The Justice of Zeus; Kreutz, Zeus und die griechischen Poleis; Olotnikova, Zeus in early Greek mythology and religion; Linke, Zeus als Gott der Ordnung, 89–120.

Doch schon ein erster Blick in die Ilias zeigt, dass beide Aspekte sehr prekär waren. Eingeleitet wird das Epos mit dem Streit von Agamemnon und Achilles um die Neuaufteilung von Beute.[19] Diese war notwendig geworden, weil ein Priester des Apollon seine Tochter aus der griechischen Gefangenschaft durch die Zahlung einer enormen Entschädigung auslösen wollte. Doch Agamemnon, dem die Frau als Beuteanteil vom griechischen Heer zugesprochen war, weigerte sich, diese herauszugeben. Als Apollon daraufhin eine fürchterliche Seuche in das griechische Lager sendet, ist es der weise Seher Kalchas, der die wahre Ursache der Krankheit kennt und die Auslieferung der Tochter an ihren Vater als Grundlage für das Ende der Katastrophe klar benennt. Obwohl er als ein Mann beschrieben wird, der wie kaum ein anderer den Willen der Götter kennt, traut sich Kalchas zunächst nicht diese Wahrheit öffentlich auszusprechen aus Angst vor der Rache des Agamemnon, der ihn auch übel beschimpft. Erst als Achill ihm seinen Schutz gewährt, eröffnet er den Griechen den wahren Grund für Apollons Unmut.

Diese Anfangsszene der Ilias macht deutlich, dass die Priester in der Gesellschaft Griechenlands keine herausragende Privilegierung besaßen. Der Vater der geraubten Frau muss für seine Tochter wie jeder Lösegeld bezahlen. Allein seine sakrale Autorität verleiht ihm in der Situation keinen Vorteil. Erst als dieses legitime Anliegen auf üble Weise verwehrt wird, greift sein Gott ein und straft die Griechen. Analoges gilt für die Position des Sehers Kalchas, der wie jeder Grieche Angst vor dem Zorn des mächtigen Agamemnon hat, wenn er etwas sagen sollte, das diesem missfällt. So ist die Stellung beider sakralen Würdenträger nicht durch die Entfaltung eigenständigen Charismas geprägt, sondern gleicht eher derjenigen der normalen Griechen, obwohl beiden vom Dichter eine besondere Nähe zu den Göttern zugebilligt wird. Der Bezug zu den Göttern und die Einordnung in die gesellschaftliche Hierarchie korrespondieren also nicht direkt miteinander.

Auch die Einwirkung von Zeus – des dominanten Gottes – auf die Gesellschaft wird als prekär geschildert. Zu Beginn des 2. Gesanges schickt Zeus Agamemnon einen Traum, in dem dieser zu einer Offensive gegen Troja aufgefordert wird.[20] Diese würde den Sieg bringen. Von vornherein ist erstaunlicherweise klar, dass Zeus den Anführer der Griechen täuschen will. Dieser nimmt aber den göttlichen Hinweis ernst und versammelt das griechische Heer. Dabei agiert er jedoch so ungeschickt, dass die gesamte Ordnung sich aufzulösen droht. In dieser chaotischen Situation ist es Odysseus, der wieder für Ordnung sorgt,

---

[19] Homer, Ilias, 1–348.
[20] Ebd., 2,1–282.

Religion ohne Verbindlichkeit?

indem er ganz handgreiflich mit dem Zepter des Agamemnon einzelne rebellische Griechen schlägt und sie mit Gewalt wieder zur Versammlung zurücktreibt. Bedenkt man, dass nur wenige Verse vorher die göttliche Herkunft des Zepters beschrieben wurde, das von Hephaistos selbst für Zeus gemacht wurde und dann über eine lange Reihe göttlicher und heroische Besitzer schließlich von Agamemnon geerbt wurde, ist man vom weltlichen Gebrauch dieses heiligen Stabes durch Odysseus überrascht. Die Krieger folgen nicht dem Besitzer des Zepters aus Ehrfurcht von der sakralen Macht des Symbols und der damit verbundenen Anbindung an den höchsten Gott.

Das Zepter erscheint trotz seiner Herkunft und der langen Abfolge von herausragenden Trägern nicht mehr als Zeichen einer personengebundenen sakralen Autorität. Zwar rettet Odysseus durch seinen Einsatz die Lage, doch kommt die Art und Weise, wie das Zepter einsetzt, einer Entsakralisierung dieses Statussymbols gleich. Es dient ihm nicht als Zeichen der Autorität des führenden Fürsten, dem sich die rebellischen Griechen freiwillig beugen, sondern er benutzt es als schnödes Schlaginstrument. Eine Funktion, die jeder andere Stab hätte erfüllen können. So wird nicht die Position des Odysseus durch die Aneignung des Zepters erhöht, sondern das Zepter verliert durch den Gebrauch seine sakral-charismatische Qualität und fällt der Beliebigkeit anheim. Nicht die durch die Herkunft des Zepters vorgegebene Anbindung an die Götter dominiert die Szenerie, sondern der persönliche Einsatz des Einzelnen. Das latente Potential der sakralen Autorität steht hier in einer eigentümlichen Spannung zu ihrer ostentativen Nichtrealisierung in der konkreten gesellschaftlichen Situation. So ist nicht die Konzentration auf einen Privilegierten, sondern eine plurale Offenheit der Handlungsträger die Kernbotschaft der Szene.[21]

Diese Szenen aus der Ilias reflektieren eine Kernentwicklung des frühen Griechenlands:[22] Der Einfluss der sakralen Organisation und ihrer Würdenträger auf die gesellschaftlichen Abläufe wurde im Laufe der Jahrhunderte zwischen 800 und 500 v. Chr. stark reduziert. Dies war kein zufälliger oder unbeabsichtigter Prozess, sondern das Ergebnis einer gezielten Steuerung durch die Gesellschaft.[23] Immer wieder wurden bewusste Entscheidungen getroffen, die die sakralen Würdenträgern der

---

[21] Vgl. Linke, Sakrale Sukzession und politische Rivalität.
[22] Zum Problem der „Homerischen Gesellschaft" vgl. Ulf, Die Homerische Gesellschaft; ferner die Beiträge in: Fowler (Hg.), The Cambridge Companion to Homer; Morris/Powell, A New Companion to Homer.
[23] Vgl. Davies, Religion and the State, 368–388.

Kontrolle durch die politischen Institutionen unterwarfen und den Einfluss der Religion auf die öffentlichen Diskussionen minimierte. Am Abschluss dieser Entwicklung stand eine klare Trennung der sakralen und politischen Sphäre, die sich auch in der Positionierung der Heiligtümer in der Polis widerspiegelte, die deutlich von den politischen Räumen getrennt wurden.[24] Die griechischen Republiken bildeten auf diese Weise einen autonomen Bereich des Politischen heraus, der unabhängig von sakralen Einflüssen war.

Diese Entwicklung sollte nicht als Ausdruck der Distanzierung und Abwertung der Religion missverstanden werden. Der Glaube an die Macht und Bedeutung der göttlichen Kräfte war von der Neuordnung der sakralen Organisation nicht betroffen. Im Gegenteil, das Bewusstsein für die enge Verknüpfung des gesamtgesellschaftlichen Wohlergehens mit der sakralen Sphäre blieb stark ausgeprägt, wie das Beispiel des demokratischen Athens eindrücklich zeigt.

Die beeindruckende Machtentfaltung nach den Perserkriegen im Rahmen des attischen Seebundes und die enorme Aufwertung Athens, die alles überstieg, was eine Polis bis dahin erreicht hatte,[25] wurden primär sakral thematisiert. Die Athener entwickelten zunehmend das Gefühl einer besonderen Privilegierung gegenüber anderen Poleis. Ihre enge, ja – zumindest in athenischer Sicht – exklusive Bindung an ihre Stadtgöttin führte zu einer sakral aufgeladenen Selbstinterpretation.[26] Die Polis als Gemeinschaft der Bürger verschmolz immer stärker mit „ihrer Göttin" Athena, zu deren Ehren aufwendige und prächtige Rituale durchgeführt wurden, wie die Prozession der Panathenäen. So ergibt sich für das demokratische Athen gerade nicht das Bild einer Säkularisierungstendenz, sondern ganz im Gegenteil einer Sakralisierung von gesellschaftlichen Konstellationen. Das gemeinschaftliche „Könnensbewußtsein" (C. Meier) führte zum Gefühl einer schier unbegrenzten kollektiven Leistungsfähigkeit,[27] deren Wurzel auch in einer göttlichen Privilegierung gesucht wurde.

Dies zeigte sich im prächtigen Ausbau der Heiligtümer und Kultstätten auf der Akropolis seit der Mitte des 5. Jh. v. Chr.[28] Die Position des entscheidenden Heiligtums in der Mitte der Stadt und damit im Zentrum des Gemeinwesens war schon für sich eine eher ungewöhnliche Entwicklung. Zumeist lagen die großen Heiligtümer, wie z. B.

---

[24] Vgl. Hölscher, Öffentliche Räume.
[25] Zum Aufstieg Athens vgl. Welwei, Das klassische Athen Demokratie.
[26] Vgl. Loraux, L'invention d'Athènes.
[27] Vgl. Meier, Ein antikes Äquivalent des Fortschrittsgedankens, 265–316.
[28] Zum Ausbau der Akropolis vgl. Hurwit, The Acropolis in the Age of Pericles; ders., The Athenian Acropolis.

Religion ohne Verbindklichkeit?

in Argos, Samos und Ephesos außerhalb des urbanen Zentrums und bildeten mit ihm ein bipolares Spannungsfeld.[29] Mit der Zentrumsorientierung der wichtigsten Kulte bildete Athen also im griechischen Umfeld eine Ausnahme. Diese ungewöhnliche Konstellation wurde dann ab der Mitte der 40er Jahre des 5. Jh. v. Chr. durch den massiven Ausbau der Akropolis dramatisch hervorgehoben und geradezu zum Markenkern des athenischen Selbstverständnisses.

Interessant ist nun, dass es gerade Aristokraten waren, die diese Tendenz zur Überhöhung der demokratischen Ordnung ursprünglich anstießen. Die Oberschicht blieb so zerstritten und in internen Konkurrenzkonstellationen verhaftet, dass deren Angehörige sogar bereit waren, die Stellung und den Einfluss des Volkes im Staate gezielt zu stärken, wenn sie sich davon persönliche Vorteile im innenaristokratischen Machtkampf versprachen. Als sich seit dem Ende des 6. Jh. v. Chr. abzeichnete, welches Machtpotential das athenische Volk nach seiner politischen Einigung entfalten konnte, versuchten viele Aristokraten, ihren Einfluss beim Volk weiter zu vergrößern.[30]

So investierten einzelne Aristokraten, die eine Niederlage im Ringen um die Macht fürchteten, ihre politische Kompetenz in den Aufbau eines Gemeinwesens, in dem das Volk geeint und zur politischen Selbstorganisation fähig war. Am Ende des 6. und Beginn des 5. Jh. v. Chr. entstand auf diese Weise ein politischer Kreislauf, der in der Ausbildung der vollendeten Demokratie einmündete.

Besonders wendige und innovative Angehörige der alten Oberschicht begannen nun damit, ihren Status, ihren Habitus und ihr Wissen dazu zu nutzen, die Integration weiter Bevölkerungskreise in die Wertewelt des Adels zu betonen. Die Aufwertung der Bürger sollte ihnen deren Sympathie im politischen Kontext zu sichern und somit ihren Einfluss auf die Politik. Auf diese Weise bestärkten sie den *demos* in seinen Statusansprüchen und verliehen diesen zudem eine historische Legitimation mit sakraler Dimension.

Diese „Anbiederung" an das Volk wurde aber nicht von allen Aristokraten gut geheißen. Viele Angehörige der alten Oberschicht lehnten diese Entwicklung kategorisch ab und blieben vehemente Kritiker der Demokratie.[31] Für sie war die Überhöhung dieser gesellschaftlichen Organisation im höchsten Maße unverständlich. Diese

---

[29] Zum bipolaren Aufbau der griechischen Städte vgl. de Polignac, La naissance de la cité grecque.
[30] Zum sozialen Status der führenden Persönlichkeiten im Athen des 5. Jh. v. Chr. vgl. Mann, Die Demagogen und das Volk, 97–190.
[31] Zur Demokratiekritik in Athen vgl. Bleicken, Die athenische Demokratie, 437–447; Rhodes, Oligarchs in Athens, 119–136.

Haltung war einer der Ursachen für die Kritik an der Religion, die nur noch als Deutungsangebot für die ungebildete breite Masse dargestellt wurde, die sich von einzelnen Aristokraten verführen ließ. Die vehemente Hinterfragung der traditionellen Religion in der zeitgenössischen Philosophie bot für diese Position eine willkommene Argumentationsstütze. Die Distanz und Kritik gegenüber der alten Religion in Teilen der gebildeten Oberschicht können also durchaus ein Indiz für deren „unliebsamen Lebendigkeit" in der zeitgenössischen Gesellschaft gewesen sein.

Zusammenfassend lässt sich also sagen, dass die sakralen Würdenträger in Griechenland deshalb keine theologischen Konzeptionen entwickelten, weil ihre Rolle in der religiösen Organisation der Gesellschaft schon früh reduziert wurde. So bildeten sich auch keine gemeinsamen Institutionen der Priester heraus und sie besaßen nicht die Autorität verbindliche Deutungsentwürfe zu religiösen Fragen zu formulieren. Die Freistelle, die sich dadurch auftat, wurde seit der Frühzeit durch Dichter und Philosophen gefüllt, von denen Homer und Hesiod anfänglich die prominentesten waren. Deren Entwürfe, auch wenn sie sehr wirkungsmächtig waren, besaßen nie eine sakrale Verbindlichkeit, sondern waren nur einzelne Diskussionsbeiträge im Rahmen komplexer Kommunikationsprozesse, die von anderen Denkern aufgenommen und verändert werden konnten. So entstand im antiken Griechenland eine Konstellation, die man als „deliberative Theologie" bezeichnen könnte.

Diese Trennung der religiösen Konzeptionen von der Autorität sakraler Verbindlichkeit sollte man aber nicht als „Verfall" der Religion interpretieren. Auch im klassischen Griechenland zeigt sich eindeutig die lebendige Kraft dieses Weltbildes in der Gesellschaft. Gerade diese Kraft in der breiten Bevölkerung hat in Teilen der politisch und literarisch aktiven Aristokratie zu Diskursen der Ablehnung und Entwertung des Weltbildes geführt, die auf eine Schwächung unliebsamer politischer Entwicklungen zielten. Religion und Bildung blieben in einer komplexen Interaktion verbunden.

Literatur

Beloch, K. J., Griechische Geschichte. Bd. I/1, Straßburg 1912
Bengtson, H., Griechische Geschichte (HdA 3,4), München ^{5}1977
Berve, H., Griechische Geschichte. Bd. 1, Freiburg i. Br. [u. a.] ^{2}1951
Bleicken, J., Die athenische Demokratie, Paderborn ^{4}1995
Bourriot, F., Recherches sur la nature du genos, Paris 1976

Bruit Zaidman, L./Schmitt Pantel, P., Die Religion der Griechen. Kult und Mythos, München 1994 (frz. 1991, engl. 1992)
Burkert, W., Griechische Religion der archaischen und klassischen Epoche (RM 15), Stuttgart ²2011
Cole, S. G., Civic Cult and Civic Identity, in: M. H. Hansen (Hg.), Sources for the Ancient Greek City-State, Copenhagen 1995, 292–325
Connor, W. R., „Sacred" and „Secular", Hiera kai hosia and the Classical Athenian Concept of the State, in: AncSoc 19 (1988), 161–188
Davies, J. K., Religion and the State, in: CAH IV², 368–388
de Polignac, F., Influence extérieure ou évolution interne? L'innovation cultuelle en Grèce géométrique et archaïque, in: G. Kopcke/I. Tokumaru (Hg.), Greece between East and West. 10th–8th Centuries BC, Mainz 1992, 114–127
—, Repenser la „cité"? Rituels et société en Grèce archaïque, in: M. H. Hansen/K. A. Raaflaub (Hg.), Studies in the Ancient Greek Polis, Stuttgart 1995, 7–19
—, La naissance de la cité grecque. Cultes, espace et société VIII^c–VII^c siècles avant J.-C., Paris ²1995
Diels, H./Kranz, W. (Hg.), Die Fragmente der Vorsokratiker, 2 Bde., Zürich ⁶1985
Fowler, R. (Hg.), The Cambridge Companion to Homer, Cambridge 2004
Hall, J. M., A History of the Archaic Greek World. Ca. 1200 to 479 B. C., London ²2014
Heil, W., Vorantike und Antike Welt. Kompetenzorientiert unterrichtet nach dem Stuttgarter Modell, Stuttgart 2011
Hölscher, T., Öffentliche Räume in frühen griechischen Städten (SPHKHAW 7), Heidelberg ²1999
Hose, M./Schenker, D. (Hg.), A Companion to Greek Literature (Blackwell Companions to the Ancient World), New York [u. a.] 2014
Hurwit, J. M., The Athenian Acropolis, Cambridge 1999
—, The Acropolis in the Age of Pericles, Cambridge 2004
Jost, M., Aspects de la vie religieuse en Grèce, Paris ²1992
Kreutz N., Zeus und die griechischen Poleis. Topographische und religionsgeschichtliche Untersuchungen von archaischer bis in hellenistischer Zeit (Tübinger archäologische Forschungen 3), Rahden 2007
Linder, M./Scheid, J., Quand croire c'est faire. Le problème de la croyance dans la Rome ancienne, in: ASSR 81 (1993), 47–62
Linke, B., Religion und Herrschaft im archaischen Griechenland, in: HZ 280 (2005), 1–37
—, Zeus als Gott der Ordnung. Religiöse Autorität im Spannungsfeld von überregionalen Überzeugungen und lokalen Kulten am Beispiel der Zeuskulte im archaischen Griechenland, in: K. Freitag [u. a.] (Hg.), Kult – Politik – Ethnos. Überregionale Heiligtümer im Spannungsfeld von Kult und Politik (Hist.E 189), Stuttgart 2006, 89–120
—, Antike Religion (EGRA 13), München 2014
—, Sakrale Sukzession und politische Rivalität. Die komplizierte Traditionsbildung in antiken Republiken, in: A.-B. Renger/M. Witte

(Hg.), Sukzession in Religionen. Autorisierung, Legitimierung, Wissenstransfer, im Druck
Lloyd-Jones, H., The Justice of Zeus, Berkekley [u. a.] ²1983
Loraux, N., L'invention d'Athènes. Histoire de l'oraison funèbre dans la „cité classique", Paris 1981
Luckmann, T., Die unsichtbare Religion. Mit einem Vorwort von Hubert Knoblauch (stw 947), Frankfurt a. M. 1991
Mann, C., Die Demagogen und das Volk. Zur politischen Kommunikation im Athen des 5. Jahrhunderts v. Chr., Berlin 2007
Meier, C., Ein antikes Äquivalent des Fortschrittsgedankens. Das „Könnens-Bewußtsein" des 5. Jahrhunderts v. Chr., in: HZ 226 (1978), 265–316
Meyer, E., Geschichte des Altertums. Bd. 3, Stuttgart ⁴1937 (ND), Darmstadt 1965
Morris I./Powell B. B., A New Companion to Homer, Leiden 1997
Olotnikova, O., Zeus in early Greek mythology and religion. From prehistoric times to early archaic period, Oxford 2013
Osborne, R., Greece in the Making 1200–479 B.C., London ²2009
Rhodes, P., Oligarchs in Athens, in: R. Brock/S. Hodkinson (Hg.), Alternatives to Athens. Varieties of political organization and community in Ancient Greece, Oxford 2000, 119–136
Schlesier, R., Olympische Religion und chthonische Religion. Creuzer, K. O. Müller und die Folgen, in: dies., (Hg.), Kulte, Mythen und Gelehrte. Anthropologie der Antike seit 1800, Frankfurt a. M. 1994, 21–32
Scullion, S., Olympian and Chthonian, in: ClA 13 (1994), 75–119
Snell, B., Die Entdeckung des Geistes. Studien zur Entstehung des europäischen Denkens bei den Griechen, Göttingen ⁵1980
Sourvinou-Inwood, C., What is Polis Religion?, in: O. Murray/S. Price (Hg.), The Greek City. From Homer to Alexander, Oxford 1990, 295–322
—, Further Aspects of Polis Religion, in: Gli Annali dell'Università di Napoli. Archeologia e storia antica 10 (1988), 259–274
Stein-Hölkeskamp, E., Das archaische Griechenland. Die Stadt und das Meer, München 2015
Ulf, C., Die Homerische Gesellschaft. Materialien zur analytischen Beschreibung und historischen Lokalisierung, München 1990
Vernant, J.-P./Detienne Marcel (Hg.), Cuisine du sacrifice en pays Grec, Paris 1979 (engl. 1989)
Vernant, J.-P., Mythos und Gesellschaft im alten Griechenland, Frankfurt a. M. 1987 (frz. 1974, engl. 1978)
Welwei, K.-W., Das klassische Athen Demokratie und Machtpolitik im 5. und 4. Jahrhundert v. Chr., Darmstadt 1999

Marcus Sigismund

Apokalyptische Bildungsfunken
Form und Funktion der Klassikerbezüge im Offb-Kommentar des Arethas von Caesarea

Es gehört zu den merkwürdigen Schicksalen der Johannes-Apokalypse, dass sich nur wenige griechische Kirchenväter an ihrer Auslegung versuchen mochten. Wenn im Folgenden die Bezüge auf klassische (hier verstanden als nichtchristliche antike) Autoren[1] im Offb-Kommentar des Arethas von Caesarea genauer betrachtet werden sollen, so widmet sich die Untersuchung gezielt einem Hauptvertreter des sog. „premier humanisme byzantin"[2] und der enzyklopädischen Theologie Byzanz',[3] deren prononciertes Anliegen gerade die bewahrende Rezeption älterer Autoritäten war.[4]

Dies zeigt sich auch in den Hinterlassenschaften des um 850 n. Chr. in Patrai (heute Patras/Peleponnes) als Sohn einer angesehenen Familie geborenen Arethas.[5] Denn er ließ nicht nur zahlreiche Manuskripte älterer Autoren kaufen und kopieren, sondern versah diese oftmals auch mit gelehrten Glossen und Scholien.[6] Die umfassende Bildung[7] des 902 oder 903 n. Chr. zum ἀρχιεπίσκοπος von Caesarea und πρωτόθρονος des Patriarchates von Konstantinopel

---

[1] Die im Offb-Kommentar des Arethas referenzierten jüdischen und christlichen Autoren bedürfen aufgrund der im Detail anders gelagerten Funktionalität (wie auch aus platztechnischen Gründen) eine eigenständige Betrachtung, die sich in Vorbereitung befindet.
[2] Vgl. hierzu ausführlich Lemerle, Byzantine Humanism, zu Arethas insbes. 237–280.
[3] Vgl. Perria, Art. Arethas, 955.
[4] In diesem Zusammenhang darf hervorgehoben werden, dass der Kommentar in der handschriftlichen Überlieferung ausdrücklich als σύνοψις σχολική der Offb-Auslegung des Andreas von Caesarea firmiert, und daher von sich aus keinen Anspruch auf einen eigenständigen theologischen Charakter einfordert.
[5] Lebensdaten nach Perria, Arethas, 955. Die genauen Lebensdaten lassen sich nicht festlegen, jedoch dürfte die Geburt des Theologen nicht nach 860 n. Chr. zu veranschlagen sein. Vgl. hierzu die Argumente bei Diekamp, Analecta Patristica, 230–236; dagegen Jülicher, Arethas, 675–677, 675.
[6] Vgl. für ein Bsp. Perria, Arethas, 955.
[7] Überliefert sind nicht nur zahlreiche Scholien zu christlichen Werken, sondern auch zu paganen Autoren (u. a. Platon, Euklides, den Rhetor Aristides, Dio

gewählten[8] Arethas wird daher in der moderneren Literatur gerne als Grund für die bedeutende Stellung des Theologen in der byzantinischen Theologiegeschichte angeführt.[9] Daneben darf freilich seine aktive Teilnahme in den zahlreichen kirchlichen Auseinandersetzungen seiner Zeit nicht außer Acht gelassen werden.[10] Arethas starb nach 932 n. Chr.[11]

1. Der Offb-Kommentar des Arethas

Von den drei großen griechischen Kommentaren zur Johannesapokalypse – Andreas, Oekumenius und Arethas – wurde letzterer in der Neuzeit durchgängig am wenigsten beachtet, was seinen Grund sicherlich auch in der desolaten Überlieferungs- und Editionslage findet.[12] Bis heute sieht man sich gezwungen, mit einer der beiden folgenden Editionen zu arbeiten:

J. A. Cramer (Hg.), *Catena Graecorum Patrum in Novum Testamentum. Tom. VIII: Catena in Epistolas Catholicas et Apocalypsin*, Oxford 1844.[13]

J.-P. Migne (Hg.), *S. P. N. Andreae et Caesareae Cappadociae Archiepiscopi Arethae, discipli ejus et successoris, opera omnia*, PG 106, Paris 1863.

Chrysostomos, Lucianus und Philostratos). Vgl. zur Überlieferung Jülicher, Arethas, 975f.

[8] Die Chronologie seiner vorangegangenen Karriere ist unklar. In einer von ihm in Auftrag gegebenen Euklid-Handschrift aus dem Jahre 888 n. Chr. wird der Theologe noch schlicht mit Ἀρεθας Πατρεύς bezeichnet, ein Platon-Manuskript aus dem Jahr 895 n. Chr. nennt ihn bereits διάκονος. Vgl. Lemerle, Humanism, 239f.

[9] Vgl. *pars pro toto* Perria, Arethas, 955.

[10] Hauptquelle hierfür wie für die Biographie des Arethas insgesamt ist die Vita des Patriarchen Euthymios (*ed. pr.* de Boor [Berlin 1888]; *ed. rec.* Karlin-Hayter [Brüssel 1971]). Die Abfassung des Offb-Kommentares fällt sehr wahrscheinlich in die Zeit seines Bischofsamtes. Gründe hierfür notiert Schmid, Studien zur Geschichte des griechischen Apokalypse-Textes 1, 96, Anm. 5.

[11] Vgl. Anm. 5. Es handelt sich um das letzte gesicherte Datum der Biographie, da ein in seinem Namen gefertigter Codex aus diesem Jahr stammt. Vgl. hierzu Lemerle, Humanism, 240f mit Diskussion des alternativen Todesdatums nach 944 n. Chr. in Anm. 9.

[12] Diese fällt umso mehr auf, als die *ed. pr.* bereits 1532 in Verona durch Bernadinus Donatus erfolgte.

[13] Dabei erschien der Apokalypse-Teil offenkundig als erster Faszikel 1840 unter dem Untertitel: Catena in Epistolas Catholicas, accesserunt Oecumenii et Arethae Commentarii in Apocalypsin.

Dabei bietet die Migne-Ausgabe, obgleich sie auf die Ausgabe von Cramer rekurriert, einen z. T. deutlich kürzeren Text, was mit der Beobachtung korreliert, dass eine nicht geringe Anzahl von Handschriften eine kürzere Textrezension zu bezeugen scheint. Eine Diskussion dieser Problematik ist desiderat und kann in Rahmen der vorliegenden Fragestellung nicht geleistet werden, zumal sich die handschriftliche Überlieferungslage des Kommentares bis heute nicht hinreichend untersucht findet. Sie sei aber an dieser Stelle als Schwierigkeit markiert, da sich ein Teil der hier zu besprechenden Referenzen in solchen textkritisch zu hinterfragenden Passagen befinden. Daher sei dem Autor des vorliegenden Beitrages angesichts der desolaten Editionslage eine provisorische Kollation der Zitat- und Referenzstellen der bekannten Arethas-Kommentarhandschriften auf Basis der im Rahmen des Projektes der Editio Critica Maior der Offb zur Verfügung stehenden elektronischen Aufnahmen erlaubt.[14] Als Kollationstext dient die Edition von Cramer (im Folgenden Cr.; Orthographie der Offb-Lemmata und Zeichensetzung wurden stilschweigend angepasst, Abbreviaturen aufgelöst und offenkundig schreiberbedingte Akzentfehler übergangen). Die Handschriftensiglen entsprechen der sog. Kurzgefassten Liste.[15]

2. Die Klassikerbezüge

2.1. Direkte Zitate

Nur an einer Stelle des Kommentares zitiert Arethas einen nichtchristlichen antiken Autor wörtlich. In Kap. 23 verweist er in der Auslegung von Offb 8,8f auf eine Stelle bei Homer (304,22–305,4 Cr.):

Καὶ ὁ δεύτερος ἄγγελος ἐσάλπισε(ν), καὶ ὡς ὄρος μέγα καιόμενον ἐβλήθη εἰς τὴν θάλασσαν καὶ ἐγένετο τὸ τρίτον τῆς θαλάσσης αἷμα καὶ ἀπέθανε(ν) τὸ τρίτον τῶν

---

[14] Die ECM der Johannes-Apokalypse wird derzeit in Wuppertal am Institut für Septuaginta und biblische Textforschung (ISBTF) im Rahmen eines DFG-Projektes erstellt und voraussichtlich 2023 erscheinen. Vgl. auch http://apokalypse.isbtf.de [letzter Abruf am 7. März 2015].
[15] Elektronische Version unter: http://ntvmr.uni-muenster.de/liste [letzter Abruf am 7. März 2015]. Eine Liste aller Arethas-Kommentar-Hss. und Bibeltext-Hss. mit der mutmaßlichen Offb-Textform des Theologen bieten auch De Groote, Die σύνοψις σχολική zum Apokalypse-Kommentar des Arethas, 125–134, 125 und Schmid, Untersuchungen zur Geschichte des griechischen Apokalypsetextes I, 4–6.

κτισμάτων ἐν τῇ θαλάσσῃ, τὰ ἔχοντα ψυχάς, καὶ τὸ τρίτον τῶν πλοίων διεφθάρη.

Ἐμοὶ δοκεῖν ὄρος μέγα ὑπουπηχήσει τῆς σάλπιγγος· ἣν οἷον εἰς σέλας ἐμποιεῖν τοῖς ἀγωνιζομένοις, κατὰ τὸ ἔτυμον τοῦ ὀνόματος προειρήκαμεν, ὅτι σάλπιγξ ἀπὸ τοῦ σέλατος παρωνόμασται, ὃ τὸ φῶς σημαίνει ἐμποιεῖ δὲ τὸ σέλας, τουτέστι τὸ φῶς προθυμοποιοῦσα τοὺς ἀγωνιζομέμους ὡς καὶ παρ' Ὁμήρῳ ὁ τῷ Τεύκρῳ εἰσηγούμενος βάλλειν οὕτως, εὐστόχως δηλαδὴ, ἐπιφέρει τὸ, „αἶκε φῶς ἑτάροισι γένοιο", τὴν προθυμοποιΐαν φῶς οὐ κατοκνήσας καλέσαι. καὶ περὶ μὲν τῆς σάλπιγγος ταῦτα.

--[16]

Καὶ ὁ δεύτερος ἄγγελος ἐσάλπισε(ν)] om. 91 ¦ ψυχάς] prm. τὰς 91 1934 ¦ καὶ τὸ τρίτον – διεφθάρη] om. 91 ¦ com.] om. 91 1934 : prm. τὸ καίεσθαι τὸ ὄρος· τὸν δραστικὸν τοῦ θεοῦ θυμὸν τὸν ἐπὶ τοῖς ἀνενδότως ἁμαρτάνουσι ὑπογράφει· ὃν καὶ Δαβὶδ διὰ τοῦ δράξασθε (δράξασθαι 2077) παιδείας πρὸς ἐξιλέωσιν (ἐξιλέωσι 2075) ἐπᾴδει· ὡς οὕτως ἡ τοῦ θεοῦ ἄκρατος ὀργὴ καὶ οὐκ ἄλλως πεφυκῖα (sic) μαραίνεσθαι· ἢ θᾶττον ἐκκαίεσθαι (ἐκκαί ἐσθαι 2077) ἐπὶ (ἐπῒ 2077) τοὺς ἁμαρτάνοντας· καὶ παρὰ προσδοκίαν ἐπιβρεχομένη 2075 2077 ¦ Ἐμοὶ] μοὶ 314vid. : add. δὲ 2075 2077 ¦ οἷον εἰς] οἱονεὶ 2075 : οιονεὶ 2077 ¦ ἔτυμον] ἔτοιμον 314 ¦ βάλλειν] βάλειν 2077 (non 2075!) ¦ οὕτως] ita cor. 2075 (prim. man. incert.) ¦ δηλαδὴ] ita cor. 2075 (prim. man. incert.) ¦ ταῦτα καὶ περὶ μὲν τῆς σάλπιγγος] om. 2075 2077

Der Kommentar ist an dieser Stelle textkritisch ausgesprochen schwierig.[17] Jedoch darf die Authentizität der Zitatpassage als sehr wahrscheinlich angenommen werden, da sie in allen Zeugen der Langform, deren Archetyp mutmaßlich dem ursprünglichen Kommentartext entspricht,[18] geboten wird.

---

[16] *Testes:* 91 314 (617) 1934 2075 2077. Das mir zugängliche Foto von 617 ist an dieser Stelle infolge fehlerhafter Belichtung im Kommentarbereich nicht lesbar. Der Offb-Text entspricht dem gebotenen Leittext.

[17] Die vorangestellte Erweiterung von 2075 und 2077 findet sich in anderen Zeugen im Kap. 24 als Teil der Auslegung von Offb 8,10 (vgl. 307,16–20 Cr.). In der hier gegebenen Position macht dieser Eintrag auf den ersten Blick inhaltlich mehr Sinn, jedoch könnte gerade dies für den sekundären Charakter dieser Einordnung sprechen. Die Omission der Hss. 91 und 1934 findet ihren Grund darin (wie die *ed. pr.* von Donatus nahelegt [929]), dass ein Teil der Überlieferung das letzte Lemma des 22. mit dem ersten des 23. Kap. zusammenzog und das neue Lemma καὶ τὸ τρίτον τῶν δένδρων κατεκάη, καὶ πᾶς χόρτος χλωρὸς κατεκάη. καὶ ὁ δεύτερος ἄγγελος ἐσάλπισε bildete. Dabei entfiel ein Teil der Kommentierung.

[18] Vgl. hierzu die Argumentation von Schmid, Überlieferung, insbes. 79.

Der inhaltliche Schwerpunkt dieses Bezuges wird durch die abschließende Notiz καὶ περὶ μὲν τῆς σάλπιγγος ταῦτα eindeutig. Das Homerzitat wird durch die Zitatformel ὡς καὶ παρ' Ὁμήρῳ und der Ergänzung ἐπιφέρει τὸ als solches markiert, ist freilich recht kurz und entspricht überdies mit αἴκε φῶς ἑτάροισι γένοιο nicht dem Wortlaut der gängigen modernen Homer-Editionen z. St. (Ilias VIII 282):[19] αἴ κέν τι φόως Δαναοῖσι γένηαι. Gleichwohl ist das Zitat keineswegs frei oder im engeren Sinne variierend. Die Omission des τι ist als Anpassung an den neuen, die Konjunktion unsinnig werdenden Kontext des Zitates zu erklären; φῶς ist eine übliche Kontraktion des im Homertext uneinheitlich überlieferten φόως.[20] Die Varianten ἑτάροισι für Δαναοῖσι und γένοιο für γένηαι lassen sich in der Homerüberlieferung nachweisen, freilich vorwiegend in der Kommentar-Tradition des Eustathios (12. Jh.),[21] dessen Text aber auf ältere Scholien aufbaut. Es scheint sich demnach bei dem Zitat des Arethas um eine Textform zu handeln, die bei byzantinischen Gelehrten rezipiert wurde.

Inhaltlich stellt sich in der Auslegung des Arethas – die hier unabhängig von Andreas und Oekumenius ist – die Frage nach dem Sinn des Zitates. Über die Bedeutung der Posaune referiert Arethas bereits zum Abschluss des 21. Kap. (303,4–9 Cr.). Dort wird die Posaune verbunden mit dem Jauchzen des Volkes bei der Rückkehr eines siegreichen Herrschers, die Posaune selbst als mutmachendes Signal der durch den Krieg Eingeschüchterten interpretiert. Dabei fällt bereits hier das für die vorliegende Stelle entscheidende Stichwort: τί ἂν ἄλλο ἢ τὸ σέλας προθυμοποιὸν. Von da aus erhellt sich die heute eher verwunderliche Auslegung des Arethas. Denn σάλπιγξ, der Ausgangspunkt der zu kommentierenden Stelle, kann nicht nur das Instrument, sondern auch den hiervon ausgehenden Ton bezeichnen.[22] Da Arethas σάλπιγξ etymologisch auf σέλας (eigentlich „Strahl", „Funke") zurückführt (ὅτι σάλπιγξ ἀπὸ τοῦ σέλατος παρωνόμασται) gelangt der Kommentator zur Bedeutung φῶς, welche dann freilich wiederum eine Auslegung bedarf, was Arethas durch die Erklärung löst, dass dieses den Kämpfenden Mut macht – und so auf den Ausgangspunkt seiner Überlegungen

---

[19] Ich nehme hierbei Bezug auf die Editionen der Teubneriana (Hg. Ludwich) und der Oxforder Ausgabe (Hg. Monro/Allen).
[20] Nachgewiesen sind die Varianten φόως, φόος und φάος.
[21] Vgl. die Editionen z. St. Das Zitat findet sich bei Eustathios, com. ad Hom. Il. IV (126,24f) im Rahmen einer Auslegung des 6. Gesanges.
[22] Vgl. hierzu schon Friedrich, Art. σάλπιγξ κτλ., 71–88, 72.

zur Posaune zurückverweist. Denn wenngleich die Posaunen Instrumente sind, mit denen die Engel das Ende der Welt herbeiführen, so verkünden sie zugleich – so die Auslegung des Arethas (303 Cr.) – den Sieg des Herrn.
In diesem Kontext steht der Verweis auf den homerischen Helden Teukros, der auch in der nachhomerischen Ilias-Überlieferung als guter und tapferer Bogenschütze galt (vgl. z. B. Sophokles Teukros). Das Zitat selbst stammt aus dem Munde des Agamemnon, der Teukros (welcher an dieser Stelle eingeführt wird) inmitten einer tobenden Schlacht anfeuert. Indem nun Arethas das Homerzitat dahingehend auslegt, dass φῶς den Mut bzw. Eifer (προθυμία) des Teukros bezeichnet, kann er den Mut als Bestätigung zurückbinden an seine Auslegung der Posaune, deren Sinn es nach Arethas ist, den Gläubigen Mut zu machen. Die Posaune ist in dieser Auslegung also eher ein positives Zeichen, welches zum Durchhalten in der Bedrängnis animiert, und nicht ein negatives Zeichen der nahenden Verderbnis.
Ein i. e. S. intertextuelles Aufgreifen des homerischen Kontextes nimmt Arethas jedenfalls nicht vor, wenngleich die homerische Kampfszenerie durchaus auf eine Interpretation der geschilderten eschatologischen Ereignisse auf die Zerstörungen durch Fremdvölker (wie sie im Laufe der Auslegungsgeschichte der Offb immer wieder vorgenommen wurde), applizierbar wäre. Vielmehr dient die Autorität des Homer Arethas anscheinend primär dazu, die bereits zuvor postulierte positive Konnotation der Posaune zu untermauern.

2.2. Freie Verweise

2.2.1. Vorbemerkung

Alle im Folgenden besprochenen Verweise des Arethas auf klassische Autoren haben eines gemein: Sie nennen – anders als beim vorangegangenen direkten Zitat – den referenzierten Autor nicht beim Namen. Dies darf nicht als Eigenart des Arethas verstanden werden. Vielmehr entspricht dieses Vorgehen (so merkwürdig es heute anmuten mag) der Zitierweise vieler byzantinischer Autoren. Die zitierten oder referenzierten Autoren nannte man eher selten beim Namen, sondern spielte lediglich auf sie an. Die für heutige Leser in ihrer verknappten Gelehrsamkeit z. T. arrogant wirkenden Hinweise sind in ihrer bewusst unbewussten Zurschaustellung der eigenen

Bildung freilich eher als eine Art elitäres Gesellschaftsspiel zu sehen, an denen die Bildungselite in Byzanz sich maß.[23]

2.2.2. Referenz 1: incertus – 253s Cr.

Der erste eindeutige Verweis auf einen klassischen paganen Autor findet sich in der Auslegung des Arethas zum Lamm mit den sieben Hörnern (Kap. 12; Offb 5,6f). Arethas folgt der gängigen Auslegung des Lammes als Christus (253,10 Cr.). Den biblischen Wortlaut ἀρνίον ἑστηκὸς ὡς ἐσφαγμένον – ein Lamm, das geschlachtet zu sein schien – nimmt der Theologe zum Anlass der Hervorhebung, dass Christus wieder zum Leben erwachte (253,15–17 Cr.). Dabei sei sein Körper nicht der Verwesung ausgesetzt gewesen, betont Arethas ausgehend von Ps 15,10^{LXX}. Denn der menschliche Körper gehe, so Arethas, erst nach drei Tagen in die Verwesung über, und so habe die Auferstehung diesen Prozess gestoppt (253,19ss Cr.). Arethas fügt dann hinzu (253,27–254,2 Cr.):

> διὸ καὶ τριήμερος ἡ ἐν τῷ θανάτῳ τοῦ Κυρίου διατριβὴ, εἴγε ἀπόδεκτος ὁ τὴν φυσικὴν ἱστορίαν γράψας, τὰ σώματα τῶν θνησκότων μὴ ὑπὸ πυρὸς ἀναλωθέντων, τρεῖς ἡμέρας διακαρτερεῖν τῇ φυσικῇ ζωῇ ἐνεργούμενα, καὶ τὸ ἀπὸ τοῦδε τῇ φθορᾷ, μᾶλλον δὲ τῇ διαφθορᾷ, παραδίδοσθαι.
> __[24]

ἀπόδεκτος] ἀποδεκτέος 314 2075 2077 ¦ θνησκότων] θνησκόντων 91 314 617 2075 2077 ¦ ἐνεργούμενα] ἐνεργούμενον 314 2077 (non 2075 vid.) ¦ μᾶλλον δὲ τῇ διαφθορᾷ] om. 314 2075 2077 ¦ διαφθορᾷ] φθορᾷ 1934 ¦ παραδίδοσθαι] παραδέδοσθαι (-δέ- cor. man. 2075) ·καὶ περὶ αὐτοῦ, ὡς ἐσφαγμένον (-νου cor. pr. man. 2077 vid.), προδιείληπται (-λοπται 2075) 2075 2077

Offensichtlich möchte Arethas eine theologische Begründung (etwa durch die Besonderheit der Person Christi) umgehen und verweist auf eine naturwissenschaftliche Autorität. Es handelt sich hierbei aber schwerlich um die Naturgeschichte des Plinius (wie von Cramer im Index der Edition vermutet), da Arethas im restlichen Kommentar

---

[23] Vgl. hierzu die Aussage des byzantinischen Gelehrten Nikephoros Chumnos (13./14. Jh.): „Wo kein Zwang dazu besteht, scheint es mir vorteilhafter, Umformungen und Änderungen anzubringen, halb anzudeuten, woher das Zitat stammt, und zugleich es halb zu verbergen […] denn auch das verleiht der Rede erhöhte Schönheit und bereitet den Zuhörern, wenn sie das Zitat finden, größte Freude." (An. Gr. III 363,21–364,1; Zitat entnommen aus Hunger, Die hochsprachliche profane Literatur der Byzantiner.
[24] *Testes:* 91 314 617 1934 2075 2077.

keine lateinische Literatur heranzieht und diese Aussage überdies bei Plinius, der ein Fortleben der Seele strikt ablehnt, nicht zu finden ist. Arethas referenziert daher eher auf eine nicht mehr zu bestimmende griechische Naturgeschichte, möglicherweise auf die des Peripatetikers Theophrast von Eresos,[25] dem Aeneas von Gaza im 6. Jh. sicherlich nicht grundlos als namensgebender Hauptprotagonist einer Diskussion über die Unsterblichkeit und leibliche Auferstehung ein literarisches Denkmal setzte.

Die genaue Zielrichtung der Argumentation ist freilich abhängig von der textkritischen Grundentscheidung, ob man der Kurz- oder der Langversion des Kommentares folgen mag: In der Kurzversion (*om.* 253,17–20 Cr.) legt der Verlauf der Gesamtargumentation nahe, dass Arethas primär auf das Problem der Verwesung zielt, und nicht auf den dreitägigen Aufenthalt des Herrn im Tode, wenngleich das εἴγε besonders stark auf den Satzauftakt dieser Referenzstelle zurückverweist. Dieser Satzauftakt findet indes in der Langversion einen unmittelbaren Aufhänger. Denn dort findet sich zunächst eine Phrase aus Ps 15,10[LXX] explizit zitiert – οὐκ ἐγκαταλείψεις τὴν ψυχήν μου εἰς ᾅδην – und dahingehend ausgelegt, dass damit auf die Auferstehung verwiesen werde und auf die Folgen, die diese mit sich brächten. Diese Überlegung wird sodann konkretisiert mit den Worten: λέγω δὴ τὴν ἐν τῷ ᾅδῃ κατοχὴν τοῦ Κυρίου ὅτι τριήμερος. Da auch die Paraphrase der referenzierten Belegstelle ihre Betonung in den drei Tagen findet, scheint die Langversion in summa die schlüssigere Variante im Sinne der Gesamtargumentation zu bieten.[26]

Die Problematik des dreitägigen Aufenthaltes Christi im Tode – die im Übrigen so gar nicht Thema der Auslegung von Offb 5,6f sein müsste – findet sich somit naturwissenschaftlich entschärft, wenngleich die Belegstelle selbst hier zwischen Tod und Übergangsstadium differenziert. Dies löst Arethas geschickt durch die (rein rhetorisch) einschränkende Formulierung εἴγε ἀπόδεκτος. Wenn demnach der Autor der Naturgeschichte die drei Tage Christi im Tode als den bei ihm vorausgesetzten Tagen analog akzeptiert, dann ist dieses biblische Ereignis auch naturwissenschaftlich erklärt.

---

[25] Zehn Bücher Περὶ φυσικῶν ἱστοριῶν des Theophrast bezeugt Diogenes Laertios, V 46.

[26] Dies darf nebenbei als Indiz der inneren Kritik in der textgeschichtlichen Problematik des Kommentares festgehalten werden, ohne ein textkritisches Präjudiz fällen zu wollen. Ein weiteres Indiz der inneren Kritik wäre, dass sich λέγω als Einleitung des Arethas für eine klärende Erläuterung auch in unstrittigen Passagen (d. h. auch von der Kurzversion überlieferten Abschnitten) nachweisen lässt, u. a. 328,20; 336,21; 341,23 Cr.

2.2.3. Referenz 2: Aristoteles – 486 Cr.

Die in Offb 21,19–21 genannten Edelsteine deutet Arethas, die Auslegung des Andreas aufgreifend, als Tugenden, welche auch einzelne Apostel auszeichneten.[27] Dabei verweisen beide Kommentare beim zweiten Stein, dem in Offb 21,19 genannten Saphir, auf Paulus. Jedoch stellt Arethas die Auslegung des Andreas knapp paraphrasierend (486,18–21 Cr.) hinter eine eigenständige Erläuterung zu dem Stein. Denn Arethas präzisiert zunächst die Aussage des Andreas, dass der Stein die Farbe des Himmels habe, durch weitere Farbangaben. Man könne diese Farbe (ob die des Steins oder die des Himmels bleibt unklar) durch Wahrnehmung herausfinden (486,10–13 Cr.). Diese habe aber nicht – fügt Arethas mit Bezug zur Elementen-Lehre des Stageiriten Aristoteles an – die Beschaffenheit eines fünften Körpers bewirkt (486, 13s. Cr.):

ἀλλὰ μὴ κατὰ τὸν Σταγειρίτην πέμπτου σώματος φύσιν τινὰ κατείργασται·
__[28]

τὸν] om. 91 1934 ¦ φύσιν] φύσει 2075 vid. ¦ τινὰ] om. 91 1934 2075 2077

Auf welchen Text Arethas hier genau anspielt, ist unklar. Aristoteles äußert sich öfter zur antiken Elementenlehre, aber ausweislich des TLG [letzter Abruf am 25. Januar 2016] nirgends zum Saphir. Im ps.-aristotelischen *De lapidibus* wird der Saphir zwar genannt, aber nicht in einen Zusammenhang mit dem fünften Element (dem Äther) gebracht. In der vorliegenden Referenzstelle wendet sich Arethas aber deutlich gegen eine spezifische These, die Aristoteles zugeschrieben wurde, und entweder zur Zeit des Arethas diskutiert wurde, oder ihn persönlich interessierte. Kern der Argumentation scheint nicht der Saphir, sondern die Verbindung von Wahrnehmung, Himmel und Farbe. Dies passt z. B. zur Ausführung in *De caelo* I 270b, 22–25 wo der Äther als fünftes Element bestimmt und mit dem höchsten Himmel gleichgesetzt wird, wobei Aristoteles den Beweis durch Überlegungen über die menschliche Wahrnehmung heraus zu führen versucht.[29] Ein argumentativer Zusammenhang zur Offb-Stelle besteht daher nicht, es handelt sich um einen gelehrten Exkurs.

---

[27] Dabei verweisen beide Kommentatoren vorab auf die Tatsache, dass eben diese Edelsteine auch die Lostasche des Hohepriesters schmückten, und dort die zwölf Stämme repräsentierten (vgl. hierzu Ex 28,17–21; 39,8–14).
[28] *Testes:* 91 314 617 1934 2075 2077.
[29] Vgl. dazu auch z. B. De anima II 7 (418b): Das Objekt ist sichtbar, und was sichtbar ist, ist die Farbe.

2.2.4. Referenz 3: Arrian – 486 Cr.

In der Erklärung des dritten Edelsteins, des Chalzedons (χαλκηδών; Offb 21,19) spielt Arethas seine Belesenheit in der geographischen Literatur aus. Er folgt zunächst getreu der Erklärung des Andreas-Kommentars, dass dieser Edelstein (anders als die anderen Steine) laut Text nicht an der Brustplatte des Hohepriesters befestigt war, was aber vermutlich an unterschiedlichen Bezeichnungen in früheren Zeiten liege.[30] Der Stein sei dem Apostel Andreas zuzuordnen (486, 23–25 Cr.). Nach diesen Ausführungen fügt Arethas dann aber weitere Erklärungen an, wohl um die Notiz des Andreas bzgl. der unterschiedlichen Bezeichnungen zu unterlegen: Der Stein habe dieselbe Farbe wie der Karfunkel. Sein Name erkläre sich folgendermaßen (486,29–33 Cr.):

> παρόσον κατὰ τὸν Χαλκηδόνος πορθμὸν ἄνω Χρυσοπόλεως κατὰ τὰς Συμπληγάδας πέτρας τοῖς ἐκτὸς τούτων ἀπανθρώποις χωρίοις, χοιράσι καὶ σκοπέλοις τῶν αἰγιαλῶν ἠχρειωμένων μετὰ λίθων ἀνευρίσκεται πολυτίμων, ὡς τὰ πάτρια Βιθυνῶν ἀναταξαμένοις εἴρηται, σκοπητέον.
> ___[31]
> χοιράσι] χοιράσει 91 ¦ μετὰ] prm. καὶ 91 1934 2075 2077 : μέταλλα 2075 2077 ¦ ὡς] add. τῷ 2075 2077 ¦ ἀναταξαμένοις][32] ἀναταξαμενῶν 91(vid.) 1934: ἀναταξαμένῳ 2075 2077 ¦ εἴρηται] prm. ἀρριανῷ 2075 2077

Hiermit bezieht sich Arethas mit ziemlicher Sicherheit, wie schon Kougeas vermutete,[33] auf die Bithynica des Arrian.[34] Zwar ist die hier referenzierte konkrete Stelle in den erhaltenen Fragmenten des Werkes nicht überliefert, jedoch findet sich in den Resten ein Fragment, welches Chrysopolis nennt,[35] und eines, welches auf die Steine in dieser Region verweist.[36] Die Manuskripte 2075 2077 verweisen

---

[30] Vgl. Andreas, In Apocalypsin, z. St. (λογ. ΚΓ, κεφ. ΞΖ).
[31] *Testes:* 91 1934 2075 2077. 617 bietet hier ein von der Arethas-Tradition unabhängiges Scholion.
[32] Die bei Cramer abgedruckte, in den Hss. bislang nicht nachzuweisende Lemma-Lesart entstammt augenscheinlich der Edition von Donatus.
[33] Kougeas, Ὁ Καισαρείας Ἀρέθας καὶ τὸ ἔργον αὐτοῦ, 37.
[34] Dies wird u. a. nahegelegt durch die Notiz des Photios (Myrobiblion *s. v.* Arrian), dass dieser eine detailliertere Darstellung über die mythische und allgemeine Geschichte Bithyniens abgefasst habe, und dies die Geschichte seines eigenen Landes sei, da er nach eigener Aussage in Nikomedien geboren sei.
[35] Frg. 35 FHG (III, 593) = FGrH 156 Frg. 20b.
[36] Frg. 41 FHG (III, 594) = FGrH 156 Frg. 78b.

sogar explizit (wenngleich vermutlich sekundär) auf den antiken Gewährsmann des Arethas.[37]
Die Funktion des Verweises ist relativ eindeutig. Zum einen möchte Arethas eine Etymologie für den Namen des Steines bieten. Diese umschließt dann aber die Erklärung, wieso ein Edelstein nach einem Ort benannt ist. Die Referenz dient als Beleg für die Darstellung, die ihre Autorität nicht nur vom Namen des referenzierten Autors erhält, sondern auch aus der Tatsache, dass jener aus dieser Region stammt.
Unklar bleibt die abschließende Notiz σκοπητέον – „(was) geprüft werden muss". Traute der Kommentator dem Inhalt seiner Referenzquelle nicht? Dann wäre die Einfügung der Erklärung schwerlich zu rechtfertigen, insofern er nicht gezwungen war, die Kommentierung des Andreas zu erweitern. Auch beim vierten Edelstein geht er beispielsweise über dessen Auslegung nicht hinaus. Daher steht eher zu vermuten, dass hier eine skeptische Glosse in den überlieferten Text eingedrungen ist.

2.2.5. Referenz 4: Aristoteles – 493s Cr.

In der Auslegung der bekannten Phrase ἐγὼ τὸ ἄλφα καὶ τὸ ὦ in Offb 22,13[38] referenziert Arethas noch einmal auf Aristoteles. Vollkommen unabhängig von den Auslegungen bei Andreas und Oekumenius hebt Arethas hervor, dass in der älteren Kommentierung hinterfragt wurde, warum hier nur Buchstaben (und nichts Anderes) als Namen genannt werden. Er selbst (φαμὲν οὖν) erklärt dies leicht kryptisch ὡς ἐπειδὴ τὴν ἀπεκδοχὴν τῶν τοιούτων ἐπαγγελιῶν μόνῳ τῷ λόγῳ τετιμημένων ἐστὶ προσδοκᾶν, διὰ τοῦτο τὸν τρόπον τοῦτον καὶ οὐκ ἄλλως πως ἐδήλωσε. τεκμήριον δὲ τῆς τοιαύτης δημιουργίας, ἡ τῶν γραμμάτων εὕρεσις (494,2–6 Cr.). Die Benennung mit Alpha und Omega ist nach Arethas jedenfalls die der Offenbarung adäquate. Für diese Ansicht führt der Theologe explizit als Beweis Aristoteles an, der auch hier schlicht als der „Stageirit" bezeichnet wird (494,6s Cr.):

> αὐτὰ δὲ ταῦτα, κατὰ τὸν Σταγειρίτην, σύμβολα τῶν ἐν τῇ εὐσήμῳ φωνῇ ἀνθρώπων.
> --[39]

---

[37] Dies hat Bedeutung über die Arethas-Forschung hinaus, denn sollte sich diese Lesart des Arethas als ursprünglich erweisen, wäre damit ein weiterer Zeuge für die Überlieferung der Bithynica gewonnen.
[38] Cramer bietet das Lemma […] ω μέγα. Er weicht damit vom Hs.-Befund der Textkommentare ab, denn 91 617 1934 2066 notieren ω ἀρχὴ καὶ τέλος κτλ.; 2077 bietet ω μέγα ἀρχὴ καὶ τέλος.
[39] Testes: 91 2066 2077. 1934 weist hier Beschädigungen am Beschreibstoff auf, bot aber augenscheinlich die Belegstelle, denn in den letzten drei Zeilen des

αὐτὰ δὲ ταῦτα] τὰ δὲ 91

Und Arethas fährt fort:

διὰ τοῦτο καὶ τὸ δηλωτικῇ τῶν ὀνομάτων χρῆσθαι φωνῇ ἐδόκει αὐτῷ. καὶ εἰκότως τῇ τοιαύτῃ δημιουργίᾳ καὶ τοιούτοις ὑποδείγμασι τῆς ἀρχῆς ἐχρήσατο καὶ τοῦ τέλους.

Die Funktion des eingeführten Beweises ist offenkundig. Weil Buchstaben so eindeutig sind, werden sie gewählt. Durch den Verweis auf Aristoteles wird durch intertextuelle Referenzierung eine ausführlichere, philosophische Begründung dieses Sachverhaltes eingeholt, ohne den Offb-Kommentar hiermit belasten zu müssen. Dabei steht wahrscheinlich im Hintergrund die Argumentation von de interpretatione 1 (16a), derzufolge die einfachen seelischen Vorstellungen dessen, was durch Laute oder Schrift angezeigt wird, bei allen Menschen dieselben sind.

3. Zusammenfassende Beobachtungen

3.1. Form und Identifizierung des Zitates

Wie oben angedeutet ist die genauere namentliche Identifizierung des Zitates oder der Referenz in der byzantinischen Literatur dieser Epoche keineswegs üblich, sondern das intellektuelle Spiel mit oftmals leicht kryptischer Andeutung, um welchen Autor oder um welches Werk es sich handelt, weit verbreitet. Insofern bildet Arethas hier keine Ausnahme.

Warum der Kommentator bei dem Homerzitat von diesem Vorgehen abweicht, bleibt unklar. Jedenfalls scheint der Unterschied von Zitat und Referenz hierbei keine Rolle zu spielen. Denn der Kommentar nennt zuweilen nicht nur bei expliziten Zitaten, sondern auch in reinen Referenzen Namen, wie etwa den des jüdischen Bibelübersetzers Aquila (Ἀκύλας)[40] in einer philologischen Notiz

---

Kommentares auf dieser Seite lassen sich noch erkennen: [Σ]ταγειρίτην | [ὀνο]μάτων χρῆ | [ἀ]ρχῆς ἐχρ[ήσατο]. 617 bietet z. St. eine von der Kommentartradition scheinbar unabhängige kurze Scholie; auch der Kommentar von 2075 entspricht hier nicht dem des Arethas (ebenso wenig dem des Andreas).

[40] Dass Aquila im byzantinischen Raum rezipierbar war erklärt sich u. a. aus der ausdrücklichen Erlaubnis Kaiser Justinians, diese griech. Übers. des Alten Testamentes zu verwenden (Novell. Iust. 146). Vgl. zur Thematik allg. de Lange, The Greek Bible Translations of the Byzantine Jews, 39–54.

zu Ps 17,11^LXX (allerdings nur in der Langfassung; vgl. 397,3 Cr.).[41] Bei der namentlichen Nennung des Flavius Josephus (Ἰώσηπος ὁ Ἰουδαῖος) paraphrasiert Arethas zumindest dessen Darstellung über König Balak (208,28ss Cr.).[42] Überhaupt stammen die Zitate normalerweise aus der Bibel. Dass mit Homer ein paganer Autor zitiert wird, ist die Ausnahme, die sich durch die exzeptionelle Rezeption dieser seit der Antike klassischen Schullektüre auch noch in byzantinischer Zeit erklärt.[43] Der heilige Antonius – der soweit ich bislang sehe einzige explizit beim Namen genannte Kirchenvater – wird einmal direkt zitiert,[44] einmal als freie Referenz[45] herangezogen (beide Stellen nur in der Langversion).

3.2. Funktion der Zitate

Strenggenommen bedarf die Auslegung des Arethas keiner der hier notierten Referenzen. Am ehesten ist dies noch der Fall in der letzten Referenz, durch deren intertextuelle Einbindung sich Arethas eine eigene umfangreichere Beweisführung erspart. Die anderen Belege scheinen den persönlichen Anliegen des Autors geschuldet, indem sie gegen Leugner der leiblichen Auferstehung argumentieren, sich gegen eine These des Aristoteles richten, oder einen illustrativen Zusatz zur eigentlichen Kommentierung geben. Eine Erklärung für diese vordergründig disparate Funktionalität scheint auf Basis der Referenzen auf die klassischen, nichtchristlichen Autoren nicht möglich. Gleichzeitig ist die ungleichmäßige Verteilung der wenigen Referenzen auf das Gesamtwerk ein deutliches Indiz, dass es wohl

---

[41] Die Notiz ἐντεῦθεν καὶ ὁ Ἀκύλας τὴν νεφέλην πάχος ἐλαφρὸν ἐκδέδωκε findet sich übrigens weder in der Göttinger LXX-Ausgabe der Psalmen noch in Sammlung von Field z. St. notiert.

[42] Weitere namentlich identifizierte Paraphrasen des Josephus bietet Arethas an den Stellen 273,4–9 (alle Rez.), 282, 8–14 (Langversion) und 284, 8–11 (alle Rez.) Cr. Dabei ist in diesem Zusammenhang festzuhalten, dass der Kommentar sowohl in der Referenz von 273 Cr. als auch in der von 282 Cr. Josephus und seine Darstellung ausdrücklich als wahrheitsliebend (φιλαλήθης bzw. φιλαληθέστατος) charakterisiert, was ein Indiz für die authentische Autorenschaft der Langversion sein könnte.

[43] So gehört zu den großen Hinterlassenschaften der byzantinischen Philologie auch der Ilias-Kommentar des Johannes Tzetzes (12. Jh.).

[44] 361,12 Cr. Es handelt sich hierbei zwar um ein Zitat von Ps 9,7^LXX, jedoch zeigen Kontext und Referenz eindeutig an, dass dieser Vers der Vita Antonii (41,1f) entnommen wurde.

[45] 368,29 Cr.

kaum das Ziel des Arethas war, durch diese Notizen seine umfassende Bildung zu demonstrieren.

4. Fazit

Erst die Untersuchung auch der patristischen Zitate und Referenzen sowie die Hinweise auf jüdische Autoren im Werk des Arethas wird aufzeigen, nach welchem sachbedingten Muster Arethas solche Verweise in sein Werk integriert. Die massive Kürze aller hier notierten Referenzierungen, die dem modernen Leser kaum eine Möglichkeit zur genaueren Lokalisation der jeweiligen Referenzstelle bietet, zeigt aber auf, mit welcher Leichtigkeit sich Arethas im antiken Bildungsgut zu bewegen wusste. Lässt man sich als moderner Leser auf dieses intellektuelle Spiel des byzantinischen Gelehrten ein, so erhält die Offb eine komplett neue intertextuelle Note, die das antike Bildungsgut sowohl appliziert, als es auch zu bereichern vermag.

5. Literatur

Vgl. auch die Arbeitsbibliographie [letzter Abruf am 21. März 2016] unter: http://apokalypse.isbtf.de/arethas-arbeitsbibliographie.

Quellen
Cramer, J. A. (Hg.), Catenae Graecorum Patrum in Novum Testamentum. Vol. VIII: Catena in Epistolas Catholicas, accesserunt Oecumenii et Arethae Comentarii in Apocalypsin, Oxford 1844

Migne, J.-P. (Hg.), S.P.N. Andreae et Caesareae Cappadociae Archiepiscopi Arethae, discipli ejus et successoris, opera omnia (PG 106), Paris 1863

Donatus, B., Ἐξηγήσεις παλαιαὶ καὶ λίαν ὠφέλιμοι βραχυλογίαν τε καὶ σαφήνειαν τοῦ λόγου ἔχουσαι θαυμαστὴν ἐκ διαφόρων τῶν ἁγιῶν πατέρων ὑπομνημάτων ὑπὸ Οἰκουμενίου καὶ Ἀρέθα συλλεχθεῖσαι εἰς τὰς τῆς νέας διαθήκης πραγματείας τάσδε. Τοῦ μὲν Οἰκουμενίου εἰς τὰς πράξεις τῶν Ἀποστόλων εἰς τὰς καθολικὰς λεγόμενας ἐπιστολὰς εἰς τὰς Παύλου πάσας. Τοῦ δὲ Ἀρέθα εἰς τὴν Ἰωάννου Ἀποκάλυψιν, Verona 1532

Alle weiteren Quellen sofern nicht anders angegeben entnommen aus: Thesaurus Linguae Graecae® Digital Library, hg. v. M. C. Pantelia. University of California, Irvine. http://www.tlg.uci.edu [letzter Abruf am 26. Januar 2015]

Sekundärliteratur

De Groote, M., Die σύνοψις σχολική zum Apokalypse-Kommentar des Arethas. Nebst einem Anhang: Die handschriftliche Überlieferung des Apokalypse-Kommentars des Arethas, in: SE 34 (1994), 125–134

Diekamp, F., Analecta Patristica. Texte und Abhandlungen zur griechischen Patristik (OCA 117), Rom 1938

Friedrich, G., Art. σάλπιγξ κτλ., in: ThWNT 7 (1964), 71–88

Hunger, H., Die hochsprachliche profane Literatur der Byzantiner: Philologie, Profandichtung, Musik, Mathematik und Astronomie Naturwissenschaften, Medizin, Kriegswissenschaft, Rechtsliteratur (HdA II/12,5, Bd. 2), München 1978

Jülicher, A., Art. Arethas 9, in: PRE II/1 (1895), 675–677

Kougeas, S. B., Ὁ Καισαρείας Ἀρέθας καὶ τὸ ἔργον αὐτοῦ, Athen 1913

de Lange, N., The Greek Bible Translations of the Byzantine Jews, in: P. Magdalino/R. S. Nelson (Hg.), The Old Testament in Byzantium, Dumbarton Oaks 2010, 39–54

Lemerle, P., Byzantine Humanism. Notes and remarks on education and culture in Byzantium from its origins to the 10th century (Byzantina Australiensia 3), Canberra 1986 (frz. Orig. Paris 1971)

Perria, L., Art. Arethas, in: LThK³ 1 (1993), 955

Schmid, J., Untersuchungen zur Geschichte des griechischen Apokalypsetextes I. der Apokalypsetext des Arethas von Kaisareia (TBNGP 17), Athen 1936

—, Die handschriftliche Überlieferung des Apokalypse-Kommentars des Arethas von Kaisarea, in: BNGJ 17 (1939), 72–81

—, Studien zur Geschichte des griechischen Apokalypse-Textes. Teil 1: Der Apokalypse-Kommentar des Andreas von Kaisareia. Einleitung (MThS I/1), München 1956

Philippe Van den Heede

Das ὑπόδειγμα als Lehre in Joh 13,15

Die Wichtigkeit des an Jesus gerichteten Titels „Lehrer" im Johannesevangelium wurde schon von manchen Exegeten hervorgehoben.[1] Indem Johannes Jesus in seiner Tätigkeit als διδάσκαλος bzw. als Rabbi darstellt, will er nicht die Pädagogik Jesu vorstellen, sondern einen Aspekt des Vermittlungsprozesses der Gottesoffenbarung unterstreichen.[2] Jedoch erklärt Jesus bei der Fußwaschung deutlich, dass die Geste, die er gerade ausgeführt hat, eine Lehre durch ein Beispiel (ὑπόδειγμα) ist, das nachzuahmen die Jünger aufgerufen sind. Um seine Unterweisung zu festigen, verwendet Jesus also eine bestimmte Didaktik, durch die jeder Pädagoge sich inspirieren lassen kann. Um die Eigenschaften dieser Didaktik zu erläutern, werden die Bedeutung des Wortes ὑπόδειγμα und dessen Verwendung im Kontext von Joh 13 analysiert.

1. Die zwei Erklärungen der Fußwaschung

Zahlreiche Studien über die Fußwaschungsperikope (vgl. Joh 13,1–20) haben schon die Komplexität ihrer Interpretation gezeigt.[3] Alle Interpreten stimmen jedoch darin überein, dass die Bedeutung der Fußwaschung in Bezug auf das Kreuz zu verstehen ist (vgl. Joh 13,1). Darüber hinaus stimmen mehrere Analysen mit der Gliederung überein, nach der zwei Erklärungen dieser Geste Jesu nach der Einleitung in Joh 13,1 und der Darstellung der Fußwaschung in Joh

---

[1] Vgl. Köstenberger, Jesus as Rabbi, 97–128; Untergaßmair, „Du bist der Lehrer Israels und verstehst das nicht?", 211–233; Reinhartz, Rabbi Jesus, 108–118; Söding, Das Christentum als Bildungsreligion, 134–178.
[2] Vgl. Van den Heede, Der Exeget Gottes, 159f.
[3] Vgl. den Überblick u. a. bei Abramowski, Die Geschichte von der Fußwaschung, 176–203; Becker, Johannes, 497ff; Beutler, Die Heilsbedeutung, 43–58; Niemand, Die Fußwaschungserzählung, bes. 23–80; Perroni, Il racconto, 667–687; Richter, Die Fußwaschung.

13,2–5[4] gegeben werden: eine christologische (vgl. Joh 13,6–11) und eine ethische (vgl. Joh 13,12–17).[5] Diese doppelte Auslegung, die auf der Erzählebene festgestellt wird, zeigt deutlich, dass die Bedeutung der Fußwaschung „multidimensional"[6] ist. Deshalb ist es schwierig, die Gattung dieser Erzählung im Ganzen zu definieren: Man muss sie eher von der spezifischen Bedeutung her betrachten, die jeden Teil einzeln charakterisiert.

Die erste Erklärung betrachtet die Fußwaschung (vgl. V. 6–11) als „Zeichen"[7] im allgemeinen Sinn des Wortes, nach dem die Verweisfunktion im Vordergrund steht.[8] Die Aussage Jesu in V. 7 („Was ich tue, verstehst du jetzt noch nicht, doch später wirst du es begreifen") zeigt tatsächlich an, dass es das Kreuz ist, das der Geste seinen Sinn und seine performative Wirksamkeit (vgl. V. 10: „ihr seid rein") gibt. Auf der Erzählebene handelt es sich also um eine Antizipation des rettenden Handelns Jesu am Kreuz: Die Verweigerung, sich die Füße waschen zu lassen, bedeutet infolgedessen die Ablehnung des Heiles, das durch das Ereignis des Kreuzes gegeben wird (vgl. V. 8: „Wenn ich dich nicht wasche, hast du keinen Anteil an mir").

Die zweite Auslegung der Fußwaschung (vgl. V. 12–17) wird von Jesus selbst vorgelegt: Es geht hier um ein ὑπόδειγμα, das er als διδάσκαλος den Jüngern gegeben hat (s. u.).

In den zwei Teilen der Erzählung vollbringt Jesus seine Geste sowohl als „Lehrer" als auch als „Herr" (vgl. Joh 13,12.14). Dennoch wird seine Identität als Herr im ersten Teil besonders hervorgehoben: Weil der Kyrios als Sklave handelt, ist Petrus empört: „Du, *Herr* (κύριε), willst mir die Füße waschen?" (Joh 13,6; vgl. Joh 13,9). Ebenso wird das Wort Kyrios in V. 12f, die den zweiten Teil mit dem ersten verbinden,[9] betont: In der Aussage Jesu „Ihr nennt mich Lehrer und *Herr*" (ὑμεῖς φωνεῖτέ με· ὁ διδάσκαλος, καί· ὁ κύριος, V. 13) wird das letzte Wort unterstrichen, nämlich ὁ κύριος. In V. 14 hat Jesus hingegen die Reihenfolge der zwei Wörter vertauscht: „ich, der Herr und *Lehrer*" (ὁ κύριος καὶ ὁ διδάσκαλος). Weit entfernt davon, eine bloße stilistische Variante zu sein,[10] stellt dieser Ausdruck

---

[4] Über die Struktur von Joh 13,1–5 vgl. u. a. Hofius, Die Erzählung, 159f.
[5] Vgl. u. a. Zumstein, Le processus johannique, 325–338.
[6] Spitaler, „Ich habe euch ein Beispiel gegeben", 54.
[7] S. M. Schneiders betrachtet sogar die Fußwaschung „as a sign par excellence" (Schneiders, Written That You May Believe, 166).
[8] Vgl. Zumstein, Zeichen, 287.
[9] V. 12 setzt den V. 7 voraus: Die Frage in Joh 13,12 (γινώσκετε τί πεποίηκα ὑμῖν;) erinnert an das Wort Jesu zu Petrus, nach dem er später verstehen wird (γνώσῃ δὲ μετὰ ταῦτα [Joh 13,7]).
[10] Vgl. Brown, John, 553.

das Wort διδάσκαλος heraus. Die Fußwaschung als ὑπόδειγμα ist also nach der zweiten Erklärung als Lehre zu verstehen.

2. Die Bedeutungen von ὑπόδειγμα

Das Wort ὑπόδειγμα ist ein Hapaxlegomenon im Johannesevangelium und kommt selten in der biblischen Literatur[11] vor. Wenn man aber den Blick auf andere griechische Werke erweitert, zeichnen sich unterschiedliche Nuancen ab.[12]

Ansatz 1 – Häufig bedeutet das Wort ὑπόδειγμα „ein Beispiel" im Sinne einer Veranschaulichung.

- Der Historiker Polybios (um 200 v. Chr.) gibt in seiner „Geschichte" die ermunternde Ansprache Hannibals zu seiner Truppe vor der Schlacht mit den Römern wieder. Hannibal erzählt, dass sie schon gegen sie (sogar mit Erfolg) gekämpft haben. Deswegen braucht er keine große Rede mit Beispielen (μεθ᾽ ὑποδειγμάτων) zu halten, wie er es früher tat, als sie noch keine Erfahrung hatten.[13]
- In seiner Erzählung über den Angriff der Araber gegen Israel gibt Flavius Josephus die Rede von Herodes wieder: „Weder das Unglück noch sein Gegenteil ist bei Menschen von Dauer, sondern das Glück neigt sich sichtlich bald zur einen, bald zur anderen Seite. Das könnt ihr am eigenen Beispiel lernen [καὶ τοῦτο μάθοιτ᾽ ἂν ἐξ οἰκείων ὑποδειγμάτων]: Während wir in der ersten Schlacht Sieger waren, besiegten uns dann die Feinde [...]" (Ios., bell. Iud. I, 374).[14]
- Um die Folgen von Eifersucht und Neid zu veranschaulichen, zitiert und kommentiert Clemens von Rom in seinem Brief an die Korinther zahlreiche alte Beispiele (ὑποδείγματα vgl. 1 Clem 5,1): Abel, Jakob, Joseph, Mose, Aaron und Mirjam, Datan und Abiram, David (vgl. 1 Clem 4,1–13).

Ansatz 2 – Das Wort ὑπόδειγμα bezeichnet in anderem Zusammenhang eine Kopie bzw. ein Exemplar: In diesem Sinn wird die

---

[11] Vgl. 2 Makk 6,28.31; 4 Makk 17,23; Sir 44,23; Ez 42,15; Joh 13,15; Hebr 4,11; 8,5; 9,23; Jak 5,10; 2 Petr 2,6).
[12] Zahlreiche Zitate in Schlier, Art. ὑπόδειγμα, 32f; Spicq, Art. ὑπόδειγμα, 907ff.
[13] Vgl. Polyb., Geschichte, III, 111: καὶ μεθ᾽ ὑποδειγμάτων ἐγὼ πρὸς ὑμᾶς πολλοὺς διεθέμην λόγους.
[14] Nach der Übers. v. Michel/Bauernfeind (Hg.), Flavius Josephus, De bello Judaico I, 99.

Idee der Reproduktion eines Modells (das Abbild) besonders herausgestellt.

- In der griechischen Version des Buches Ezechiel bezeichnet das ὑπόδειγμα (Ez 42,15) nach der Vision des Propheten den Bauplan der Außenmauer des zukünftigen Tempels.[15]
- In seinem Kommentar zu Hippokrates vermittelt Apollonios von Kition (1. Jh. vor Chr.) die Art der Einrenkung des Oberschenkels, des Knies, des Knöchels, des Ellenbogens, der Handwurzel usw. mit Hilfe von ὑποδείγματα bzw. mit „bildlichen Darstellungen", „angefügten Bilder" oder Abbilder.[16]
- In Hebr 8,5; 9,23 wird „das irdische Allerheiligste als Kopie [bzw. als Abbild][17] (ὑπόδειγμα) des himmlischen Tempels bezeichnet."[18]

Ansatz 3 – In der griechischen und biblischen Literatur ist die Verwendung von ὑπόδειγμα „im Sinne des nachzueifernden ethischen Vorbilds"[19] üblich. Das Wort steht dann in unterschiedlichen Texten, die einen moralischen Akzent enthalten, um das Handeln eines Menschen zu bezeichnen, der als Beispiel bzw. Leitbild dienen muss.[20]

- Das Martyrium von ehrwürdigen Menschen wird oft als ὑπόδειγμα signalisiert.[21] Der vorbildliche Tod von Eleazar soll die Jugend ermutigen, nach seinem „edlen Beispiel" (ὑπόδειγμα γενναῖον) bereit zu sein, „freudig und tapfer um der erhabenen, heiligen Gesetze willen zu sterben" (2 Makk 6,28.31). Die Mannhaftigkeit von Eleazar und von einer Mutter mit ihren sieben Söhnen sowie ihre Standhaftigkeit in ihren Qualen wurden sogar vom Tyrann Antiochus als „Vorbilder" für seine Soldaten vorgestellt

---

[15] M. L. Coloe verwendet diese Bedeutung, um Joh 13,15 auszulegen. Sie sieht intratextuelle Verbindungen mit u. a. Joh 2,19.21 und meint: „Jesus' act of footwashing can be described as the hypodeigma or ‚paradigm' of the future temple/house/hold of God" (Coloe, Sources in the Shadows, 80). Diese komplexe Erklärung berücksichtigt m. E. den unmittelbaren Zusammenhang von Joh 13,15 nicht genug.
[16] Apollonius von Kition, Kommentar zu Hippokrates, 38,8.14; 42,19; 44,1; 50,14; 60,27; 62,5; 64,6.10.15; 70,11; 72,10; 74,10; 94.7; 98,7; 100,29; 102,3; 104,6.23.25; 112,9.
[17] In diesem Sinn ist ὑπόδειγμα quasi Synonym von εἰκών vgl. Schlier, Art. ὑπόδειγμα, 32f.
[18] Gräßer, Hebräer, 224.
[19] Scholtissek, „Ein Beispiel habe ich Euch gegeben", 176.
[20] Spicq, Théologie morale, 711.
[21] Vgl. Culpepper, The Johannine Hypodeigma, 142f; ders., John, 206f.

(vgl. 4 Makk 17,23). Nachdem Clemens von Rom zahlreiche Beispiele von biblischen Figuren zitiert hat (s. o.), nimmt er noch die „edlen Beispiele" bzw. Vorbilder (vgl. 1 Clem 5,1: τὰ γενναῖα ὑποδείγματα) seiner Generation: Petrus und Paul (vgl. 1 Clem 5,1–7).[22]

- Andere Tugenden werden ebenfalls hervorgehoben: Hannibal war ein Leitbild für seine Soldaten, indem er „die Belagerung mit Energie betrieb": Er ging so „den Soldaten mit seinem Beispiel (ὑπόδειγμα) voran und nahm persönlich an den Mühen der Belagerungsarbeiten teil" (Polyb., Geschichte III,17).[23] Ebenso ist Henoch nach Sir 44,16 ein Vorbild der Bekehrung und die Propheten gelten nach Jak 5,10 als ὑπόδειγμα im Leiden und in der Geduld. Die alten Beispiele, die Clemens von Rom zitiert hat (s. o), sind alle „zum schönsten Vorbilde bei uns geworden" (1 Clem 6,1; vgl. 46,1; 63,1: ὑπόδειγμα κάλλιστον ἐγένοντο ἐν ἡμῖν) und der König Jechonias soll ebenfalls „ein schönes Beispiel" (καλὸν ὑπόδειγμα) für Johannes sein, den Flavius Josephus der Gottlosigkeit bezichtigt (bell. Iud. VI, 103).

- In Hebr 4,11 steht das Wort ὑπόδειγμα im Sinne des abschreckenden und schlechten Vorbilds, das die Wüstengeneration wegen ihres Ungehorsams gibt. Ebenso sind die Städte Sodom und Gomorra in 2 Petr 2,6 ein ὑπόδειγμα *in malo* für alle Gottlosen.

Die Auslegungen des Wortes ὑπόδειγμα in Joh 13,15 sind unter den Exegeten unterschiedlich. Einige legen die Fußwaschung nach Joh 13,12–17 als „Beispiel" (Ansatz 1) aus: So unterstreicht C. Spicq, dass das Wort in V. 15 ohne Artikel steht; das bedeutet deswegen *ein* Beispiel bzw. „une illustration de la théologie du serviteur."[24] Andere betrachten das ὑπόδειγμα als „Vorbild"[25] bzw. als „Paradigma christlicher Existenz und Lebensführung."[26] Diese Unterscheidung muss aber nicht auf die Spitze getrieben werden: Beide Meinungen können koexistieren, zumal die Grenzen zwischen den verschiedenen Bedeutungen des Wortes fließend sein können (s. u.).

---

[22] Wie Lona es hingewiesen hat, zeigen der Ausdruck γενναῖα ὑποδείγματα und „der Inhalt des ganzen Abschnittes [1 Clem 5,1–7] den Einfluß der makkabäischen Literatur. Denn vor seinem Märtyrertod behauptet Eleasar, durch seinen Tod den Jungen ein Beispiel zu hinterlassen" (2 Makk 6,28: ὑπόδειγμα γενναῖον [...])" (Lona, Clemensbrief, 156f).
[23] Nach der Übers. v. Drexler, Polybios, 205.
[24] Spicq, Art. ὑπόδειγμα, 907.
[25] Wilckens, Johannes, 209; Schnackenburg, Johannes, 28.
[26] Schnelle, Johannes, 282.

Unabhängig von der vorgezogenen Nuance ist außerdem festzustellen, dass das ὑπόδειγμα oft einen Unterweisungscharakter enthält,[27] und dass die Empfänger der Lehre regelmäßig zitiert werden:[28] Eleazar hinterlässt *den Jungen* (τοῖς νέοις) ein edles Beispiel (vgl. 2 Makk, 28); in Sir 44,16 ist Henoch ein Vorbild *für die Generationen* (αἷς γενεαῖς). Ebenso in Joh 13,15 gibt der Didaskolos Jesus seinen Jüngern eine „Unterweisung in Aktion"[29] durch das ὑπόδειγμα.

3. Die Unterweisung durch Wiederholung und Imitation

Jesus handelt als Sklave: Er legte sein Gewand ab, umgürtete sich mit einem Leinentuch und wäscht die Füße seiner Jünger (vgl. Joh 13,4f).[30] Seine Haltung der Demut, die auf den kenotischen Aspekt seines Todes am Kreuz verweist, ist einerseits der Ausdruck seiner Liebe εἰς τέλος (Joh 13,1) zu den Seinen (vgl. Joh 13,6–11), und bedeutet andererseits einem Beispiel nachzufolgen (vgl. Joh 13,12–17). Als Jesus seine Jünger auffordert (ὀφείλετε), sich einander die Füße zu waschen (vgl. Joh 13,14), bittet er sie als Didaskalos, dass diese Geste *wiederholt* wird. Man kann zwar meinen, dass die *Absicht* der Fußwaschung nachgeahmt werden muss (s. u.), weil sie mehr als die bloße Wiederholung der Geste – *ein* Beispiel unter anderen (ὑπόδειγμα – Ansatz 1) von Demut und Diakonie – bezeugt. Aus didaktischer Perspektive betrachtet ist die Wiederholung dennoch eine wesentliche pädagogische Herangehensweise mit eigenem Seinsrecht. Die Stärke dieses Beispiels besteht darin, dass es durch Erniedrigung,[31] Demut[32] und Rollenwechsel[33] – der Lehrer wäscht

---

[27] Das Wort steht häufig im Wortfeld der Lehre: καὶ τοῦτο *μάθοιτ'* ἂν ἐξ οἰκείων ὑποδειγμάτων (Ios., bell. Iud. I, 374); ἀληθῶς γὰρ ἡ περὶ τὰ φυσικὰ πραγματεία, πρὸς *διδασκαλίαν* καὶ *μάθησιν* οὐδὲν ἔχουσα χρήσιμον, ὑπόδειγμα τοῖς πεπαιδευμένοις ἀπ' ἀρχῆς γέγραπται (Plut., Alex. 7); Καὶ τῆς *διδασκαλίας* ἐναργὲς ὑπόδειγμα ἐπιφέρει (Clem. Al., Paid. II,10).

[28] Vgl. Spicq, Théologie morale, 711.

[29] Spitaler, „Ich habe euch ein Beispiel gegeben", 61.

[30] Zur Fußwaschung als Aufgabe von Sklaven siehe Scholtissek, „Ein Beispiel habe ich euch gegeben", 167ff.

[31] „[...] der grundsätzliche Verzicht auf Selbstbehauptung [ist] der hellenistisch-römischen Welt fremd [...], ja bei den Stoikern zu den Lastern zählt. Auch Josephus rechnet Niedrigkeit zu den typischen Merkmalen der Sklaven, die von jedem, der Respekt vor sich selbst hat, abgelehnt wird (vgl. Bell., IV 494)" (Schrage, Ethik des Neuen Testaments, 207).

[32] Vgl. Keener, John, 904–907.

[33] Vgl. Scholtissek, Ironie und Rollenwechsel, 254.

wie ein Sklave die Füße seiner Schüler (vgl. Joh 13,6.9,13f) – die gesellschaftlichen Konventionen zugunsten eines neuen „Miteinander-Umgehens"[34] durchbricht; die Wiederholung der Fußwaschung soll so immer wieder die Jünger daran erinnern, dass der Kern ihres Miteinanderseins im gegenseitigen Dienst besteht, den nichts (wie Hierarchie, Beanspruchung) verhindern kann.

Der Lehrer Jesus erweitert und verallgemeinert danach die Perspektive: Es geht nicht einfach darum, die Fußwaschung mechanisch zu wiederholen, die sonst schnell eine Routine ohne Bedeutung und Substanz werden würde, sondern darum, die Tragweite und den Sinn seiner Geste zu erfassen. Die Jünger sind also aufgerufen, sich Jesus zum Vorbild (ὑπόδειγμα – Ansatz 3) zu nehmen: „Ich habe euch ein ὑπόδειγμα gegeben, damit auch ihr so tut (ποιῆτε), *wie* (καθώς) ich an euch getan habe (ἐποίησα)" (Joh 13,15). Das heißt: Sie müssen Jesus in seiner Selbstverleugnung, in seiner Proexistenz für die Seinen nachahmen.

Die Nachahmung als didaktisches Instrument für die Bildung der Schüler ist kein neues Thema im Johannesevangelium. In Joh 8,28 stellt sich Jesus selbst als Schüler des lehrenden Vaters vor: „Ihr werdet erkennen […], dass ich nichts von mir selbst tue, sondern wie (καθώς) der Vater mich gelehrt hat (ἐδίδαξέν), das rede ich." Deswegen richtet er, *wie* (καθώς) er von seinem Vater hört (vgl. Joh 5,30) und „was der Vater tut, das tut in gleicher Weise (ὁμοίως) auch der Sohn" (Joh 5,19), denn der Vater zeigt (δείκνυσιν) ihm alles, was er selbst tut (vgl. Joh 5,20). Ein konkretes Beispiel der Lehre des Sohnes durch Imitation ist in Joh 5 dargestellt: Jesus heilt einen Gelähmten am Sabbattag (vgl. Joh 5,1–9), was gegen das Gesetz verstößt und den Widerstand der Juden gegen Jesus auslöst (vgl. Joh 5,16). Jesus rechtfertigt dennoch sein Wirken in Bezug auf das Handeln seines Vaters: „Mein Vater wirkt (ἐργάζεται) bis jetzt und ich wirke (ἐργάζομαι)" (Joh 5,17). Es geht beim Vater um ein Wirken, das mit dem Leben und mit der ganzen Schöpfung zu tun hat. Weil Jesus die „Arbeit" seines Vaters „bis jetzt" sieht, die sich auf das kontinuierliche Wirken Gottes als Schöpfer – *creatio continua*[35] – bezieht, arbeitet er in gleicher Weise: „Wie der Vater ununterbrochen der Lebensspender ist (ὁ πατὴρ […] ζῳοποιεῖ, Joh 5,21), so richtet der Sohn auch am Sabbat einen Gelähmten auf (ἔγειρε, Joh 5,8)."[36]

---

[34] Spitaler, „Ich habe euch ein Beispiel gegeben", 59.
[35] Vgl. Ensor, Jesus and His „Works", 170.
[36] Van den Heede, Der Exeget Gottes, 216.

Jesus wiederholt das Handeln des Vaters (die Schöpfung) nicht, sondern er handelt *wie* der Vater, nämlich mit derselben Liebe, die das Leben hervorruft, sodass er am Wirken Gottes selbst teilnimmt. Ebenso sind die Jünger in Joh 13,15 aufgefordert, ihren Herrn und Lehrer zu *imitieren*. Sie müssen *wie* er mit derselben Intensität der Liebe handeln: eine Liebe εἰς τέλος, die bereit ist, das Leben hinzugeben (vgl. Joh 19,30: τετέλεσται).[37] Dieses Maß ist außerdem der Gegenstand des neuen Gebots in Joh 13,34, dessen Struktur dem V. 15 ähnlich ist:

Joh 13,15	Joh 13,34
ὑπόδειγμα γὰρ ἔδωκα ὑμῖν ἵνα καθὼς ἐγὼ ἐποίησα ὑμῖν καὶ ὑμεῖς ποιῆτε.	Ἐντολὴν καινὴν δίδωμι ὑμῖν, ἵνα ἀγαπᾶτε ἀλλήλους, καθὼς ἠγάπησα ὑμᾶς ἵνα καὶ ὑμεῖς ἀγαπᾶτε ἀλλήλους.

Durch die Ersetzung des Verbs „tun" in V. 15 (ἐποίησα, ποιῆτε) durch das Verb „lieben" in V. 34 (ἠγάπησα, ἀγαπᾶτε) wird hervorgehoben, dass das „Tun" der Jünger von der Liebe geleitet werden muss – denn ihr Tun hat als Fundament und Maß (καθώς)[38] das Handeln und die Liebe Jesu –, und umgekehrt, dass sich die Liebe der Jünger untereinander immer in einem „Tun" verwirklichen muss – denn die Liebe ist keine Abstraktion,[39] sondern besteht in konkreten Taten.[40]

4. Die Lehre der Liebe: aus einem Beispiel zum Paradigma

Um den Jüngern ein ethisches auf die Liebe gestütztes Handeln zu vermitteln, verwendet der Lehrer Jesus in Joh 13 eine Pädagogik, die von *einem* konkreten Beispiel (ὑπόδειγμα – Ansatz 1) ausgeht und in ein grundlegendes Prinzip bzw. ein verpflichtendes Gebot[41] mün-

---

[37] Vgl. Keener, John, 924: „[...] imitation of Jesus the servant (13:14), specifically of his mortal self-sacrifice."
[38] Die Konjunktion καθώς hat einen begründenden Sinn. Zur Partikel καθώς vgl. de Dinechin, ΚΑΘΩΣ; Weyer-Menkhoff, Die Ethik, 241–248.
[39] „Liebe zu Gott ist keine Mystik und keine Abstraktion, sondern konkretisiert sich im Lieben der Brüder" (Schrage, Ethik des Neuen Testaments, 319).
[40] Zu diesem Abschnitt vgl. Van den Heede, Der Exeget Gottes, 258ff.
[41] Vgl. Bultmann, Joh, 362. Der verpflichtende Aspekt, der das Wort ἐντολή (Gebot) enthält, lässt sich dadurch verstehen, weil die Liebe die Gegenseitigkeit hervorruft: „Wenn ihr mich liebt, werdet ihr meine Gebote halten" (Joh 14,25).

det. Eine gewisse Progression in der Lehre ist also festzustellen. Während Jesus in Joh 13,14 eine *Wiederholung* des Beispiels der Fußwaschung fordert, verlangt er in Joh 13,15, dass die Jünger ihn nachahmen bzw. dass ihr Handeln dem Sinn und der Absicht seiner Geste entspricht *(Imitation)*. Er begründet diese Anforderungen mit dem Argument *a maiore ad minus* in Joh 13,14 (verstärkt mit dem Vergleich des Verhältnisses zwischen einem Sklaven und seinem Herrn sowie zwischen einem Abgesandten und seinem Sendenden[42] in Joh 13,16). In Joh 13,34 offenbart und lehrt Jesus dann das *Prinzip* des Handels seiner Jünger: lieben, wie er sie geliebt hat bzw. die gegenseitige Liebe.

Wenn man die Fußwaschung unter dem Aspekt des neuen Gebotes (vgl. Joh 13,34) betrachtet, erweist sie sich als „fait révélateur"[43], sowohl auf der christologischen, als auch auf der ethischen Ebene.[44] Durch diese Geste *offenbart* Jesus als „Lehrer und *Herr*" seine unergründliche Liebe zu den Seinen, indem er sie rettet (vgl. Joh 13,9–11). Hier wird sichtbar, was seine Aussage „wie ich euch geliebt habe" (V. 34) bedeutet und impliziert: Dienst, Demut, Hingabe des Lebens. Als „Herr und *Lehrer*" *unterrichtet* er aber die ethischen Folgen dieser Offenbarung für seine Jünger: Die Fußwaschung ist nicht nur ein pädagogisches Beispiel, sondern gerade das Paradigma[45] der Liebe Jesu und deswegen das Leitbild des ethischen Handelns der Jünger: „Liebt einander". Diese Lebensweise wird sogar ein ὑπόδειγμα für die Welt sein: Durch ihre gegenseitige Liebe werden alle erkennen, dass sie seine Jünger sind (vgl. Joh 13,35).[46]

Die gegenseitige Liebe zu leben, bedeutet, Christus zu lieben, weil diese Liebe unter den Jüngern auf ihn gegründet ist („Liebt einander, wie ich euch geliebt habe" Joh 13,35). H. Weder schreibt diesbezüglich: „Dieses Gebot haben sie, weil sie Empfänger der Liebe sind, Empfänger des Dienstes Gottes an ihnen. Diese Liebe haben sie erhalten, und dieses Haben verpflichtet. Die Liebe empfangen zu haben verpflichtet zur Liebe" (Weder, Das neue Gebot, 196).
[42] Vgl. Zumstein, Joh, 492. „Der Gesandte, […] vertritt seinen Herrn unter den Menschen. Er ist dazu verpflichtet in Wort und Tat seinen Herrn nachzuahmen. In seinem Tun muss sich also das Tun seines Herrn widerspiegeln."
[43] Das heißt „eine aufschlussreiche Tatsache" bzw. paraphrasierend „ein Ereignis, das etwas offenbart".
[44] „Das ‚neue Gebot' Jesu ist bereits in seiner exemplarischen Geste (der Fußwaschung) geerdet" (Spitaler, „Ich habe euch ein Beispiel gegeben", 61).
[45] In der LXX sind die Wörter παράδειγμα und ὑπόδειγμα oft auswechselbar (vgl. Schlier, Art. ὑπόδειγμα, 32).
[46] Vgl. ebd., 35: „[…] das Beispielnehmen der Jünger/innen [wird] zum beispielgebenden Zeugnis […], das […] nachahmenswert ist […]".

5. Das Beispiel/Vorbild Jesu

W. Rebell beginnt seine Studie über das Urchristentum und die Pädagogik mit der These: „Dem Neuen Testament ist der pädagogische Gedanke fremd"[47]. Wenn das Neue Testament auch keine pädagogische Theorie (im modernen Sinn des Wortes) entwickelt,[48] zeigt Joh 13,15 gleichwohl, dass „explizite oder implizite Reflexion von Lehren und Lernen in der neutestamentlichen Ära denkbar [ist]"[49] und dass, das Wort ὑπόδειγμα außerdem zum pädagogischen Vokabular gehört.[50] Indem Jesus in Joh 13,15 auf die Wichtigkeit des gegebenen Beispiels hinweist, bringt er letztlich einen wesentliche Wert jeder Lehre hervor, nämlich die Kohärenz und die Integrität des Pädagogen bzw. die Übereinstimmung in ihm zwischen Wort und Tat, Lehre und Praxis.

6. Literatur

Abramowski. L., Die Geschichte von der Fußwaschung (Joh 13), in: ZThK 102 (2005), 176–203

Apollonius von Kition, Kommentar zu Hippokrates über das Einrenken der Gelenke, hg. v. J. Kollesch/F. Kudlein, Berlin 1965

Becker, J., Das Evangelium nach Johannes. Bd. 2, Gütersloh ³1991

Beutler, J., Die Heilsbedeutung des Todes Jesu im Johannesevangelium nach Joh 13,1–20, in: ders., Studien zu den johanneischen Schriften, Stuttgart 1998, 43–58

Brown, R. E., The Gospel according to John. Vol. 2, New York 1970

Bultmann, R., Das Evangelium des Johannes, Göttingen ²¹1986

Coloe, M. L., Sources in the Shadows. John 13 and the Johannine Community, in: F. Lozada/T. Thatcher, New Currents through John. A Global Perspective, Atlanta 2006

Culpepper, R. A., The Johannine Hypodeigma. A Reading of John 13, in: Semeia 53 (1991), 133–152

—, The Gospel and Letters of John, Nashville 1998

de Dinechin, O., ΚΑΘΩΣ: la similitude chez Jean, in: RScR 58 (1970), 195–236

Drexler H., Polybios. Geschichte. Bd. 1, Zürich 1961

---

[47] Rebell, Urchristentum und Pädagogik, 9; vgl. auch ebd., 68f.
[48] Schröder bemerkt diesbezüglich: „Wissenschaftliches Nachdenken über Lehren und Lernen, also katechetische bzw. religionspädagogische Theoriebildung, ist ein Phänomen der Neuzeit, näherhin des 17. bzw. 20. Jh., und schon deshalb im Neuen Testament nicht anzutreffen." (Schröder, Lehren und Lernen, 499).
[49] Ebd. 499.
[50] Zum „pädagogischen" Vokabular vgl. ebd., 514ff.

Ensor, P. W., Jesus and His „Works". The Johannine Sayings in Historical Perspective (WUNT II/85), Tübingen 1996
Gräßer, E., An die Hebräer (EKK XVII/1), Zürich/Neukirchen-Vluyn 1990
Hofius, O., Die Erzählung von der Fußwaschung Jesu. Joh 13,1–11 als narratives Christuszeugnis, in: ZThK 106 (2009), 156–176
Keener, C. S., The Gospel of John. A Commentary. Vol. 2, Peabody 2003
Köstenberger, A. J., Jesus as Rabbi in the Fourth Gospel, in: BBR 8 (1998), 97–128
Lona, H. E., Der erste Clemensbrief, Göttingen 1998
Michel, O./Bauernfeind, O. (Hg.), Flavius Josephus. De bello Judaico. Der jüdische Krieg. Bd. 1, Darmstadt 1959
Niemand C., Die Fußwaschungserzählung des Johannesevangeliums. Untersuchungen zu ihrer Entstehung und Überlieferung im Urchristentum, Rom 1993
Perroni, M., Il racconto della lavanda dei piedi (Gv 13). Tra sincronia e diacronia, in: StPat 50 (2003), 667–687
Reinhartz, A., Rabbi Jesus im Johannesevangelium, in: KuI 29 (2014), 108–118
Richter, G., Die Fußwaschung im Johannesevangelium. Geschichte ihrer Deutung, Regensburg 1967
Schlier, H., Art. ὑπόδειγμα, in: ThWNT 2 (1935), 32f
Schnackenburg, R., Das Johannesevangelium (HThK IV/3), Freiburg i. Br. [u. a.] ⁶1992
Schneiders, S. M., Written That You May Believe. Encountering Jesus in The Fourth Gospel, New York 1999
Schnelle, U., Das Evangelium nach Johannes (ThHK 4), Leipzig ⁵2016
Scholtissek, K., Ironie und Rollenwechsel im Johannesevangelium, in: ZNW 89 (1998), 235–255
—, „Ein Beispiel habe ich Euch gegeben […]" (Joh 15,13). Die Diakonie Jesu und die Diakonie der Christen in der johanneischen Fußwaschungserzählung als Konterkarierung römischer Alltagskultur, in: M. Labahn/O. Lehtipuu (Hg.), People under Power. Early Jewish and Christian Responses to the Roman Empire, Amsterdam 2015
Schrage, W., Ethik des Neuen Testaments, Göttingen ⁵1989
Schröder, B., Lehren und Lernen im Spiegel des Neuen Testaments. Eine Sichtung der Befunde in religionspädagogischem Interesse, in: W. Kraush (Hg.), Beiträge zur urchristlichen Theologiegeschichte, Berlin/New York 2009
Söding, Th., Das Christentum als Bildungsreligion. Der Impuls des neuen Testaments, Freiburg i. Br. [u. a.] 2016
Spicq, C., Théologie morale du Nouveau Testament, Paris 1965
—, Art. ὑπόδειγμα, in: ders., Lexique théologique du Nouveau Testament (1991), 907–909
Spitaler, P., „Ich habe euch ein Beispiel gegeben". Zeichenhaftes Handeln in Joh 13, in: H. Stettberger (Hg.), Was die Bibel mir erzählt. Aktuelle

exegetische und religionsdidaktische Streiflichter auf ausgewählte Bibeltexte (zugl. FS F. Laub), Münster 2005

Rebell, W., Urchristentum und Pädagogik, Stuttgart 1993

Theobald, M., „Steh auf!" – Erweckung zum Leben hier und jetzt (Die Heilung eines Gelähmten): Joh 5,1–18, in: R. Zimmermann [u. a.] (Hg.), Kompendium der frühchristlichen Wundererzählungen. Bd. 1: Die Wunder Jesu, Gütersloh 2013, 690–704

Untergaßmair, F. G., „Du bist der Lehrer Israels und verstehst das nicht?" (Joh 2,10b). Lernen bei Johannes, in: B. Ego/H. Merkel (Hg.), Religiöses Lernen in der biblischen, frühjüdischen und frühchristlichen Überlieferung (WUNT I/180), Tübingen 2005, 211–233

Van den Heede, Ph., Der Exeget Gottes. Eine Studie zur johanneischen Offenbarungstheologie, Bochum 2016, Druck in Vorbereitung

Weder, H., Das neue Gebot. Eine Überlegung zum Liebesgebot in Johannes 13, in: A. Dettwiler/U. Poplutz (Hg.), Studien zu Matthäus und Johannes (AThANT 97, zugl. FS J. Zumstein), Zürich 2009, 187–205

Weyer-Menkhoff, K., Die Ethik des Johannesevangeliums im sprachlichen Feld des Handelns. Kontexte und Normen neutestamentlicher Ethik/Contexts and Norms of New Testament Ethics. Bd. 5 (WUNT II/359), Tübingen 2014

Wilckens, U., Das Johannesevangelium (NTD 4), Göttingen 1998

Zumstein, J., Le processus johannique de la relecture à l'exemple de Jean 13,1–20, in: RRENAB, Regards croisés sur la Bible. Études sur le point de vue, Paris 2007, 325–338

—, „Zeichen" (σημεῖον). Philosophischer Inhalt und Gebrauch des Begriffs im Johannesevangelium, in: J. G. Van der Watt [u. a.], The Prologue of the Gospel of John. Its Literary, Theological, and Philosophical Contexts. Papers read at the Colloquium Ioanneum 2013 (WUNT I/359), Tübingen 2016, 285–301

Autorinnen und Autoren

Julian R. Backes O.Praem. ist Wissenschaftlicher Mitarbeiter und Doktorand am Lehrstuhl für Neues Testament der Katholisch-Theologischen Fakultät der Ruhr-Universität Bochum.

Reimund Bieringer ist Professor für Neutestamentliche Exegese an der Fakultät für Theologie und Religionswissenschaften der Katholischen Universität Löwen (Belgien).

Aleksandra Brand ist Promotionsstipendiatin der Konrad-Adenauer-Stiftung und Doktorandin am Lehrstuhl für Neues Testament der Katholisch-Theologischen Fakultät der Ruhr-Universität Bochum.

Esther Brünenberg-Bußwolder ist Wissenschaftliche Mitarbeiterin beim Studiendekanat der Katholisch-Theologischen Fakultät der Ruhr-Universität Bochum, Habilitandin am Lehrstuhl für Neues Testament der Katholisch-Theologischen Fakultät der Ruhr-Universität Bochum und Dozentin für Alttestamentliche Bibelwissenschaft an der Philosophisch-Theologischen Hochschule der Kapuziner in Münster.

Filip De Rycke ist Rektor am Bischöflichen Priesterseminar Sint-Janscentrum in 's-Hertogenbosch (Niederlande).

Mark W. Elliott ist Professor für Historische und Biblische Theologie an der School of Divinity (St. Mary's College) der Universität St. Andrews (Schottland).

Bernhard Grümme ist Professor für Religionspädagogik und Katechetik an der Katholisch-Theologischen Fakultät der Ruhr-Universität Bochum.

Ma. Marilou S. Ibita ist Post-Doc am Centre for Academic Teacher Training der Fakultät für Theologie und Religionswissenschaften der Katholischen Universität Löwen (Belgien).

Bernhard Linke ist Professor für Alte Geschichte mit besonderer Berücksichtigung der römischen Geschichte an der Fakultät für Geschichtswissenschaft der Ruhr-Universität Bochum.

Christian Münch ist Akademischer Oberrat in der Abteilung Katholische Theologie und Religionspädagogik der Fakultät für Erziehungs- und Gesellschaftswissenschaften der Pädagogischen Hochschule Ludwigsburg.

Carsten Mumbauer ist Wissenschaftlicher Assistent und Doktorand an der Professur für Exegese des Neuen Testaments der Theologischen Fakultät der Universität Luzern (Schweiz).

Marcus Sigismund ist Wissenschaftlicher Mitarbeiter am Institut für Septuaginta- und biblische Textforschung der Kirchlichen Hochschule Wuppertal-Bethel.

Philippe Van den Heede ist Wissenschaftlicher Mitarbeiter und Habilitand am Lehrstuhl für Neues Testament der Katholisch-Theologischen Fakultät der Ruhr-Universität Bochum.

Robert Vorholt ist Professor für Exegese des Neuen Testaments an der Theologischen Fakultät der Universität Luzern (Schweiz).

Alexander Weihs ist Professor für Katholische Theologie und Religionspädagogik an der Fakultät für Geistes- und Humanwissenschaften der Pädagogischen Hochschule Karlsruhe.

Peter Wick ist Professor für Exegese und Theologie des Neuen Testaments sowie Geschichte des Urchristentums an der Evangelisch-Theologischen Fakultät der Ruhr-Universität Bochum.

Joachim Wiemeyer ist Professor für Christliche Gesellschaftslehre an der Katholisch-Theologischen Fakultät der Ruhr-Universität Bochum.